帝国苍鹰

二战德军昼间防空战

张天骏 杨佳豪 著

中国长安出版社

图书在版编目（CIP）数据

帝国苍穹：二战德军昼间防空战 / 张天骏，杨佳豪著. -- 北京：中国长安出版社，2015.3
ISBN 978-7-5107-0895-4

Ⅰ. ①帝… Ⅱ. ①张… ②杨… Ⅲ. ①第二次世界大战战役 - 空战 - 史料 Ⅳ. ① E195.2

中国版本图书馆 CIP 数据核字 (2015) 第 051823 号

帝国苍穹：二战德军昼间防空战

张天骏 杨佳豪 著

出版：中国长安出版社
社址：北京市东城区北池子大街 14 号（100006）
网址：http://www.ccapress.com
邮箱：capress@163.com
发行：中国长安出版社
电话：（010）85099947 85099948
印刷：重庆出版集团印务有限公司
开本：787mm×1092mm　16 开
印张：14
字数：300 千字
版本：2019 年 1 月第 2 版　2019 年 1 月第 1 次印刷

书号：ISBN 978-7-5107-0895-4
定价：99.80 元

版权所有，翻版必究
发现印装质量问题，请与承印厂联系退换

CONTENTS 目录

第一章 故事的开始 1
    序幕拉开 1
    新的敌人新的形势 4
    早期的交手与教训 11
    退潮：1943年初的战争 22
    力量的积蓄，风暴的前奏 40

第二章 高潮的到来 55
    转折点：1943年夏 55
    帝国伟大防御体系的建立 67
    美军的秋季危机 73
    乐观心态的褪去 128

第三章 雄鹰帝国的残阳 135
    艰苦的拉锯 135
    2月20至25日——伟大的一周 150
    步入深渊 168

附录1 二战德军战斗机飞行员的补充与训练 199
附录2 本土防空战中的高射炮塔简史 211

序

1940年5月11日,几架英国皇家空军的惠特利式轰炸机在夜幕的掩盖下,对沉睡中的德国城市投下了炸弹……从此开始了长达5年的对德本土战略轰炸。此后几个夜晚,英国空袭了多特蒙特、埃森、哈姆、亚琛、汉诺威等德国城市。这些袭扰式的轰炸从规模上讲还不能与日后美国陆航的大规模轰炸相比,但也促使自负的德国空军开始认真考虑本土防空的需要。

二战中最惨烈,持续时间最长,规模最宏大的一场空中战役就此拉开了序幕,从德国空军的视角来讲,叫做帝国防空战。在5年血腥的战事中,双方的作战组织,技术装备等都发生了巨大的变化。最初德国空军只有2个战斗机大队被用于本土昼间防御,主要依靠夜间战斗机和高炮。而到战争结束的时候,帝国航空队已经发展为德国空军最大的一支重兵集团。战争初期,德国空军使用性能不足的Bf 109作为主要装备,而到最后,强力的喷气战斗机Me 262和重装的Fw 190已经成为令盟军飞行员生畏的对手。

特别值得一提的,还有在这场战役中,双方英勇无畏的飞行员们,这些时代英雄耗费了他们最宝贵的青春、梦想、血汗及泪水,用生命为这个人类历史上最伟大的空战时代写下了充满光荣和辉煌的注脚。由于立场的原因,对于德国空军而言,本土防空作战是不折不扣的"保家卫国",而对于被纳粹德国拖入战争深渊的盟军飞行员来说,他们是怀揣着复仇在德国上空倾泻炸弹的。但是双方飞行员在漫天烽火的激烈战况中抛头颅、洒热血、冲锋陷阵的奋战精神,以及同袍间感人至深的情谊,这些是共通的,而且不随着时间的流逝而发生改变。在70多年后的今天,重温的时候,让我们忽略这些立场,以纯客观的角度来描述这段历史。

本文将通过生动的记述、精确的数据对比(很多都是国内首次),以及扼要的评论,让读者看到这些时代英雄惊天地、泣鬼神的英勇事迹、二战中最精锐空战武器的竞技,以及引人深思的悲壮史实。

第一章
故事的开始

序幕拉开

二战最血腥、最持久、规模最宏大的一场空中战役莫过强大的盟军与顽强的德军在西欧上空长达数年的空中拉锯战,这个战役没有固定的代号也没有官方的名称,而在二战军史界,这段交锋被统称为帝国防空战。

作为帝国防空战的头号防守集团,日后成为最强大航空队的帝国航空队拥有一个非常简单的出生。1940年8月不列颠空战进行期间,就有少量英国轰炸机对柏林进行了一系列攻击行动。曾经夸下海口绝对不会让柏林遭到轰炸的戈林决定加强对首都防空的注意。他派遣胡伯特·威斯（Hubert Weise）中将指挥第3空军军区司令部,后者是一名高炮部队老前辈,在法国战役期间担任第1高炮军军长。威斯的司令部管理范围很快就从柏林（第3军区）延伸到德累斯顿（第4军区）。威斯将他的指挥中心设在柏林市帝国体育场,开始对本土防空的战术和技术两方面进行改进。

随着英国开始加强夜间轰炸强度,威斯的权力范围得到进一步扩大。1941年3月24日,德国空军中央司令部（Luftwaffenbefehlshaber Mitte）成立。这个新司令部是介于航空队和空军军区之间的一个特殊存在,允许威斯实

◀ 德国空军中央司令部总指挥官胡伯特·威斯将军,掌管帝国境内的全部飞行和高炮部队

际掌控第3、4、6、7、11、12和13空军军区的所有德国空军防御部队。由于威斯的司令部主要面临的威胁是皇家空军轰炸机司令部的夜间攻击，卡姆胡贝尔少将的夜间战斗机师就成为了中央司令部的主力飞行部队。夜间战斗机师（后来改编为第12航空军）还承担了对各军区司令部下属昼间战斗机部队的指挥任务。虽然看似完成了权力的集中，威斯的司令部还是有些自己的难处。他不得不与施佩勒的第3航空队共享第7、12、13军区的部分兵力，卡姆胡贝尔也依然直接听从戈林的指挥。

组织改革依然在快速进行。1941年9月，由于在1940年初将手中的战斗机全部交给战斗机指挥部，已经完全没有飞行部队的防空司令部被改编为多个高炮师。1941年8月，卡姆胡贝尔接管第12航空军，包括夜间战斗机师和进行本土防空的少数昼间战斗机。作为对昼间战斗机作战需求的承认，还新成立了一个中央战斗机指挥部（Jafü Mitte），指挥官是维尔纳·容克（Werner Junck）将军。中央战斗机指挥部和夜间战斗机师一样位于泽布斯特，直隶于第12航空军，这样的安排一直到1942年底才被战斗机师司令部系统取代。担任这一职务期间，容克尝试对德意志湾战斗机指挥部（Jafü Deutsche Bucht）、荷兰－鲁尔区战斗机指挥部（Jafü Holland-Ruhrgebiet）、柏林战斗机指挥部（Jafü Berlin），以及来自航校和工厂的防御飞行队完成全面控制。

由于皇家空军轰炸机司令部转而从事夜间轰炸，对德国本土的昼间入侵行动基本完全停止。1941年12月，夜间战斗机部队拥有6个常规飞行大队，而用于本土昼间防御的战斗机大队只有2个：JG 1联队长卡尔·奥古斯特·舒

德国空军中央司令部指挥结构，1941年3月

德国空军中央司令部	柏林市帝国体育场
第3空军军区	柏林
第1防空司令部	柏林
第2高炮旅	柏林
第4空军军区	德累斯顿
第2防空司令部	莱比锡
第4高炮旅	德绍
第6空军军区	明斯特
第4防空司令部	雷庭根
第7防空司令部	科隆
第10高炮旅	波鸿
第7空军军区	慕尼黑
第11空军军区	汉堡
第3防空司令部	汉堡
第8防空司令部	汉诺威
第8高炮旅	不莱梅
第12/13空军军区	威斯巴登
第5防空司令部	法兰克福
夜间战斗机师	宰斯特

马赫中校（Carl-August Schumacher，42年1月由埃里希·冯·塞尔少校接替）下属的唯一一个大队第1大队，另一个则是刚刚离开东线回国休整的JG 3第1大队，它在1942年1月15日改编为JG 1联队第2大队，大队长汉斯·冯·哈恩（Hans von Hahn）上尉（拥有34架个人战果，骑士十字勋章获得者），大队的其他几个中队长也都是经验极为丰富的老鸟：第4中队长是骑士十字勋章获得者罗伯特·奥勒吉尼克（Robert Olejnik）中尉（个人战果42架），第5中队长也是骑士勋章获得者马克

第一章：故事的开始

思·布霍尔茨（Max Bucholz）中尉（个人战果28架），曾在1940年5月17日的一次作战行动中就击落6架敌机——截止到当时的二战单次作战最高战绩纪录），第6中队长是博克（Bock）中尉（个人战果28架）。为了增强本土昼间防空力量，42年初又陆续成立了JG 1第3大队和第4大队，分别由赫伯特·科亚夫斯基（Herbert Kijewski，前JG 3联队第3大队长，拥有21架个人战果）和京特·舒尔茨（Günther Scholz，前JG 54第7中队长，金质德意志十字勋章获得者，当时拥有26架个人战果）指挥。虽然联队拥有这样一些优秀的指挥官，但是没有什么作战经验的新人更多，比如第3、4大队的主体就是由一些训练单位构成，而且这一个联队需要负责的防御区域过大。于是，夜间战斗机和高炮不得不成为了1940至1942年防空作战的主力军。

在这段时间里，驻留德国的昼间战斗机部队面临的入侵敌机多是英国侦察机，对德国境内目标的攻击很少发生。例如1941年8月12日，54架布伦海姆轰炸机攻击了科隆附近的发电站，目的是逼迫德国空军从东线召回一些战斗机以减轻苏联的压力。1941年底至1942年，第3航空队的2个战斗机联队（JG 2和JG 26）一直在迎击皇家空军的"马戏团"行动，此类行动对帝国本土来说没有任何威胁。

有一个值得注意的地方是皇家空军在1941年夏季曾经极为有限的使用过B 17C堡垒I进行昼间轰炸。皇家空军急于寻求新型轰炸机，但是它们在最初的作战中并不成功。美国陆航司令亨利·阿诺德（Henry H. Arnold）将军就指出1941年在皇家空军手中，期待已久的B 17表现完全失败。他认为英国人并没有合适的使用这种飞机，而且驾驶它的飞行员训练水平不足。英国人同样感到十分失望，但是他们却将责任归罪到飞机身上。1941年12月6日，轰炸机司令部总指挥官理查德·皮尔斯（Richard Peirse）爵士在报告中提到堡垒I和堡垒II都不适合用作昼间轰炸机。他建议在飞机上安装阻焰器，并将其投入到夜间轰炸中。轰炸机司令部基于赫尔格兰湾空战的经验作出如下判断："当面对等量或更多数量的战斗机时，使用无护航的重型轰炸机实施昼间攻击是一个不切实际的提案。"

1941年征服苏联的巴巴罗萨行动的失败对于德国是一个沉重的打击，空军也不例外。飞机的损失数量惊人，前线作战部队急需大

◀ JG1联队长舒马赫中校

◀ 艾尔哈德·米尔希元帅，德国空军在战争中相当长时间内的二把手，米尔希对于战斗机产量的提升及本土防空的强化做出了重大贡献

量补充飞机。米尔希元帅开始协助乌德特，试图改善目前飞机生产的问题。1941年9月18日，他不得不向帝国工业委员会承认只能通过生产大量工艺成熟却过时的机型（例如He 111和Ju 87）来提高产量。他没有别的选择，因为后续的新机型还在研发中，无法进行量产。

米尔希的方案中包括批量生产新型Fw 190战斗机的计划，但是轰炸机和攻击机的生产依然占据统治地位，这个问题的影响更为深远。德国空军中央司令部在1941年末季度的一份报告内容中出现了冗长的怨言，包括早期预警和定向雷达数量不足、缺乏一种能全天候作战的驱逐机，以及Bf 109的爬升性能低下。德国空军在战争初期的技术优势正在丧失。

1941年12月6日，德国陆军在苏军冬季反攻的大锤敲击下退离莫斯科城门。1941年12月11日，希特勒在日本袭击珍珠港后向美国宣战。一个新的敌人很快就将远渡重洋来到英国，盟军联合轰炸攻势即将开始。

新的敌人新的形势

1942年最引人注目的是发生在东线和地中海的战事，这一年也标志着德国的征服计划达到最顶峰。德军在抵挡住苏联气势恢宏的冬季反攻后于春季重启了攻击作战，虽然仅限于广大东线的南部地区。在东线有半数的德国空军部队，很多被用于帮助曼施坦因成功占领克里米亚半岛和塞瓦斯托波尔要塞。里希特霍芬的第4航空队此时已经成为德国空军最强的战术支援部队，它随后继续协助陆军向伏尔加河和高加索挺进。在地中海，隆美尔准备好向英军发起新一轮进攻，最终将几乎到达亚历山大港城门下。在这些行动中，非洲航空指挥部为隆美尔提供了制空权和战术支援，而驻扎在西西里岛的德国航空部队则试图摧毁马耳他岛上的英国守军。

帝国防空的问题只在夜晚才会出现。哈里斯（Arthur Harris）爵士在2月接管了皇家空军轰炸机司令部，以攻击吕贝克的港口和罗斯托克的工厂作为开始，哈里斯决定系统性的轰炸德国城市。他聚集起自己的全部兵力（包括训练部队）在5月30至31日夜间对科隆进行了千机大轰炸。德国的防空系统（雷达、高炮和地面指挥的夜间战斗机）设法寻求面对这一潜在威胁的有效方法。在威斯的中央司令部里占据主导地位的高炮部队开始重组以更好的对付英国人的夜间攻击。

随着第三帝国的战线向外拉得越来越长，本土昼间防空仅拥有很低的优先级别。虽然轰炸机司令部偶尔能够给懈怠的防御者带来打击，皇家空军还是极少在白天冒险飞入德国领空。1942年4月17日，第44和第97中队的12架兰开斯特轰炸机突击了位于奥格斯堡的MAN公司柴油机工厂，该工厂为邓尼茨的U艇舰队提供发动机。虽然采取了伴攻措施，行动还是在一开始就失败了。伴攻部队惊动了沿海守军，JG 2的战斗机在轰炸机经过巴黎之前就击落了4架兰开斯特。在清理完法国海岸并突破外围的薄弱战斗机防线后，轰炸机对目标完成了攻击。最终这次行动付出了7架兰开斯特的代价，坐着严重受损飞机返航的作战指挥官获得了维多利亚十字勋章。

正因为德国在昼间防空战中没有遇到什么像样的挑战，我们就可以理解德国空军指挥层对于防空作战得出了错误的结论。他们认为仅仅依靠战斗机航校的拦截机单位就可以满足本土昼间防御的需要。很明显，空军司令部不愿在本土新建任何战斗机部队，因为这可能会降低前线部队的作战实力。就是因为这样的过度自信，导致德国本土防空部队在1942年夏末首次面对美国陆航时，极少有高层指挥官把它当做是一个大威胁。

就在德国和意大利向美国宣战仅数周后，美英政府和军事高层就在阿卡迪亚会议中达成协议，确立了"以德为先"的作战原则。然而，太平洋战场紧迫的增援需求、物资不足和盟军高层内部的战略意见不统一使得美军在1942年上半年无法在英国组建起足够强大的兵力。

1942年6月，第8航空队的司令部在卡尔·斯帕茨（Carl A. Spaatz）少将的率领下抵达英格兰，它将成为美军打击德国的主要空中武力。斯帕茨从属于美军在欧洲战场的司令官艾森豪威尔将军，但是直到地面部队登陆希特勒的欧罗巴要塞前都拥有独立作战的许可，短期内航空队的唯一任务就是攻击德国。斯帕茨的第一个目标就是通过摧毁生产设备来削弱德国的军事力量，第二个是击败德国空军以获得在德国上空的制空权。他选择的武器就是拥有强大自卫能力的昼间战略轰炸机。最初，美军重型轰炸机采用由18架飞机组成的箱式战斗编队，前一个箱式编队与跟随在其后方的后续编队间有1.5英里距离。为了改善防御阵型，很快箱式编队被由3个各由18架飞机的大队所组成的联队编队所取代。这3个大队同时编队飞行在高、中、低不同高度层上，而不是采用原先一个编队跟随在另一个编队后方的方式。飞行在中高度层的编队略微靠前，并引领着在上方靠右位置的高层编队，以及在下方靠左的底层编队。这导致54架飞机组成的编队占据了一个长达600码，差不多1英里宽，纵深半英里的空间。其它联队以相同的编队方式飞行前

◀ 1942年6月，第8航空队的司令部在卡尔·斯帕茨少将的率领下抵达英格兰，他后来将指挥驻欧洲的所有美国战略航空部队

◀ 第8轰炸机司令部指挥官艾拉·埃克将军

往目标，各编队间保持6英里的间距。

第8航空队的轰炸机由艾拉·埃克（Ira C. Eaker）准将的第8轰炸机司令部指挥，装备两种重型轰炸机。占据主要地位的是波音公司B 17飞行堡垒，这是一款二战名机。另一种是联合公司B 24解放者，它的设计时间比B 17晚，拥有更快的速度、更远的航程和更大的载弹量。但是B 24并不更适合在欧洲战场服役，它无法在25000英尺的典型轰炸高度保持紧密阵型，因此被迫飞行在较低的20000至21000英尺高度，这使它更容易遭受战斗机和高炮的打击。B 24也不如B 17坚固，所以第8轰炸机司令部的飞机总数中有2/3是B 17，最后一批抵达欧洲的B 24大队也被

派往地位较低的第15航空队。

第8航空队的早期计划中关于战斗机的角色定位并不清晰。美国陆航的官方历史中暗示对护航战斗机的需求是得到认可的，但是实际上美国档案文献并没有要求战斗机护航的表示，轰炸机将领也很晚才意识到它们的重要性。由于陆航当时没有远程战斗机，美国计划使用无护航的轰炸机入侵德国。第8航空队最早抵达英格兰的2个战斗机大队装备的是P-38闪电，虽然最初被设计作为拦截机，它还是一种合适的中程护航机。但是这两个大队在11月为了参加火炬行动而离开英国，第8航空队要等到一年后才能获得新的P 38大队。接下来两个奉命来到英格兰的大队原先使用的是P 39战斗机，这些飞机留在了美国，飞行员抵达英国后直接换装喷火战斗机。官方的解释是驾驶P 39飞越大西洋十分危险，而且毫无疑问短航程的低空战斗机完全不适合在欧洲战区服役。这两个大队也被派往北非，这样第8航空队只剩下一个装备喷火的第4战斗机大队。这个大队在9月由皇家空军的3个鹰中队组成，驾驶员都是在美国参战前加入皇家空军的美国志愿飞行员。第8轰炸机司令部最早的一批作战任务都是由鹰中队和大量皇家空军战斗机司令部喷火中队提供护航，它们的作战半径只有280公里，仅够从英格兰南部飞到法国、比利时和荷兰南部海岸。

1942年，第三帝国的领导者和德国空军高层指挥官都严重低估了美国陆航的战斗力。希特勒拒绝接受美国已经准备好生产数千架一流飞机的评估报告，戈林也草率的声称美国人只能够制造冰箱和剃须刀而已，他还向希特勒保证美国的飞行堡垒只是质量拙劣的产品。这些不谨慎言行的出现实在是太不应该，美国的飞机工业生产力可以在大量公开出版物上找到证据，新型的飞机（例如B 17F和野马）甚至在杂志广告、儿童书和香烟包装上都有广泛的宣传描述。更值得一提的是，德国驻华盛顿的武官弗雷德里希·冯·伯蒂歇尔（Friedrich von Boetticher）将军已经完成了很多关于四发轰炸机研发的详细报告，并由德国飞机工业和战争经济及武器部门专家带回。德国空军参谋长耶顺内克将军看完这些报告后极为震惊，他在5月份派这位武官去和希特勒会面。当希特勒再一次拒绝相信这些数据后，耶顺内克绝望的告诉伯蒂歇尔战争已经失败了。

耶顺内克在公开场合的声明与他私下的观点大相径庭。一个月后，当一名工程师提到美国陆航重型轰炸机日渐增长的威胁时，这位参谋长打断了他的发言并发表如下评论："盟军制造出来的每一架四发轰炸机都让我感到高兴，因为我们将像击落那些双发家伙们一样把这些四发轰炸机打下来，摧毁1架四发轰炸机对于敌军来说是更大的损失。"

绝大多数耶顺内克的密友都相信他其实对于战争局势十分清楚，只是严重受制于希特勒和戈林而已。当然，在此也有必要对帝国空军的决策层做一个大致的介绍，这对于了解日后帝国空军本土防空战期间的战略决策上有很大帮助。大德意志帝国所有"会飞的东西"都被置于帝国航空部和空军总参谋部的指挥下，虽然理论上空军总参谋部是帝国航空部的下属机构，但实际上它只效命于元首或者说是帝国元帅戈林而已。帝国航空部部长由戈林担任，但战时的几乎所有日常事务都由航空部国务秘书米尔希负责，在议会内阁制的欧洲国家，各部的部长是执政党的政客，他可能不懂部里的业务，如果选举失败，也可能很快换人，所以各部的国务秘书才是真正主管部里事务的业务骨干，也就是常务副部长。米尔希同时兼任空军副总司令，空军总监，空军装备主管，是空军战时决策层中的核心实干人员，作为一名行政能力极强，管理能力和业务处理能力都很出色的高级领导，他自然也有着非比寻常的坚定意志与铁腕作风，因此戈林对他一直保持着极大的警惕和戒心，空军总参谋部的设立就是为了对他进行最大程度的分权与制衡。相比之前的几任空军总参谋长，1939年2月1日当选的耶顺内克实际上最初完全是作为一名傀儡领导而被戈林扶持上来的，要知道他在1933年步入航空界时仅仅是一名中尉，次年升为上尉去给米尔希当副官，而不到5年后就火箭般的提拔成了空军总参谋长和米尔希平起平坐了！显然他既无法与老谋深算的米尔希相争，也不能拒绝戈林的任何命令，甚至连不少资深的航空队司令都压根不买他的帐，这样一位总长能在日后的帝国防空战中起到多大的作用显而易见。米尔希，戈林和耶顺内克三人作为日后帝国防空战空军决策层的核心人物，之间不要说能有多少融洽的成分，仅仅是一些基本的理念问题上都会产生不小的分歧，一旦遇到这种情况，米尔希依靠自身的稳固政治根基，往往对上级的命令阳奉阴违，而耶顺内克作为一名处境尴尬的总参谋长只能夹在两座大山间实在无法做出多少自己真正想做的事情。这样一个混乱而且勾心斗角的空军决策圈注定会对未来的帝国防空作战造成极为不好的消极影响。

于是在1942年夏，官方还是采取乐观的态度。帝国航空部当时发行的标准飞机识别手册中依然只有旧型的B 17C 堡垒I数据，拥有5挺机枪和平庸的性能。实际上德军已

◀ 汉斯·耶顺内克是个悲剧性的人物，他最终未能顶住巨大的压力，选择了自杀

▼ 著名的"小胡子将军"阿道夫·加兰德，他作为战斗机总监实际上并没有指挥战斗机部队作战的权力

经掌握了更为准确的信息，但是他们并没有急于将其传达给基层部队。

无疑，这样乐观的预计并不出现在早期与飞行堡垒的较量中。1942年10月，战斗机总监加兰德少将在雷希林测试中心检查1架被击落B 17的残骸时，称这种飞机结合了1架轰炸机所能具备的全部优点：重装甲、高升限、强自卫火力和高航速。虽然做出了精

准的判断，加兰德在德国空军总参谋部里不过是一名普通参谋而已。他可以设立技术规章并测试新型武器，但主要还是扮演提建议的顾问角色。按照他一位下属幕僚的说法，战斗机总监是一个"不值得羡慕的职务，因为他无法指挥任何部队。"1942年，德国空军高级军官中只有加兰德和米尔希一直在要求强化昼间战斗机防御力量。

德国在1942年的战斗机防御组织是由1个前线航空队（第3航空队）和1个本土高炮及夜间战斗机防空司令部（德国空军中央司令部）组成的。施佩勒元帅的第3航空队位于法国，曾经参加了西欧战役和不列颠空战，它作为一支小型航空队不仅需要承担防空任务，还要成为一个攻击性的战略基地。它下属的战斗机单位是2个著名的海峡联队JG 2和JG 26，均驻扎在沿海地区，本职是为德军提供一个保护伞。1942年间它们先是在2月掩护德国海军舰队完成了著名的海峡冲刺，尔后又在8月击退了盟军的迪耶普登陆行动。

第3航空队在1941年就已经被迫组建起自己的防空系统，当时皇家空军的战斗机和轻型轰炸机频繁袭扰法国占领区。它的2个战斗机联队分别隶属于不同的战斗机指挥部，指挥部下面的指挥站能够控制联队和单独大队进行拦截行动。然而防御系统的其他组成部分（例如雷达、无线电拦截部门和高炮部队）则听命于从巴黎到柏林之间的众多司令部。虽然整个系统极端零乱，但是它还是在作战中取得了成功。在绝大多数德国空军指挥官看来，西欧前线虽然驻军很少却还是相当稳定的。

德国空军中央司令部则不像施佩勒的第3航空队那样拥有旺盛的进攻欲望。不幸的是，高炮和飞行部队之间的内部矛盾和嫉妒心理妨碍了中央司令部内部的指挥关系。无论在高炮还是航空部队指挥官的战时言论和回忆录中都能够发现大量派系纷争，以及指责对方无能和短视的内容。由一名高炮军官担任司令，并且只包含一个由夜间战斗机专家指挥的航空军，这使得中央司令部成为了德国空军的一个独特组织结构。它的飞行部队被划分给多个战斗机师司令部，下属的地区战斗机指挥部仅能控制极少数的昼间战斗机。因此在1942年底，中央司令部的昼间和夜间战斗机单位依然统一于第12航空军，它下面的4个战斗机师司令部中有2个（第3、4战斗机师）完全没有昼间战斗机。为了保护德国南部，南德意志战斗机指挥部（Jafü Süddeutschland）和东部边区战斗机指挥部（Jafü Ostmark）得以设立，它们2个都从单

1942年7月27日JG 1联队的实力

	机型	战机总数	可用战机数
联队部	Fw 190	4	4
第1大队	Fw 190	37	34
第2大队	Fw 190	38	28
第3大队	Fw 190	40	33
第4大队	Fw 190	39	28

▲ 荷兰代伦基地，JG 1 第 3 中队的一架 Fw 190A-5 "黄色 8 号"

发和双发战斗机航校中抽调战斗机兵力。高炮部队则是由中央司令部当时下属的 10 个空军军区司令部指挥。

中央司令部拥有的唯一一个昼间战斗机联队是 JG 1，它的 4 个大队驻扎在从挪威到荷兰的北海海岸线上，分属于第 1、2 两个战斗机师。帝国内部的昼战部队只有航校和工厂的保卫飞行队。指挥高层认为给第 3 战斗机师配备昼间战斗机是不必要的，因为任何想在白天进入德国的敌机编队都要通过法国、荷兰和比利时的战斗机防线。由两个独立的高级司令部组成的防御系统最明显的问题就是它违背了统一指挥和集中兵力这一德军作战原则。施佩勒作为一名元帅和航空队司令，拒绝将宝贵的飞行和高炮部队交给中央司令部，也不接受任何降低他司令部的地位的提议。更重要的是，受攻击理念主导的德国空军向来最优先考虑一线作战部队的需求。如果给 4 个战斗机师全部配备昼间战斗机，那么就不得不削弱一线用来夺取制空权的战斗机部队实力，因为飞机的产量不足以支持组建新的空战单位。

这样的防御组织还是十分脆弱的，而且战线几乎没有任何深度。尽管存在各种缺陷，本土防空系统的集权化依然在继续。中央司令部将越来越多的高炮部队置于自己管辖范围内，扩充中的夜间战斗机组织到目前为止也能够满足作战需要。格拉布曼指出："1942 年进行的组织结构变动从结果来看……是有了显著的进步，在清晰度和简化方面超越了 1941 年的系统。"

进入战争的第四个年头，第三帝国的飞机生产和飞行员训练似乎已经难以满足全球战争的需要。实际上，当美国动员起自己强大的经济力量后，哪怕德国如预计中那样在 1941 年摧毁苏联并将战斗机部队调回南线和西线，其飞机数量依然不足。虽然米尔希已经接替乌德特担任德国空军军械部长，他的改革（所谓的"戈林计划"）还将需要过一段时间才能见效。整个 1942 年，德国航空工业共产出 2647 架 Bf 109 和 1850 架 Fw 190，以及 Bf 110、Ju 88 和 Me 210 双发战斗机 853 架。这些生产出来的飞机使德国空军一线部队在 1942 年 6 月 10 日保有 1377 架单发战斗机（978 架可用），但是其中只有 300 架被用于帝国防空战（第 3 航空队和中央司令部）中。同一时间还有 293 架在服役的双发昼间战斗机（182 架可用），没有 1 架属于本土防空部队。这样的战斗机分配比例清楚的证明了东线和南线更受重视。

关于德国空军在二战中的失败，空军参谋长耶顺内克受到了很多批评。很多人都引用过他在 1942 年 3 月 21 日与米尔希的谈话，当时他对米尔希说："如果每月生产超过 360 架战斗机的话，他将不知道该如何使用这些飞机。"然而耶顺内克的话并不是没有道理的，1942 年德国的军备生产以陆军装备和 U 艇为主，因为国防军试图完全征服苏联并维持对大西洋航运的压力。虽然米尔希和加兰德都反对这一政策，即便不考虑原材料和技工的问题，德国空军在 1942 年依然缺乏燃料、飞行员和基础设施来支持战斗机产量的巨大增长。

在加兰德的回忆录中记载了 1942 年初与耶顺内克的一次会面。战斗机总监指责德国空军将精力全部放在东线的做法，认为需要准备迎接来自西方的威胁。耶顺内克平静的听完了报告，并相当赞同他的意见。然而维持战争长期进行下去的当务之急还是迅速征服苏联，耶顺内克虽然对局势有比较清楚的认识，却还是无力做出改变。而且实际上在发表他那"360 架战斗机"的评论仅数月后，耶顺内克就要求将月产量提高到 900 架战斗机和 500 架轰炸机，以满足本土和前线两方面的需求，然而飞机产量在 1942 年依旧保持不变。到了 1943 年生产的优先级开始发生转变，施佩尔和米尔希的生产奇迹才会出现，但这是后话。

飞行员训练方面的工作则基本上还停留在战争初期的水平。德国空军飞行学校在 1942 年共向前线和替换部队输出战斗机飞行员 1666 人，以弥补同期 1093 名战斗机飞行员的损失。从纸面上来看这似乎是供过于求，而且在 1942 年 9 月 30 日战斗机飞行员总数确实达到了核定编制人数的 104%。然而质量是另一个需要考虑的问题，得到补充的部队报告它们接收到的飞行员只有 69% 适合出战，剩下的都还不完全具备执行作战行动的能力。

为了提高战斗机飞行员的输出数量，德国在 1942 年 10 月将战斗机飞行员学校的数量增加了一倍，由 5 个增至 10 个。1943 年关于昼间战斗机（单发）飞行员的训练目标是每月 274 人，全年共计 3288 人。然而这样的扩张需要付出代价。燃料短缺早在 1942 年 6 月就开始影响训练项目，戈林指出如果继续这样下去德国空军到 1943 年将拥有比飞机数量更多的飞行员。提高训练部队的燃料配给只取得了部分成功，航校在 1942 年 9 月接收燃料 14000 吨，10 月 20000 吨，11 月 22000 吨，到 12 月又降至 19000 吨。由于长期面对燃料短缺的问题，

◀ 成功的本土防空战需要一位合格的总司令，很显然戈林并不是

训练课程长度的削减只是个时间问题，新训练完成飞行员的质量将受到影响。

帝国元帅还对人员选拔程序感到不满意。1943年戈林曾表示接受训练的人中有很多"蠢蛋"，他无法理解为什么这些人得到了训练机会。虽然存在各种困难，训练部队还是努力让它们的毕业生拥有应对新威胁的作战技巧。高级战斗机训练大队在1942年中期的教学大纲中就包括在6000米高度和地面指挥下拦截来袭轰炸机编队的内容。如果没有这些措施，也没有施佩勒和米尔希为提高战斗机产量付出的努力，德国不可能在1943年秋季取得防空作战的阶段性胜利。

早期的交手与教训

德国空军在柏林的领导们知道美国空勤人员正在陆续抵达英国，也知道美国陆航要执行高空昼间战略轰炸。但是在他们看来这种做法是不可取的，依据不过是自己的轰炸机部队在1940年对抗英国时遭受的失败和之前3年内击退皇家空军小规模昼间攻击的成功。美国人的轰炸战役带来的威胁不足以逼迫德国增强昼间战斗机防御兵力，虽然这时只包含3个战斗机联队（JG 1，JG 2，JG 26），而且还薄弱的分散在从瑟堡到丹麦和挪威南部的沿海地区，由2个独立的作战司令部指挥。3个联队在满编的情况下应该拥有442架战斗机，然而实际上在1942年7月27日的可出动飞机为333架。这些飞机几乎全部是Fw 190，当它于1941年在海峡前线服役时令皇家空军极为震惊。

正如之前提到的那样，中央司令部仅有的昼间战斗机联队是JG 1。由于美国陆航在1942年从未飞越德国领土上空，JG 1也只有位于荷兰的分队曾遭遇美机3次。拥有最多作战机会的是第3航空队的两个海峡联队：JG 2"里希特霍芬"和JG 26"施拉格特"。当绝大部分德国空军部队在1941年中期转向东部时，这2个联队被留在了海峡沿岸。它们的任务是保持西部占领区的制空权，并在对抗皇家空军战斗机和轻型轰炸机的入侵中取得巨大成功，现在它们要面对一个不同的挑战。

1942年8月，瓦尔特·奥绍（Walter Oesau）少校的JG 2全部驻扎在法国西北部，由第3战斗机指挥部控制。联队司令部和第1大队位于特里魁维尔（Triqueville），第2大队和第3大队分别在博蒙勒罗歇（Beaumont-

◀ 美国陆航到来时担任JG 26联队长的是格尔哈德·舍普费尔，他不久后就因为偏软的指挥风格而被撤换

◀ JG 2"里希特霍芬"负责守卫第3航空队的西半部防区，它在1942年的联队长是瓦尔特·奥绍

le-Roger）和瑟堡 – 莫佩尔迪（Cherbourg-Maupertus）。格尔哈德·舍普费尔（Gerhard Schöpfel）少校的JG 26隶属于第2战斗机指挥部。其部署如下：联队司令部和第1大队在加莱省圣奥梅尔（St. Omer），在盟军飞行员口中赢得"阿布维尔好汉"称号的第2大队位于阿布维尔 – 德鲁凯特（Abbeville-Drucat），第3大队在比利时西部的韦弗尔海姆（Wevelgem）。除了这些Fw 190单位外，还有2个装备Bf 109G-1高空战斗机的独立中队：JG 2第11（高空）中队和JG 26第11（高空）中队。它们的基地位于利热库尔（Ligescourt）和诺朗丰泰（Norrent-Fontes），名义上归JG 26管辖。

第8航空队在实力还很虚弱的时候就展开了行动。它的部队训练不足并且完全缺乏作战经验，因此早期的入侵仅限于越过海峡，对机场、铁路货场和少数喷火航程范围内的工厂实施打击。重型轰炸机的第一次任务在8月17日开始，12架B 17轰炸了鲁昂铁路场。皇家空军战斗机司令部出动4个喷火IX中队提供紧密护航，后方支援交给了比金山（Biggin Hill）和坦迷尔（Tangmere）的喷火V联队。德国空军仅有JG 2第1大队和JG 26第2大队和敌机接触，但是未能靠近到射程内。阿布维尔控制中心命令JG 26第2大队在敌编队返航时发起攻击，位于右侧的2个加拿大中队（第401、402）攻击Fw 190并成功阻止它们接近轰炸机，但是损失2架喷火IX及其飞行员，第3架喷火坠毁在英格兰，飞行员身负重伤。德国飞行员将轰炸机误认作斯特灵或哈利法克斯，并对它们的紧密编队和强大防御火力留下了深刻印象。大队声称击落4架喷火，自身没有损失。而一同参战的JG 2联队第1大队则在目标区上空阵亡一名飞行员，没有取得任何战果。

8月20日美军再次出动12架空中堡垒在喷火战斗机的护航下轰炸了亚眠，JG 26第3大队在大队长还未来得及下令的情况下就立刻前去拦截并在阿布维尔上空与护航机发生了交火，不过当天唯一得以截住轰炸机的则是JG 26第2中队的施利德军士，他在海峡上空宣称击落了2架飓风战斗机和1架"斯特林"（实为B 17），但盟军在返航后的报告中表明他们出动的飞机均无损失。不过在这天晚上第3航空队司令施佩勒来到了JG 26联队司令部，就这两天JG 26频繁遭遇盟军新式重型轰炸机的事进行调查和问询，同时也就其出色的表现嘉奖了JG 26联队的官兵们。次日JG 26再次与空中堡垒进行了交锋，12架空中堡垒轰炸了鹿特丹，JG 1第2大队的9架福克 – 沃尔夫战斗机进行了最初的拦截，在损失了一架战机后无功而返，而作为另一支拦截主力的JG 26却又因航程不够而错过了这天的拦截作战。29日美军又以12架轰炸机的规模空袭了韦弗尔海姆的德军机场，意想不到的德军有12人在还未来得及躲进防空掩体前就被炸死，若干飞机受损。一周后美军增加到以2个大队的B 17轰炸了鲁昂的铁路站场，JG 2率先出击但没有成功打击到美军，很快，JG 26第2大队在科纳·迈尔上尉（Conny Meyer）的率领下赶来助阵，虽然在4个护航的喷火中队阻击下他们没能攻入轰炸机群但却击落6架喷火并重创另一架使其迫降于海峡中，而己方没有任何损失。

第8轰炸机司令部在最初的9次作战任务中没有损失1架轰炸机，直到9月6日对缪尔提（Meaulte）的波泰飞机制造厂的攻击中才损失了2架B 17。拦截敌机的是JG 2第2大队和JG 26第2大队，它们从法国沿岸到轰炸目标这段路途内不停攻击这30架飞行堡垒。担任紧密护航职责的4个喷火IX中队错过了汇合点，因此没有参加这次战斗。负责上方掩护的第133"鹰"中队在8500米高空遇到了JG 2的Fw 190从上下两个方向发起的攻击，阵型被打散并损失了3架喷火。轰炸机群则遭受了45至50架Fw 190和一些Bf 109的轮番攻击。攻击来自各个方向，几乎所有的B 17都有损伤。帝国防空军击落第一架美国重型轰炸机的荣誉属于JG 26第2大队长卡尔·海因茨·迈尔（Karl-Heinz Meyer）上尉。他的目标，一架属于第97轰炸机大队的B 17F，坠落在亚眠附近。Fw 190将轰炸机驱赶回法国海岸，一架第92轰炸机大队的B 17E在至少5架战斗机的攻击下终于支撑不住，坠入勒特雷波尔（Le Treport）附近的海水中。JG 2此战损失2架Fw 190和1名飞行员，宣称击落2架B 17和2架喷火。JG 26第2大队没有损失，它击落2架B 17和1架喷火的宣称战果也得到承认，作为预备队赶到的JG 26第1，3大队则未能与美军遭遇。德国空军关于夸大击落重型轰炸机战果的问题很早就出现了，2架轰炸机被击落，但是却有4个宣称战果得到官方认可。

这天取得的胜利主要归功于德国雷达、无线电拦截部门和战斗机指挥系统，它们快速准备好了面对新的挑战。任何美国无线电活动剧增的情况都预示着一次新的攻击，美国人的力量现在还不足以攻击多个目标。德国的雷达可以在高空飞行的编队越过英吉利海峡前就发现它，这与之前18个月里皇家空军的低空突袭完全不同。第3航空队的2个战斗机联队之前数周低沉的士气因为这次胜利再次提升。虽然他们还是受到战斗机火力不足的困扰，并期望获得更有效的武器和弹药。加兰德将军在阿赫莫尔（Achmer）成立了一支试验部队，第25试飞队（Erprobungskommando 25），负责开发击落美国重型轰炸机的特殊武器。海因茨·纳克（Heinz Nacke）少校和他的下属在大量平民科学家和工程师的协助下立刻开始试验大口径机炮和空空火箭弹。

美国陆航的一些早期行动完全没有遭遇敌机拦截，这令戈林和加兰德都感到十分愤怒。加兰德在战后的审问中说自己被战斗机飞行员的胆怯激怒了，他们最初根本不想攻击那些轰炸机。出于对JG 26表现明显下滑的担忧，联队的老领导加兰德上校就至少对该部队进行了两次个人视察以确定他的继任者格尔哈德·舍普费尔少校能够掌控住当前局势，JG 2联队长奥绍少校也受到了很大的压力与问责，被要求指挥他的部队务必将盟军重轰扼杀掉。

9月7日，美军又以30架喷火护卫着15架空中堡垒轰炸了鹿特丹，这次拦截的主角由JG 1第2和第4大队扮演，不过他们仅仅发起了两回进攻就退出了战斗，宣称准确命中1架空中堡垒的发动机并令其起火。但这点可怜的战果完全抵不上JG 1所受的损失，2个大队各付出了1架战斗机被击落的代价，2名飞行员全部阵亡。另外一个参战的JG 26第3大队则击落1架护航的喷火战斗机，自身没有损失。

此时，B 17抵抗伤害和持续飞行的能力已经在海峡两岸赢得了传奇性的声誉。在一次早期入侵行动中，JG 26第9中队的库尔特·鲁珀特（Kurt Ruppert）中尉反复攻击1架单飞的B 17。它的3台发动机已经被击毁，但是鲁珀特只能惊讶的目送着这架飞机使用一个引擎继续飞行，B 17的机组将装备、机枪和弹药全部抛弃。最终轰炸机成功返回英格兰，迫降在拉姆斯盖特（Ramsgate）的海滩上。

当时还在 JG 26 第 2 大队的约翰内斯·瑙曼（Johannes Naumann）中尉描述过 1942 年秋季的一次典型拦截作战。他的大队奉命攻击返航中的轰炸机，B 17 在约 8000 米高空展开交错编队。当 Fw 190 终于拼命爬升到 8200 米高度时，却发现美国轰炸机向远处退去。Fw 190 在这里的速度不比轰炸机快到哪里去，尾随追击到射程范围内需要花很长时间。瑙曼在距离敌机 700 米的极限射程使用 MG 151/20 机炮开火射击，这时他所在原编队的 24 架战斗机中已经有半数因为各种各样的原因退出追击战。突然瑙曼的引擎发生爆炸，他的这次作战任务就这样结束了。没有一架轰炸机被击落，甚至没有遭受到任何可见的损伤。

1942 年担任 JG 26 第 8 中队长的卡尔·博里斯（Karl Borris）也描述过重型轰炸机对德国飞行员的冲击，他们现在面对着人生中最巨大的挑战。一个新手飞行员无法通过语句切实感受到重型轰炸机及其编队的规模，他必须要亲自飞行去体会这一点。经典的尾部攻击法失效，距离的估测尤为困难。瞄准具是为攻击战斗机而设计的，一架标准战斗机的两翼在 100 米开外的地方能够填满瞄准具的圆环。但是在德国战斗机远远未达到有效射程内之前，轰炸机的巨大身躯就会塞满瞄准器的视野。轰炸机的机枪手在看到敌机时就会立刻开火射击，目的是干扰这次攻击。美军的勃朗宁机枪拥有比德制 MG 151 和 MG 17 更远的射程。这样在进入有效射程之前，战斗机飞行员的座舱将被红色的曳光弹所包围。这样极端不适的情况可以持续数分钟之久，有些飞行员（特别是年纪较轻的人）在这样的恐怖环境面前会选择放弃进攻。

10 月 2 日美军开始了他们在 10 月份的第一次轰炸，这次空中堡垒兵分两路：32 架前去轰炸亚眠附近的工厂，6 架去轰炸维泽尼斯的机场。JG 26 第 1 大队的 15 架福克-沃尔夫战斗机与前卫的美军第 4 战斗机大队首先开打，这个刚刚由皇家空军转成美国陆航的喷火战斗机大队开了个好头，击落 2 架 Fw 190 并打伤这两名飞行员。6 架美军轰炸机从低空轰炸了维泽尼斯机场，2 架飞机在跑道上被炸毁，防空的 JG 26 联队第 2 中队击落了一架护航的闪电战斗机，但没能打下 B 17。轰炸亚眠的机群被寄希望于吸引住绝大多数德军防御力量，他们遭到了 JG 2 联队第 3 大队，JG 26

◀ JG 26 的资深飞行员约翰内斯·瑙曼，他从 1939 年到 1944 年 6 月 23 日负伤前一直都在该联队服役

◀ 1942 年担任 JG 26 第 8 中队长的卡尔·博里斯，他自 1940 年加入 JG 26 第 3 大队后就一直随队战斗到战争的最后一天

联队第 2 大队和第 11（高空）中队的拦截，德军从各个方向发起了凌乱的攻击，虽然击伤多架轰炸机但也付出了惨重代价：JG 2 损毁 3 架战斗机，阵亡 2 人；JG 26 第 2 大队在攻击轰炸机时被自卫火力打下 1 架，飞行员迫降逃生后死于医院，另有 1 架受创返回机场降落时与另 1 架返航飞机相撞，双双损毁，其高空中队则被护航机拦了下来并被击落 1 架 Bf 109G-1（飞行员跳伞未受伤）。德军的全部战果为 5 架喷火战斗机和 1 架闪电战斗机，所有美军轰炸机都安全返航了。

一周后的里尔空袭是美国自开始战略轰炸以来动用兵力最多的一次。出动 108 架轰炸机攻击里尔地区的机车厂、钢铁厂和机场，36 个中队的喷火和 P 38 负责支援轰炸机，但是只有 2 个大队负责紧密护航，侧翼另有 2 个大队，最后还有 3 个大队负责担任前卫诱饵，而其余部队则分散在整个战场，随后的战斗显示这些护航机几乎没有任何存在感。卷入这次拦截的德军则先后有 JG 26 第 3, 第 2 大队和其高空中队。JG 26 第 3 大队在韦弗尔海姆（Wevelghem）的机场也是目标之一，大队长约瑟夫·普里勒（Josef Priller）上尉率领下属进行防御作战。大队向西飞去，同时不断提升飞行高度。这是普里勒第一次在空中亲眼看到美军重型轰炸机。他错误的判断了它们的尺寸，因此也低估了轰炸机的高度。他重复三次下达攻击命令，但是每次都发现敌机还在自己的上方。轰炸机每 3 架组成一个 V 型，整体编队让奥托·斯塔姆贝格（Otto Stammberger）少尉想起大群的黄蜂。轰炸机从战斗机身边经过，后者还在 8000 米高度向上爬升中。轰炸机编队随后向左急转弯，往里尔南方飞去，这给了 Fw 190 飞行员攻击的机会。数对战斗机从后方攻击敌机，普里勒上尉亲眼看见他的目标，一架第 93 轰炸机大队的 B 24 坠落在里尔附近（这也是第 8 航空队的 B 24 轰炸机的第一次行动）

库尔特·鲁珀特（Kurt Ruppert）中尉带领着他的 JG 26 第 9 中队攻击了另外一个轰炸机编队，由第 306 轰炸机大队的 B 17 组成。他看到了远处护航战斗机的数道雾化尾迹，但是它们没有加入战斗。德国飞行员从后方开始攻击轰炸机，鲁珀特的目标被击伤脱离编队，他将因此获得一个重创（Herausschuss，简称 HSS）的战果记录。这种战果记录不同于击落，表示将敌机严重击伤，使其脱离原编队无法继续执行任务，最终的命运往往是坠毁或被其他敌机击落。斯塔姆贝格少尉攻击了另一架 B 17，但是发现射击完全不起作用。他突然意识到自己距离射程范围太远了，靠近后的射击命中了轰炸机的左翼。在依然不受盟军战斗机干扰的情况下，他反复攻击这架轰炸机。第三轮攻击后左侧的两台发动机终于起火燃烧，他随后又向右侧发动机开火并看到了 4、5 名机组人员跳伞逃生。最终斯塔姆贝格目送着轰炸机坠毁在旺德维尔（Vendeville），当他抬起头向上看时天空已经空无一物。由于弹药耗尽，他掉头返回第 9 中队在莫尔塞勒（Moorsele）的基地。

同样属于 JG 26 第 3 大队的 7 中队在中队长克劳斯·米特乌施（Klaus Mietusch）上尉的指挥下完成了一次高效的攻击。他将自己的第一个猎物辨认为皇家空军斯特林轰炸机，这可能是 1 架第 301 轰炸机大队的 B 17，最终迫降在英格兰。米特乌施对同一编队的第二轮攻击中又击伤另一架 B 17，使它成为第一架成功迫降在英吉利海峡的美国轰炸机。米特乌施声称摧毁了这架敌机，但是由于没有目击旁证而未得到认可。

◀ 克劳斯·米特乌施少校，他在JG 26第3大队于1939年成立时入队，此后一直留在那里直到1944年9月17日作为它的大队长阵亡

米特乌施的僚机在第一次攻击中就被击中，他虽然跳出了飞机，却因伤无法打开降落伞而坠亡。米特乌施的中队还有一名飞行员通过从后方和下方的多次攻击成功击落一架第92轰炸机大队的B 17。

JG 26第3大队击落的4架轰炸机使第8航空队遭受了到当时为止最为严重的单次作战任务损失。许多返回的轰炸机都伤痕累累，轰炸的准度也很低下，但是美国人却声称自己取得了对德国空军的一次决定性胜利。轰炸机机枪手共声称摧毁56架战斗机，可能摧毁26架，击伤20架。虽然盟军情报人员很清楚宣称战果比德国出动的拦截机总数还多，罗斯福总统还是在一次广播中引用了这一原始数据。德国飞行员被美国人如此夸张的战果报告逗乐了，因为他们实际上只损失了1架飞机和1名飞行员。

对里尔的入侵标志着美国陆航1942年对西欧轰炸行动的顶峰，2个最有经验的轰炸机大队（第97、301轰炸机大队）和4个战斗机大队不久就撤出战斗，准备转移到北非战场。抵达英格兰的新部队都是菜鸟，必须花费大量时间才能形成战斗力。下一次规模超过10月9日的轰炸作战直到1943年4月17日才发生。

10月中旬，第8航空队接到摧毁比斯开湾5个U艇基地的命令。埃克将军对于这一指派任务并不热心，因为他没有足以穿透U艇洞库3.5米厚强化混凝土顶部的武器。这个完全得不到任何回报的战役从10月21日对洛里昂的攻击开始。JG 2第3大队一部已经提前转移到布雷斯特保护暴露在外的U艇免遭皇家空军战斗机袭击，也准备好反击无护航的美军轰炸机。第97轰炸机大队有3架B 17被当场击落，还有2架在返回英格兰后报销。JG 2第3大队的其他部队在接下来几天内也陆续转移到布里塔尼的数个基地，增强这些美军新目标的防御能力。

11月8日，盟军在西北非登陆。德军被迫从西欧抽调战斗机部队防御这条新前线。第3航空队仅有的2个Bf 109G中队（JG 2第11中队和JG 26第11中队，分别计划配属JG 53与JG 51的第2大队）奉命前往突尼斯，倒霉的是运送JG 26第11中队成员的容克运输机在海峡上空被击落，这个中队还未抵达就受到了重创，同行的还有装备Fw 190的JG 2第2大队。11月9日，另一个Fw 190大队JG 2第1大队和2个海峡联队的第10（战斗轰炸机）中队也飞往马赛支援德军对维希法国的占领，并防备盟军可能对法国南部的入侵行动。由于JG 2第3大队需要同时守卫布列塔尼和潜艇基地，海峡沿岸防空兵力就只剩下JG 26的3个大队。为了强化巴黎地区的防御，JG 26第9中队离开JG 26第3大队，改由JG 2第3大队指挥。暂时指挥该中队的斯塔姆贝格少尉在11月27日将中队带领到勒阿弗尔（Le Havre）南部的博蒙勒罗歇。对于德国空军来说幸运的是，出于同样的原因，美国陆航在英格兰的实力也大打折扣。就在

8日美军又对里尔进行了空袭，共有15个战斗机中队为这38架轰炸机护航，整个JG 26联队倾巢出动，第2大队成功攻击了一个由12架轰炸机组成的机群，绝大多数轰炸机都被击伤，护航的喷火也被打掉2架，而抵达里尔目标区的美军被高炮击伤1架轰炸机，这架飞机后来在海峡上空被追上来的德军战斗机结果，联队长舍普费尔也宣称击落2架轰炸机但都没有得到确认，同样参与拦截的JG 2联队第3大队卷入了与护航机的战斗，一架Fw 190被击落，飞行员伤重不治身亡。

此时还不存在攻击美军轰炸机的标准战术，最常用的攻击方向是来自后方。第3航空队的战斗机指挥官在1942年末花费大量时间讨论对抗重型轰炸机的最佳战术。他们建立了模型并研究合适的攻击角度。欧根·迈尔（Egon Mayer）上尉被认为是提出迎面攻击法的第一人，由于轰炸机在机鼻处的防御最为薄弱，他认为从这个角度发起的攻击最有希望摧毁一架轰炸机，或是至少可以杀死座舱内的飞行员。迈尔不久前刚接替勇猛有余却谋略不足的汉斯·哈恩（Hans "Assi" Hahn）少校担任JG 2第3大队长，哈恩则被转调至JG 54任大队长，43年2月在东线被苏军俘虏。第3战斗机指挥部允许迈尔在实战中测试自己的想法，机会在11月23日到来，美军此时已经获悉JG 2联队有2到3个大队被调往了地中海前线遂派出36架无护航的B 17和B 24前去轰炸圣纳泽尔（St. Nazaire），他们在途中遭遇迈尔的拦截，仅3架Fw 190发起的正面突击很快就击落了4架B 17并重创了第5架，创造了德国空军面对重型轰炸机单轮攻击的最佳战绩，第5架B 17在返回英格兰后报废。迈尔的大队获得6个得到确认的空战胜利，其中3个归属

▲ 通常被看做是首位提出迎面攻击法的欧根·迈尔，他也是首位在英吉利海峡前线击落100架敌机的飞行员，作为JG 2联队长阵亡时是德国空军击落美军重型轰炸机数量最多的人

上尉本人。而美军的作战报告则十分好笑：声称击落16架敌机！

时刻准备接受新意见的阿道夫·加兰德很快就对这个新战术表示赞赏。在一份传达给所有德国空军战斗机部队的备忘录中他作出如下几点指示：

1. 迈尔上尉使用的从正面俯冲攻击的方法非常高效，立即就摧毁了1架B 17轰炸机。

2. 他的2号机和3号机在完成攻击后的拉升过程中严重受损，不推荐采用该做法。

3. 迈尔上尉的第二次攻击同样是成功的。这次他在轰炸机面前俯冲后拉起完成攻击，再向下大角度俯冲后爬升回编队前方。（在此过程中）他没有受到自卫火力打击。

4. 总体结论：

a. 从后方对紧密编队的攻击很少获得成功而且会带来巨大损失。如果需要从后方发起攻击，应该以大角度射击引擎和油箱。

b. 来自侧面的攻击是有效的，这需要拥有良好的训练和射击水平。

c. 从正面、上方或下方以低速进行的迎面攻击是所有攻击方法中最高效的。成功不可或缺的是飞行技术、出色的瞄准和在尽可能近距离保持持续射击。

d. 唯一允许的撤出战斗方式是在轰炸机的飞行方向上大角度俯冲。使用最大的角速度会使敌军机枪手无法有效还击。

e. 战斗机部队必须集中大量兵力反复攻击。这样防御火力将会被分散，轰炸机编队也会被拆散。

迈尔的迎头攻击方式被以书面文件的形式下发给了第1、2战斗军的各个截击单位，在纸面上迎头攻击战术的流程是：首先借助地面引导人员的指引发现盟军轰炸机并爬升到与其相同的高度后在轰炸机的自卫火力射程外水平飞行，当确认附近没有其他敌军护航战斗机或是对方护航战斗机返航后爬升到轰炸机群上方，然后赶超到轰炸机群前方大约2英里的地方，进行一个180度半圆形的大转弯后分散成3到4个飞行编队展开攻击，在接近到500码距离时开火，300码距离时脱离。根据各战斗机部队的汇报，美军的轰炸机群巡航航速大约为175英里每小时，因此拦截战斗机部队的航速要超过350英里每小时才能占据迎头攻击的良好阵位。对于战斗机飞行员来说关键是要具有一定程度的编队能力，或者至少要做到（与友机的）目视接触，这样每次攻击掠过后战斗机可重新编组并发起集中攻击。（当然这只是理论方法，实际战斗中，许多飞行员采用一个破S机动来结束第一次攻击穿越，翻滚后俯冲，摆脱其上方的轰炸机防御火力）

最初，迎头攻击采用的是平角攻击方式，这使得战斗机飞行员判断到目标的距离十分困难。一开始德国飞行员被空中堡垒高达104英尺的翼展所震慑，他们害怕与这些在自己瞄准镜中所显现的正逐渐逼近的庞然大物相撞，飞行员们被这种恐惧感所压倒，他们总是急切的从很远处就开始射击或过早地进行脱离。进一步完善的攻击战术显示，从机头方向接近时理想的攻击角度是与水平线夹角成10度，美国轰炸机机组成员称之为"12点高度（12 O'clock High）"。这大大简化了预估射程的问题，同时以这种恒定角度开火也类似于对地扫射。

12月6日美军再次以6个喷火联队支援66架B 17轰炸了位于里尔的工厂，虽然因为之前出动轰炸德军机场的B 24轰炸机吸引了相当一部分德军防御力量而使B 17在前往目标区的途中未遭遇拦截的德军，但因为天气缘故仅仅有36架轰炸机在指定区域内进行了投弹，不过返航的路可就不太平了，尽管护航战斗机报告说没有发现德军战机，但实际上JG 26的3个大队全部出击去拦截美军轰

◀ 1942年11月法国里昂，JG 2联队部的一架Fw 190A战机

炸机，第一轮攻击由斯塔姆贝格中尉带着他的第 9 中队发起，但没能取得战果，之后由第 2 战斗机指挥部调派过来的 JG 1 联队第 2 大队击落了 1 架轰炸机，这个大队总共宣称击落了 2 架轰炸机而己方无损失。拦截的主力 JG 26 这次表现很不好，只有联队长舍普费尔本人宣称打下了 1 架 B 17 作为他的第 45 个也是最后一个战果，但因为过于模糊的作战记录而无法得到确认，JG 26 唯一可以证明的收获就是击伤了 7 架 B 17，这让第 3 战斗机指挥部对他们极为不满，当晚即严令该联队务必总结经验教训以备再战。短短 6 天后他们就迎来了雪耻的机会，这次美军计划偷袭位于塞纳河畔罗米伊（Romilly-sur-Seine）的德国空军后勤基地，这次轰炸目标已经超出了盟军护航机的最大作战半径，而且因为天气原因，有超过 12 架 B 24 因为持续的多云天气而没能出动。海峡对岸的德军很早便发现了美军的行动，整个 JG 26 全都做好了准备，第 1 大队首先在沿海地区与护航的英军 350 中队打上了，英军被当场击落一架喷火，另有一架严重受损迫降于英国沙滩，而美军的轰炸机编队很快也被斯塔姆贝格的第 9 中队盯上，他们一直跟着美军轰炸机直到护航的喷火因油料不足返航后才发起进攻，虽然中队长本人因机炮卡壳而没能参战，但他的中队成功打下了 2 架空中堡垒并重创另一架，好不容易抵达目标区的轰炸机群却又因为多云天气而没能准确轰炸目标区，快快而返的美军则遭到了 JG 26 第 2 大队主力的拦截，不过这次上帝站在了美军这边，在最初被击伤了多架轰炸机后 3 个联队的护航战斗机及时赶来驱逐了德军的攻击群并护送轰炸机安全返航，不过在英德战斗机的狗斗中护航的喷火被打下了 3 架。显然这次德军的拦截也不成功，JG 26 的第 1 大队没能拦到轰炸机，当他们抵达战场时一切已经结束了，而战力甚强的第 3 大队则被当做预备队使用。尽管这次行动的轰炸效果很不理想，但美军仍然觉得他们取得了一个很完美的胜利，他们的轰炸机机枪手们宣称击落 19 架德机，可能击落 8 架并击伤 2 架，而护航的喷火也宣称打下 4 架，可能击落 1 架，击伤 7 架。然而与此形成鲜明对比的是所有参战的德军都没有任何损失，这次夸大的战果汇报对于美军情报部门的敌情分析着实出现了很大的误导，使得下次的轰炸行动不得不付出了更大的代价。

12 月 20 日，基于之前对德军防空实力的错误判断，第 8 轰炸机司令部又出动 101 架 B 24 和 B 17 再次轰炸塞纳河畔罗米伊的德国空军基地。美军的这次行动计划几乎是之前一周行动的翻版，轰炸机群刚刚起飞没多久后帝国的防御者们就已经获知消息并对此做好了准备。皇家空军战斗机司令部在加莱地区的 4 个牵制性攻击成功地令 JG 26 全体出动应战，它们和一个喷火联队进行了散乱的自由猎杀战，但是很快就与敌机脱离战斗，因为地面指挥系统已经探知在海峡上空的盟军主力部队。一些 JG 26 的 Fw 190 降落进行快速补给，绝大部分则直接飞向迪耶普海岸。JG 26 第 2 大队和第 3 大队首先发现敌机，它们和轰炸机编队保持一定距离并行飞行，耐心地等到喷火战斗机返航时才发起攻击。第 91 轰炸机大队遭到德国战斗机的迎面攻击随即就有 2 架 B 17 在鲁昂上空摔了下来。噩梦并未结束，第 91 大队随后经历了长达 1 个小时的不断攻击，但因为此时德军的轰炸机攻击经验尚显不足以及美军自卫火力的格外猛烈，大队没有承受进一步的损失。德军以 JG 2、

JG 26 的联队司令部小队和 JG 26 的 3 个大队依次攻击了美军轰炸机编队，直到油量不足迫使它们返航。不过取得战果的还是少数，一贯表现不俗的 JG 26 第 9 中队从博蒙勒罗歇起飞，在巴黎地区发现了轰炸机，并和迈尔上尉的 JG 2 第 3 大队一部完成了一次成功的迎面攻击，当场击落 2 架 B 17。而之前从博蒙勒罗歇出动迎击皇家空军战斗机牵制部队的 JG 26 第 4 中队这时已经补充完毕燃料，成为最后一个拦截轰炸机的战斗机部队，它们在迪耶普外海峡上空击落 1 架 B 17。JG 2 联队司令部很快再次出动，奥绍少校在迪耶普地区取得个人当天的第二个 B 17 击落记录。JG 26 的战斗机在第二次出动时只是发现了返航的护航机，在一系列结果不明的混战后，双方返回各自的基地。

6 架 B 17 在法国上空被击落，31 架 B 17 和 B 24 带着战伤返回英格兰。最初美军摧毁 53 架德国战斗机的宣称战果后来被削减为 21 架。JG 2 声称击落 2 架 B 17，1 名飞行员阵亡。JG 26 声称击落 4 架 B 17 和 1 架 B 24，损失 1 名飞行员。许多德军战斗机在长时间的追击战中耗尽了燃料，它们的驾驶员要求迫降的无线电报告被盟军情报人员截获，并以此作为轰炸机机组重创德国战斗机部队的证据。实际上只有 6 架德国战斗机遭受无法修复的损伤，其余 10 架迫降的飞机只有中等程度的损坏。

随着冬季的到来，双方都在努力进行着装备和战术的研发。美国在英格兰的所有轰炸机基地的军械师都给 B 17 和 B 24 的机鼻处临时添加了额外的机枪。新的编队和战术教条在第 8 航空队内部设立，绝大部分由第 305 轰炸机大队天才的指挥官柯蒂斯·李梅（Curtis LeMay）上校提出。由 18 架飞机构成的盒子编队只是他的众多创意之一。

▲ 天才的轰炸机指挥官柯蒂斯·李梅，他的众多创意令美军轰炸机部队受益良多

1942 年底到达德国空军手中的 Bf 109 和 Fw 190 型号与 1941 年机型相比仅有一些细节变动。两种飞机都已经十分成熟，重量在持续增加，发动机的动力必须提升以维持出色的飞行性能。由于长期缺乏高强度、高温金属合金以及高辛烷值航空燃油，想要大幅提高发动机压缩比十分困难，德国工程师转而寻求采用添加剂增强现有发动机动力的方法。Bf 109G-1 的 DB 605A 引擎就引入了一氧化二氮注射装置（GM-1）来暂时提升引擎高空动力。Bf 109G-4 基于 G-1 型，但是没有之前型号的复杂座舱增压系统，装有新型的 FuG 16Z 无线电设备，拥有多频道和导航能力。Fw 190A-3 则使用了动力更大的 BMW 801D-2 发动机，一直以来困扰飞行员的过热问题也得到解决。Fw 190A-3 在 1942 年底被 A 4 替换，后者也采用了 FuG 16Z 无线电。当位于各自的最佳飞行高度时，Bf 109G-4 和

Fw 190A-4 都能与皇家空军最优秀的战斗机喷火 IX 抗衡。

绝大多数在 1942 年末交给 JG 2 和 JG 26 的新型战斗机是 Bf 109。库尔特·谭克的 Fw 190 现在供不应求，在克服了早期的大部分问题后，德国空军在所有前线都需要大量该型号飞机。除了最初的制空任务外，它还需要扮演侦察机和对地攻击机的角色。如果要在原使用者中做出取舍的话，选择 2 个海峡联队是最为合理的，因为 Fw 190 在 7500 米以上飞行性能大幅下滑，而这正是 B 17 编队的飞行高度。另一方面，Bf 109G-4 在 9000 米以上还是有不错的性能发挥。至 1943 年春，JG 26 第 3 大队已经全部改飞 Bf 109，第 1、2 大队则混合使用 Bf 109 和 Fw 190 两种飞机。在一个大队内同时装备两种飞机很快被证明并不合适，于是这两个大队又重新统一配备 Fw 190 直至战争结束。

JG 2 第 2 大队从北非返回西欧后也换装了 Bf 109，这样 2 个海峡联队现在各拥有 2 个 Fw 190 大队和 1 个 Bf 109 大队。Bf 109 是一款出色的高空格斗机，在未来德国上空的战斗中负责牵制盟军护航机，为 Fw 190 集中攻击轰炸机创造条件。然而第 3 航空队的战斗机现在没有时间完成这样的协同攻击，Bf 109 和 Fw 190 大队被迫独立的完成攻击轰炸机的任务。Fw 190A-4 的武器包括 2 挺 MG 17 轻机枪、2 门 MG FF 机炮和 2 门 MG 151/20 机炮，足以对抗任何目标。然而 Bf 109 的标准武器配置仅为 2 挺 MG 17 机枪和一门 MG 151/20 机炮，这无法给 B 17 和 B 24 造成很大损伤。在梅塞施密特战斗机的下一型号 Bf 109G-6 上，MG 17 将被更大更重的 MG 131 取代。另一种化学添加剂 MW 50（甲醇 – 水混合剂）也被加入以增强战斗机的低空性能，但是绝大部分飞行员指出由于重量增加，飞机的机动性严重降低。

Bf 109 经常因为其脆弱的结构而受到指责。总的来说，Fw 190 是生存能力更强的飞机，在 42 至 43 年间也成为绝大多数西线战斗机飞行员最爱。JG 26 的一员老兵埃里希·施瓦茨（Erich Schwarz）曾说过："Bf 109 是一架好飞机，但是它无法与 Fw 190 相比。Bf 109 在东线取得了巨大成功，但是那里的敌军不像我们在西线面临的对手那样拥有发达的兵工科技。"

加兰德将军持续给奥绍少校和舍普费尔少校施压。他们的拦截成功率必须得到大幅提升，这样才能将新的威胁扼杀在萌芽之中。加兰德在年底一直忙于设立详细的战术规章，指定攻击重型轰炸机的方法。在战后审问中

▲ 德国空军的地勤人员正在为 Fw 190 战机的翼炮装填 20 毫米机炮炮弹而进行着准备工作

一架B17上的机枪手近照

他总结出了如下内容：战斗机部队需要与轰炸机保持平行的航线，直到领先轰炸机约5公里时以小队为单位转向发起迎面攻击。他们应该瞄准轰炸机的座舱，到距离800米时开火，停火后保持几乎水平的飞行线路越过轰炸机上方。第二种允许采用的攻击方法来自后方，战斗机需要结成多个小队迅速依次完成高速攻击，停火后同样飞越轰炸机头顶。

在加兰德看来，这些战术取得成功的关键在于战斗机能够保持阵型，或者至少是维持在可见的距离，这样才能重复完成集中火力攻击。许多飞行员在面对冰雹似的的自卫火力打击时都会产生畏惧情绪，这使得他们过早的结束自己的攻击。虽然轰炸机机枪并没有击落很多德国战斗机，他们密集的点50子弹尾迹还是组成了一个极为有效的防御盾。与加兰德期望相违，德国空军的编队攻击很少能够顺利进行。一些飞行员总是在不成熟的时机退出，其余的则在完成攻击后以各自认为存活机会最大的角度和方向飞过轰炸机。编队指挥官会发现自己很难再集结起分散的战斗机，下一次攻击时的飞机数量将不超过上次的一半。

第3航空队的战斗机指挥官们出于他们的自主意愿，也努力想要提高部队的拦截效率。攻击编队的规模得到扩大，战术也进行了修正。在12月20日的空战中，绝大多数攻击从正前方发起，这使得很多能力不足的飞行员无法有效控制好开火和脱离时机，甚至产生担心相撞的恐惧心理。JG 26的老兵博里斯声明经过试验，最佳的攻击角度依旧是正面，但是需要高于水平面10度。这样的攻击方法类似于飞机扫射地面目标，可以保持稳定的射击角，始终将瞄准具的十字对在轰炸机的机鼻上。距离的估测得到简化，即便是经验不足的飞行员也能够命中敌机数发。

这一年结束时，德国在苏联南部和地中海的庞大攻势都遭遇失败。皇家空军对帝国工业和人口中心日渐增强的夜间轰炸也需要德国建立起完整的雷达、高炮和夜间战斗机防御体系。然而德国空军上层领导依然坚持认为攻击性的空战行动是保卫本土的最佳方式。于是在整个1942年，轰炸机的生产数量依然保持在高位，德国空军的研发小组也将重点放在下一代攻击性空中武备上。耶顺内克曾明确的对他的一位参谋军官说："加兰德只用一个联队就可以应付西线的（昼间）防御作战。"他的这一态度将在1943年面临严峻的考验。

退潮：1943年初的战争

1943年初的几个月对于第三帝国和德国空军来说都是一段痛苦的时光。德军于1942年夏发起的庞大东线攻势在斯大林格勒的街道遭遇惨败，第6集团军的残部（约90000名士兵）也在1943年1月底被俘。A集团军群在高加索也面临一场潜在的更大规模灾难，曼施坦因拼命试图稳定近乎崩溃的东线南部战场。轴心国在地中海的战略同样步入险境。

1942年11月的火炬登陆行动正好赶在蒙哥马利取得阿拉曼战役胜利的时机，轴心国在北非的军队现在受到英国第8集团军和盟军第1集团军的夹击。哈里斯的皇家空军轰炸机司令部自1943年3月开始系统打击鲁尔工业区的城市。而美国陆航的重型轰炸机也在1943年1月27日第一次攻击德国本土，当天53架B17入侵威廉港。第8航空队的指挥官和德国防空部队都知道这只是个开始。

对于德国空军来说，命运的转变尤为快速。1942年的绝大部分时间里它能够通过集中有限的部队在关键地点以完成越来越多的作战任务，虽然代价是大片战区几乎完全没有空军的身影。它在西线的防空部队能够应付美国陆航早期的昼间轰炸行动，虽然皇家空军的夜间攻击依然是一个大麻烦。绝大多数德国空军指挥官都相信自己的技术、训练和战术优于皇家空军、美国陆航和红空军。

1942年末至1943年初的战事迫使德国空军转为守势，协助陆军稳住轴心国摇摇欲坠的阵地。在地中海，第2航空队被寄予牵制住北非盟军并掩护通往西西里岛海运线的期望。在俄国，斯大林格勒的危机沉重打击了第4航空队，斯大林格勒空运的失败也降低了戈林和整个德国空军在希特勒眼中的声誉。然而曼施坦因在1943年春季上演不可思议的反击战，成功稳定住东线南部战局。这样陆军最高指挥部又开始盘算在库尔斯克突出部发起新一轮攻击。虽然其规模无法与1941年和1942年相比，堡垒行动依然是德军最后一次在苏联战场聚集起如此大规模的装甲和空军力量。

这一系列事件加起来对帝国防空造成了决定性的冲击。希特勒、戈林和其他帝国高级领导人依然决心在1943年春季重新获取主动权，并且不打算在地中海和苏联2个战场之间做出取舍。因此德国空军的指挥官对于在这一关键时期如何进行兵力部署而感到头痛不已。特别是对于空军参谋长耶顺内克来说，日子变得尤为难过。1943年3月，希特勒下令重新开始轰炸英国，作为对哈里斯的反击。年仅29岁的迪特里希·佩尔茨（Dietrich Peltz）上校成为对英空袭总指挥。耶顺内克现在不仅需要加强帝国昼夜间的防空力量，还要重建轰炸机部队并在前线维持强大的作战兵力。在空军司令部内承受噩梦折磨的他请求出任一个前线航空队的指挥官，但是被希特勒拒绝，年轻的参谋长还要继续规划1943年的德国空军战略。

1943年的德国防空

1943年初的德国档案中提到了有关帝国防御方面的内容。此时的帝国防御实质上还不具备高度统一性，不过是对英国本土防御的模仿，包含飞行部队、高炮以及平民防卫组织，但是它们都由不同的司令部管辖。虽然在德国、荷兰的中央司令部和在法国、比利时的第3航空队是完全独立的作战机构，它们的战斗机单位还是全部投入到了帝国防空战中，因此本书中将它们归入帝国防空系统中。

耶顺内克希望德国和西欧占领区缓慢成长中的战斗机防空力量可以应付盟军的威胁，这样他关于重获战争主动权的计划可以顺利进行。和1942年一样，这些防空重任落在了中央司令部和第3航空队肩上。2个司令部的独立作战状况是个人威望和空军作战教条共同引发的后果。第3航空队的施佩勒元帅在德国空军内部享有很高的声望，也自然会抵制任何削弱他手中权力的行为。另外他的

◀ 胡戈·施佩勒元帅，他在帝国防空战期间坚持保留第3航空队的独立性，一定程度上妨碍了防空指挥的统一化

◀ 瓦尔特·格拉布曼上校的荷兰－鲁尔区战斗机指挥部是帝国防空战初期的一个重要防空司令部

这一个人想法还刚好符合了德国空军的基本准则，即空军是用来进行攻击作战的，防空只不过是次要任务，将航空队并入防空系统中是不可接受的。

高炮上将胡伯特·威斯指挥下的德国空军中央司令部总部位于柏林达勒姆（Dahlem），掌管开战前帝国境内的全部飞行和高炮部队。飞行单位统一隶属于第12航空军，下辖4个战斗机师（位于柏林的第1战斗机师，位于施塔德的第2战斗机师，位于代伦的第3战斗机师，位于杜贝利茨的第4战斗机师）。战斗机师指挥昼间战斗机和夜间战斗机的作战。战斗机指挥部是旅一级的，负责战斗机师内昼间战斗机的实际指挥工作。1943年4月1日时，这些指挥部中最重要的是瓦尔特·格拉布曼上校的荷兰－鲁尔区战斗机指挥部和瓦尔特·施瓦贝迪森（Walter Schwabedissen）少将的德意志湾战斗机指挥部。

中央司令部之下还存在大量空军军区司令部，这些空军军区司令部（总部分别位于威斯巴登、汉堡、布雷斯劳、慕尼黑、柏林、波森和柯尼斯堡）控制着守卫德国领空的庞大高炮部队。指挥层次上，威斯的独特司令部等级仅低于航空队。理论上，它应该可以像前线航空队那样集中强大的作战力量。然而实际上，数量众多繁杂的作战单位和辅助部门都有各自的传统和文化，很难将它们融合统一起来。很多飞行人员对于高炮在本土防空中占据主导地位很有意见，加兰德特别反感战斗机仅仅是高炮部队的补充这一流行观点。无论如何，德国防空在联合作战方面从未完全令人满意。

此外，中央司令部从它成立开始到1943年的大部分时间里都主要与皇家空军夜间轰炸机战斗。这就可以解释德国本土防空指挥的特殊结构，它是一个以高炮为基础并得到夜间战斗机补充的防御系统，司令部参谋人员主要是高炮和夜间战斗机军官。它的一些航空司令部没有专门的一线昼间战斗机部队。例如南德意志战斗机指挥部就不得不从战斗机补充大队和训练大队抽调人员参与昼间空战。南德意志战斗机指挥部在1943年1月至5月的昼间作战日志得以保存，里面记载了一长串不成功的拦截单飞蚊式战机的作战记录。绝大多数由NJG 101的Bf 110和JG 104的Bf 109完成，它们都是训练部队。除了驻扎在荷兰和赫尔戈兰湾的正规一线军JG 1外，这段时间德国昼间防空兵力比起1939至1940年来基本没有增强。对外战争规模的扩大迫使德国空军指挥官临时动用训练部队和夜战部队填补本土昼间防空的缺口。

此时德国内地的昼间防空几乎完全不存

在。只有昼间战斗机训练大队和工厂试飞队可以在遇到紧急情况时出动一个由它们最有经验飞行员组成的小队。这样的应急措施实际上早在中央司令部成立之前就出现了。1940年，一些飞机制造厂成立了小规模的工厂防御飞行队，为巨大的工业园区提供空中保护。最初这些飞行队由空军军区管辖，后来则归属各地区的战斗机师。这些定点防御单位在1943年1月中旬得到了更正规的管理，现存的一份文件显示德国空军要求在梅塞施密特公司位于雷根斯堡的主要Bf 109制造厂成立专门的工厂保卫中队（Industrieschutzstaffel）。它的中队长是一名空军中尉，副手是一名平民试飞员。中队的训练工作由位于菲尔特（Fürth）的一支高级训练部队JG 104负责，完成训练后的任务是守卫工厂周围30公里范围内的地区。这道命令的内容十分详尽，考虑到了备战状态和高炮协同作战等很多问题。由于许多试飞员都是没有接受过军事训练的平民，工厂保卫中队最初只有小队规模。其他生产昼间战斗机的工厂也成立了类似的保卫小队，包括位于不莱梅和玛丽亚堡的福克-沃尔夫飞机厂，位于卡塞尔的菲施勒飞机厂，位于奥舍斯莱本的阿戈飞机厂，位于维也纳新城的维也纳新城飞机厂，位于瓦尔讷明德的阿拉道飞机厂和位于莱比锡的厄拉飞机厂。位于不莱梅的福克-沃尔夫保卫小队在1943年4月17日参与了拦截轰炸机的作战，声称和德国空军共同击落了数架敌机。

埃里希·米克斯（Dr. Erich Mix）中校的JG 1在1943年初是中央司令部的唯一一个昼间战斗机联队。它与标准的三大队制联队相比多了一个第四大队，全部沿着北海海岸稀疏的部署。联队部和第1大队一起驻扎在德国北部城市耶弗尔，联队部的4架Fw 190全部可用，第1大队的40架Bf 109中有27架可用。第2大队位于荷兰翁斯德雷赫特（Woensdrecht），拥有41架Fw 190（40架可用）。第3大队的基地在丹麦西部和挪威南部，拥有53架Fw 190（48架可用）。第4大队在门兴格拉德巴赫，拥有41架Fw 190（27架可用）。联队曾与皇家空军战斗机司令部和海岸司令部的飞机数次交手，但是绝大部分时间里还是负责保护商船队和对美军重型

◀ 一架被炸毁的卡塞尔地区飞机工厂的试验型Bf 109，战时属于工厂保卫小队

轰炸机可能的入侵进行警戒巡逻。

如果专门负责进行本土防空的中央司令部都感到难以对付美军轰炸机的话，第3航空队的处境就更为艰险了。施佩勒的航空队在1943年上半年承担了一系列重任，它的轰炸机和战斗轰炸机奉命准备重新开始对不列颠群岛的轰炸攻势，它的侦察机部队大量参与到支援U艇的大西洋海战中。被看做是精英的战斗机部队则继续扮演海峡沿岸守护者的角色，不仅需要对付敌军战斗机的扫荡和侦察机的渗透飞行，还要保护海峡商船队、完成侦察任务和海上救援行动，同时准备好面对美军轰炸攻势规模的扩大。

第3航空队在年初的昼间战斗机力量实际上比去年秋天还要弱。第3战斗机指挥部只有1个奥绍中校的JG 2，负责守卫巴黎地区和法国西海岸的U艇基地。但是奥绍的联队现在只有不到一半的兵力，他指挥着1个得到加强的联队司令部小队，拥有14架Fw 190A-4（10架可用）和6架Bf 109G-1（4架可用）。他的第3大队拥有49架Fw 190A-4（38架可用），此外还有借来的JG 26第4和9中队。联队的其余部分已经南下应对盟军在西北非的登陆行动。JG 2第1大队在1943年1月底从法国南部返回，但是第2大队要在突尼斯一直呆到3月。第11（高空）中队再也未能从北非返回，它在那里被JG 53吸收。

1月2日，著名的"非洲联队"JG 27一部开始陆续抵达法国埃夫勒（Évreux）。联队在1942年底被撤回德国重建，第1大队现在已经准备好重新投入作战中，他们全部换装了新式的Bf 109G-4。它被派往第3战斗机指挥部的JG 2联队以协助对巴黎地区的防守，先到的第1、第3中队被派到了紧邻海峡的布列塔尼半岛，20日抵达的第2中队则被部署到了博蒙。但是大队的状态距离巅峰期还差得很远，尤其是它所处的是一个新的作战环境，前景并不乐观，即便如此，它的到来仍然很大程度上缓解了JG 2联队肩头巨大的压力，在这个大队被认为已适应了西线战场的新环境后JG 2联队就将借自JG 26的两个中队还了过去。

在第3战斗机指挥部的东面，格尔哈德·舍普费尔少校的JG 26听从第2战斗机指挥部的调遣，它在1943年开始时基本达到满编状态。联队司令部拥有5架Fw 190A-4（5架可用），第1大队33架Fw 190A-4（26架可用），第2大队33架Fw 190A-4（26架可用）和11架Bf 109G-4（7架可用），第3大队35架Fw 190A-4（29架可用）和3架Bf 109G-1/G-4（2架可用）。联队仅缺少了负责高空作战的第11中队（在突尼斯被JG 51吸收）和借给JG 2的2个中队。与此同时JG 26还进行了一系列人事调动，在联队享誉颇高的第2大队长科纳·迈尔上尉被调往二线的训练部队任教去了，接替他的则是战斗机总监加兰德将军的弟弟，第5中队中队长加兰德中尉，这位刚刚从航校毕业仅仅19个月的小伙子已经有了21个战果，

▲ 这架JG 2联队司令部的Fw 190A-5摄于法国博蒙勒罗歇机场，1943年2月。当时联队司令部部分换装了Bf 109G战机，其中一些停靠在远景中。这架Fw 190A-5应该是联队长瓦尔特·奥绍中校的座机

▲ 接替格尔哈德·舍普费尔担任JG 26联队长的是约瑟夫·普里勒少校,他是JG 26任期最长的联队长

▲ 莱因哈德·塞勒少校的JG 54第3大队是第一个参加帝国防空战的"绿心"大队,然而它在刚返回西线时却迟迟得不到普里勒允许投入战斗的许可

并很快就以其出色的表现证明了他的大队长指挥才能。作为联队长的舍普费尔少校在1月10日离开了JG 26被调至参谋岗位,他的联队长职务由26岁的JG 26第3大队长约瑟夫·普里勒少校接过。加兰德将军自从在1941年底将联队交给舍普费尔后就一直怀疑他的能力。在一次战后的采访中加兰德说:"我知道舍普费尔并不是合适的人选……他是一个不错的家伙,但并不是一名强有力的领导者……普里勒更好些,他是极具进取心的那类人。"普里勒作为联队长的第一个重要任务是提高他的行政管理能力,而不是作战技巧。他的整个联队预定将在接下来的数月转移到东线北部地区,和绿心联队JG 54进行交换。交换并不是一次性完成的,德国空军计划以大队和中队规模分数次完成这一工作,

这样可以保证2个战场都不会受到太大影响。只有飞行员、核心参谋人员和重要装备需要进行转移,维护人员、飞机和全部其他装备都被留在原来的基地。1月底,JG 26第1大队和第7中队搭乘火车向东线进发。而同时它的第2、第3大队也得到了宝贵的休整训练机会——尤其是展开了一系列高强度的编队拦截作战,这为联队日后更好的表现做了铺垫。

同样在1月,第3战斗机师师长容克将军命令JG 26的一部分转移到远离海岸的新基地,这样可以更少遭受盟军的攻击。联队司令部从圣奥梅尔调往东南方的里尔-旺德维尔(Lille-Vendeville),第2大队也离开了它的成名地阿布维尔-德鲁凯特,向东来到工业城市杜埃(Douai)附近的维特里(Vitry)。

▲ 京特·芬克 Gunther Fink　　▲ 鲁普 Friedrich Rupp

2个新机场都是战前法国的空军基地，拥有混凝土跑道，很适合在冬季作战。第3大队则依然驻扎在比利时西部靠近法国边境的韦弗尔海姆。JG 26留在西线的6个战斗机中队现在沿着法比边界的工业区集中组成了1个小三角形，横跨在从英格兰到鲁尔区的最近空中航线之上。

2月初，莱因哈德·塞勒（Reinhard Seiler）少校的JG 54第3大队在斯摩棱斯克登上火车，前往海峡前线。不久后格拉夫·马图施卡（Graf Matuschka）中尉和他的JG 54第4中队也跟着向西转移。飞行员在德国接收了全新的Bf 109G，并驾驶着它们飞往旺德维尔。格拉夫·马图施卡的中队在韦弗尔海姆由JG 26第3大队接管，它很平稳的取代了离开的JG 26第7中队，中途没有发生任何变故。

将JG 54第3大队加入西线的作战序列之中则是另外一回事了。大队的规模过于庞大，很难并入现有的空战组织之中，而且它还需要接受如何在西线作战的严格训练。大队在普里勒少校的密切注视下训练了1个月，他对这支新来的部队进行了非常认真的观察。不仅在空中监视了大队的编队飞行，还数次在未被发现的情况下从后方向他们发起模拟攻击。对训练情况感到失望的普里勒坚持拒绝宣布大队可以投入战斗。3月27日，JG 54第3大队脱离JG 26控制，奉命来到不莱梅附近的奥尔登堡。从这里出动，它可以协助JG 1保卫德国北方，并且在盟军战斗机航程范围外打击美军第8轰炸机司令部的空袭行动。不过这个来自东线的老牌大队在他们适应新的作战环境之前经受了不少损失，大队甚至在5月15日一天的作战中就损失了京特·芬克（Gunther Fink，时任第8中队长，个人战果46架，骑士勋章获得者）和弗雷德里希·鲁普（Friedrich Rupp，时任第7中队长，个人战果52架，骑士勋章获得者，后被追晋中尉）这两位空战高手。

冬季萧条

1943年初，第8航空队在一次作战任务中仅能出动不超过100架轰炸机。本应交给埃克将军（已成为第8航空队司令）的援兵都被调往西北非地区，由他的前任斯帕茨将军指挥。第8战斗机司令部只拥有1个装备喷火的第4战斗机大队，现在主要是辅助皇家空军的作战。接下来的4个月里，第8轰炸机司令部只有4个B 17大队（第91、303、305、306大队）和2个B 24大队（第44、93大队）。B 24部队的实力太过弱小，只被要求执行一些分散敌军注意力的任务。

美军的最优先攻击目标是法国西部的U艇基地。虽然空中侦察和情报部门的实地检查都确定美军炸弹无法穿透洞库顶部，轰炸机指挥官还是继续付出徒劳的努力，声称摧毁了洞库外部的辅助设施。但是德国海军早在轰炸刚开始时就已经将全部的办事处和其他装备转移入洞库内。没有一艘潜艇曾被这样的入侵行动击伤，所有的证据都显示美军对U艇的空中战役完全没有任何收效。1月

3日，85架B17和8架B24轰炸圣纳泽尔。JG 2第3大队再次需要单独应对美军的轰炸机群，大队长迈尔上尉的飞行员使用了新的迎头攻击战术，第一轮攻击后上尉就击落了一架空中堡垒，这对于他们而言是个很好的开端。在接下来的1个半小时里德军宣称击落了15架轰炸机！只有1名飞行员在作战中失踪。这天美军的实际损失是7架轰炸机，其中3架B17被高炮击落，另有高达44架B17和3架B24被击伤。而当天同样出击应战的3个JG 26的中队虽然没能和轰炸机遭遇却很好地牵制了盟军护航部队的力量，以至于整个行动中轰炸机部队都没能与战斗机部队建立起联系因而遭受了如此巨大的损失。

接下来的3个星期第8轰炸机司令部仅执行3次作战任务，2次目标是U艇基地，另一次是里尔，因为德军在年初的频繁人事调动和部队调整，直接影响到了防空部队的拦截效率。例如1月13日拦截64架轰炸里尔的美军轰炸机行动中JG 26出动了第1和第3两个大队却只取得了击落1架击伤15架的战果。美军另有2架轰炸机在完成投弹后发生碰撞坠毁，这让新上任的联队长甚为不满，他命令各部加大训练力度并务必在下次的出击中更为勇敢些，正是因为他的严厉督促以及部队自身训练力度的加强。23日德军的拦截取得了很不错的战绩，首次以6架为一编队的德军截击部队对一个由35架空中堡垒组成的轰炸编队进行了长达半个小时以上的不间断攻击，击落了5架B17并重创2架B17使其迫降在英格兰的海滩上，而参战的JG 2第3大队和JG 26第9中队均全身而退，这再次给了美国人一个不小的教训——没有护航的轰炸机在面对战斗机的编队冲击时是脆弱的，德军的作战经验和积极性也有很大

▲ JG 2第8中队长布鲁诺·施托勒中尉的Fw 190A-4"黑色12号"，据信摄于1943年初，放在尾翼上的是他的降落伞和救生衣

的进步。正因为如此，华盛顿方面的阿诺德将军也一直在给埃克施加压力，要求他增加作战任务的数量，并将一些目标选定在德国本土。埃克的参谋部得出结论，必须要立刻得到300架轰炸机的增援，这样才能达到理论上轰炸机完成自行防御的最低数量要求。眼前第8航空队只能使用现有的兵力攻击德国，位于北海的U艇建造船坞被选作攻击目标。这些是最合适的工业目标，如果摧毁它们就能够极大地帮助到目前优先级最高的反潜战役。它们是沿海目标，因而易于搜寻，并且从北海接近时可以使无护航的轰炸机更少遭受德国空军单发战斗机的拦截。

1月27日，威廉港

这是美军轰炸机第一次攻击德国本土，通常被看做是帝国保卫战的开始。64架B17和27架B24在无护航的情况下被派往威廉港，JG 1第一次有机会以主力拦截重型轰炸机。包含B17的第1轰炸机联队基本上按照计划将130吨炸弹扔到了目标区，虽然威廉港上空未曾料到的云层和糟糕的无线电联络使编队分散开来（所有的B24和9架B17最终没能抵达目标区攻击），因此对目标造成

的损伤基本可以忽略不计。JG 1 第 1 大队位于耶弗尔的基地就在 B 17 从北海过来的航线下方，大队虽然全体出动拦截，但是 Bf 109G-1 的孱弱火力（1 门 20 毫米航炮和 2 挺 7.92 毫米机枪）对于飞行堡垒几乎完全没有效果，在德国飞行员上报的 5 架战果中实际上只有 1 架 B 17 被美军确认击落，与此对应的是有 3 架 Bf 109 带着它们的驾驶员沉入北海，还有 1 名飞行员弃机跳伞后毫发无损的落地。德国空军方面给梅塞施密特飞行员计了 4 次空战胜利，并认为这次打了个平手。B 17 机组也再次毫不例外的呈上了水分极大的战果报告，声称击落 10 架德国战斗机。

▲ 第 1 轰炸机联队的指挥官海伍德·汉塞尔，他率领美军轰炸机第一次攻击德国本土

小规模的 B 24 编队几乎在起飞之后就迷失了方向，走了一条偏南的飞行线路。它们在翁斯德雷赫特附近越过荷兰海岸线，随后转向南方并在荷兰北部到处晃荡，最后掉头往北并在北海上空投下了携带的炸弹。JG 1 第 2 大队和第 4 大队分别从翁斯德雷赫特和门兴格拉德巴赫出动，向这个诱人的目标飞去。JG 1 第 2 大队的 5、6 中队因为降落在史基浦（Schiphol）加油而失去了拦截轰炸机的时间。只有第 4 中队向 B 24 完成一次进攻，损失 1 架 Fw 190，飞行员负伤并跳伞后被德国海军搭救。德国飞行员声称击落 2 架解放者轰炸机，但是这些战果并未被送往柏林进行确认。JG 1 第 12 中队（4 大队一部）在泰尔斯海灵（Terschelling）对撤退中的 B 24 进行了 1 次有效拦截，声称击落 2 架 B 24。实际上确实有 2 架 B 24 坠落，但是第 2 架是被中队损失的唯一一架飞机撞落的。当时 B 24 机枪手击落了那架 Fw 190，它在坠落过程中撞上了 1 架较低的 B 24 并削去了它的尾部。德国飞行员和轰炸机机组成员全部丧生。返航的 B 24 机组声称击落 12 架德国战斗机。

空战的实际损失是德国空军的 6 架战斗机（美军宣称确认击落 22 架战斗机并可能击落另外 14 架）和美国陆航的 2 架 B 24 与 1 架 B 17 轰炸机，这明显是美国人的胜利。美军指挥官虽然对于轰炸机上报的战果表示怀疑，却也对自己的损失如此之低而感到意外。高炮没有击落 1 架轰炸机，一名当天和轰炸机同飞的英军观察员称德军的防空火力十分"可怜"。第 1 轰炸机联队的指挥官海伍德·汉塞尔（Haywood Hansell）准将对于攻击他的德国战斗机作出如下总结："敌军的攻击通常来自后方、水平方向或上方。基于我们在法国占领区上空的经验，他们（JG 1 飞行员）的技术低于预期。相信对这一地区的下次空袭行动中将会遇到更具技术含量的攻击。"

早期的对抗比拼

接下来的数月第 8 轰炸机司令部将注意力分散在法国北部的 U 艇基地、工业和运输目标，以及德国从沿岸地区直至内陆的鲁尔区之间不同的目标。双方的指挥官都在寻求如何最高效利用手头可怜兵力的方法。寒冷的冬季给他们增添了更多的麻烦。2 月 4 日，65 架 B 17 被派往哈姆（Hamm）。在云层覆盖下的德国北部绕了 90 分钟后，终于有 39 架飞机找到并把 92 吨炸弹投到了埃姆登。所有起飞的 21 架 B 24 都很快因为极端严寒带来的机械问题返航。在与大量德国战斗机之间持续很久的战斗过后，B 17 机枪手击落 7 架 JG 1 的飞机，其中 5 名飞行员丧生。打头的第 91 轰炸机大队在抵达埃姆登前被 JG 1 第 2 大队的 Fw 190 击落 2 架 B 17。1 架第 303 轰炸机大队的 B 17 带着数十个枪眼掉头返航，但还是在 JG 1 的 1 个小队打击下坠入须德海。第 305 轰炸机大队损失 2 架 B 17，其中 1 架很明显是在与 1 架 Fw 190 碰撞后坠落的。第 2 架则是被当天的一件新武器击落的：Bf 110 夜间战斗机。而德军则宣称击落 8 架四发重型轰炸机；与之相对，美军宣称确认击落 25 架战斗机，可能击落 8 架，严重击伤 6 架。

当 B 17 接近 NJG 1 第 4 大队的基地时，8 架 Bf 110 奉命从特温特起飞。夜间战斗机机组没有接受过昼间战术的训练，但是返航美机的报告却指出它们完成了当天仅有的几次紧密编队攻击。2 个小队从轰炸机后方接近到很近的距离后才开始射击。它们击落了 1 架 B 17，但是却有 3 架宣称战果得到确认，全部 8 架 Bf 110 都被轰炸机自卫机枪击伤，2 架不得不进行迫降。在这次作战中指挥一个小队的汉斯·约阿希姆·亚布斯（Hans-Joachim Jabs）中尉就是声称击落敌机的飞行员之一，他后来做出这样的评论："这是我在夜间战斗机上的唯一一次昼间空战胜利。我们执行这类的作战任务时都出动不超过小队规模的部队，而且我们从未得到过护航。使用接受过高度专业训练的夜间战斗机机组扮演这一角色是浪费的，当美军护航机出现后这一做法就停止了。"（作者注：亚布斯中尉的回忆在这里出现偏差，这并不是他在夜间战斗机部队服役时取得的唯一一次昼间空战胜利，在次年 3 月 29 日的一次昼间作战中他击落了一架英军的喷火战斗机）

美军在 2 月 16 日对圣纳泽尔 U 艇基地的攻击遇到了经过加强后的防御。现在洞库周围的高炮数量更多了，而且自从 JG 2 第 1 大队从法国南部返回后可用的 Fw 190 数量几乎翻了一倍。出动的 89 架 B 17 和 B 24 中有 65 架投下了炸弹，不过他们的归途充满了艰辛，德军一直等到为他们护航的 17 个中队离开后才下令开始攻击。6 架 B 17 轰炸机损失于高炮或战斗机之手。最后坠落的是 1 架来自第 303 轰炸机大队的飞机，它在严重受损后由 NAGr 13（第 13 近程侦察机大队）第 2 中队的 Bf 109 完成致命一击，沉入英吉利海峡。其余的宣称战果由 JG 2 第 1、3 大队分享（JG 2 当天共宣称击落 5 架轰炸机并击伤 1 架，其他各个参战部队则宣称击落另 4 架轰炸机），所有参战单位都报告成功完成任务。美军的轰炸机机枪手声称击落 20 架 Fw 190，实际上仅有 JG 2 第 1 大队损失 2 架战斗机，飞行员无一损失。从比斯开湾向北飞行的 JG 26 第 9 中队持续攻击了 45 分钟之久，都是以一至两架飞机在极近距离进行迎面掠过。一颗子弹击破了斯塔姆贝格的座舱，弹片打伤了他的左手，但是斯塔姆贝格还是和僚机组队击落 1 架 B 17。埃里希·施瓦兹（Erich Schwarz）中士击落了另一架轰炸机，他的

◀ 夜战王牌飞行员汉斯·约阿希姆·亚布斯少校，像他这样的顶尖夜间战斗机飞行员其实很少会参加昼间防空战

回忆是这样的：

"我们从瓦讷（Vannes）出发，及时找到了轰炸机以组成迎面攻击队形。它们（轰炸机）向目标前进，为了不影响对U艇掩体的攻击甚至不能对航线做哪怕最微小的改变。它们不得不笔直地向前飞。我选择了最右边飞得最高的B 17作为我的目标。它们发现了我们，因为编队靠的更紧以加强防御能力。当我接近到约1000米（1100码）时，毫无疑问在队友的帮助下，飞行员将不再紧张并拉起飞机进行大坡度爬升。这么做会暴露出整个机腹。我也跟着完成这一动作，由于1架战斗机的机动性远超笨重的B 17，我的6个武器几乎不会射失。虽然那只是一次短时间的齐射，B 17已经无法再维持它在编队中的位置了。1架轰炸机在7000米（23000英尺）高度能做出如此的防御机动让我印象极为深刻。"

斯塔姆贝格的伤势并不严重。第二天，他的中队就接到了重新加入比利时母队的命令。斯塔姆贝格在归途中降落在博蒙勒罗歇接受了奥绍中校的表扬和告别以感谢他的部队在JG 2率领下的高效和出色战绩。

2月26日美军再次出动93架B 17和B 24前去轰炸威廉港，最终抵达目标区的65架轰炸机随后遭到了JG 1联队第4大队的攻击。不过对于这个经验、技战术都严重欠缺的大队而言想要收拾四发重轰并不是个容易的事。艾本哈德·布拉特中尉是亲历此战的飞行员之一，若干年后他still清楚地记得这次经历："这是我第一次参与对轰炸机的拦截行动。我们大队的很多飞行员也是如此。当我们在空中看到密密麻麻的美军轰炸机群时所有人都惊呆了，无线电中不断传来惊呼声却很少有人敢带头冲向敌人。在进攻命令下达后很多飞行员只是在外围转圈而不是勇敢地冲进敌机群进行攻击。最终大多数人都是跟着敌机飞了百余公里后返航，毫无疑问，这次拦截毫无成效可言。"正因为德军的"故意放水"，在这天的拦截行动中第4大队仅仅损失了一架Fw 190战斗机。而德军高炮部队却表现不俗，美军至少有8架空中堡垒被击落或损伤严重而报废。不过美军轰炸机自卫机枪手们再次上报了夸张的战绩：确认击落21架德军战绩并可能击落另外9架。

很快，在3月4日，第8航空队再次将哈姆定为攻击目标。第91轰炸机大队率领着

▲ 1943年2月15日，第2轰炸机联队的B 24D在攻击敦刻尔克地区的造船厂，法国港口和北海沿岸的德国目标是第8航空队在早期偏爱的目标

▲ 1943年3月在荷兰，JG 1第2大队司令部技术军官汉斯·莫尔的Fw 190A-4座机

71架B 17越过北海，飞行途中跟在后面的3个大队走散了。第91大队的16架B 17发现只剩下它们自己在独自飞往鲁尔区。1架单飞的Bf 110在轰炸机深入内陆80公里后首先发起攻击。接下来就是Bf 109、Fw 190和Bf 110的追击，直到美机在返航时越过荷兰海岸线才停止。德军的单发战斗机来自JG 1的四个大队。它们宣称击落9架四发轰炸机，而美军的实际损失则是第91和第306轰炸机大队的B 17各1架，作为代价，JG 1联队自身损失2架飞机并有1架战斗机严重受损。面对小规模美军编队时德国空军的战果出人意料的低下。1名B 17飞行员查尔斯·吉奥克（Charles Giauque）中尉在回忆中指出德国战斗机直到他们返航时才出现，靠近荷兰边境时才有大批Fw 190和少量Bf 110飞来，他们在从高到低的各个方向一起发起攻击，毫无章法和组织可言，攻击方式也是最平常的对轰炸机的各个部位进行散乱打击，因而只有在恰好击中关键部位时才会造成轰炸机的损失。，Bf 110"之前从未被当做是一个问题，但是在这次任务中它们和Fw 190一样具有攻击性，以小编队的形式勇敢地冲向轰炸机群并用相当猛烈的火力试图打算我们的队形。"

这些Bf 110双发重型战斗机来自NJG 1第3、4大队，它们的表现非常优秀。夜间战斗机成功击落第91轰炸机大队的3架B 17，参战2个大队各损失了1个机组。第91轰炸机大队将大部分飞机得到保存的功劳归结于它们即便在敌军重型战斗机的猛攻下仍保持了紧密的编队。返航后该大队因为这次作战任务赢得一枚杰出单位奖章（Distinguished Unit Citation）。而在当天的作战中美军参战部队共损失了5架轰炸机另有24架轰炸机被重创，不过他们的宣称战果依然非常惊人：

◀ 著名的非洲联队JG 27在西线也出现了水土不服的现象，第1大队很快就损失了它的队长海因里希·塞茨

确认击落16架德军战斗机，可能击落3架，至少击伤6架。

很快西线战斗机部队开始得到增援。由于无法说服希特勒和戈林扩充战斗机部队或给它比轰炸机及俯冲轰炸机部队更高的优先级别，于是所有添加到西线作战序列中的战斗机单位都来自其他战场。两个海峡联队的压力尤其巨大，因为几乎在每个适合飞行的日子里皇家空军和美国陆航的飞机都会出现在它们的防区上空，不过也有值得庆幸的是在43年初因为美军轰炸机航线的选择问题，联队应对轰炸机群的作战要少了不少，有了一定的时间和精力用来总结着半年以后的各种经验教训并展开更高强度的训练，新抵达的部队也在抓紧时间适应新的战场。3月8日，补充休整完毕的JG 27第1大队首次从它的法国新基地起飞作战。JG 3第1大队则于10日离开俄国前线，在杜贝利茨重建后转移到法国。15日，JG 2第2大队离开北非，返回法国。JG 54第3大队的调动倒是与这一向西的潮流相背，从海峡沿岸东行到奥尔登堡，从这里它在3月29日完成第一次作战任务。

尽管时间十分紧迫，第2、3战斗机指挥部的指挥官和飞行员还是在继续磨砺对抗重型轰炸机的技术。现在他们已经能够同时指挥数个战斗机编队完成联合作战任务了。

3月8日，一小批16架B 24向鲁昂发起牵制攻击，更大规模的54架B 17则飞往法国雷恩。至少16个皇家空军喷火中队为B 24保驾护航，第4战斗机大队则执行了扫荡支援行动。德国作战指挥官出动JG 26联队部小队、JG 26第2大队、JG 2第12中队和JG 27第1大队一部（9架Bf 109）进入战斗位置，完成了一次完美的协同攻击。普里勒少校的第2战斗机指挥部战机和第3战斗机指挥部的梅塞施密特挡住了全部的护航机，给JG 26第2大队（加兰德上尉指挥）的24架Fw 190向B 24发起迎面攻击创造出了机会。他们的攻击性十足，一度甚至和轰炸机玩起了"零距离肉搏"。带头的轰炸机很快燃起火来，下一个遭殃就是它身边的二号机。轰炸机编队被完全打散了，飞机在躲避德国战斗机时把炸弹随意丢在法国乡村野外。最终第44轰炸机大队的2架领队B 24坠落在法国，第93轰炸机大队的1架飞机在抵达英格兰后坠毁。普里勒少校击落1架护航喷火战机，JG 2第12中队的埃德尔少尉击落另外1架，JG 27第2中队的中队长卡尔·维尔考（Karl Wilkau）少尉对1架B 17发起了6次迎头攻击最终将其击落在海峡上空。盟军护航机击落JG 2第12中队的2架飞机（飞行员跳伞逃生）和JG 27第3中队的1架飞机（飞行员死亡）。

威廉·费迪南·加兰德(Wilhelm-Ferdinand Galland）作为战斗机总监的弟弟，在领导战斗机编队拦截轰炸机的作战中展现出了极高的天分。"施拉格特"联队没有任何飞机被击毁或击伤，他们的最自豪之处还是通过攻击迫使轰炸机在抵达目标前就掉头返航。这是德国空军唯一一次对第8航空队取得这样的胜利。不过5天之后当美军以更大规模的80架B 17轰炸机来袭亚眠铁路站时，德军的拦截失效了。护航的盟军战斗机紧紧地飞在轰炸机旁，打退了德军几乎所有的攻击潮，美军虽然有11架轰炸机被击伤但并未有击落损失。在冲击轰炸机群无望的情况下双方战斗机发生了野蛮激烈的格斗，JG 27联队第1大队大队长塞茨上尉一口气打下3架喷火但自己也在随后被击落身亡，这位拥有高达138架战果的顶尖王牌在他于西欧执行的第一次作战任务中就不幸身亡也表明光靠从其他战线临时抽调部队补充西线的做法并不明智，这些单位即便在原来的战线拥有出色的成绩但对于西欧战场截然不同的作战模式缺乏适应期，仓促出击往往会蒙受极大的损失，然而，德军没有能够及时吸取这些教训导致日后这种拆东墙补西墙却又东西墙均塌的现象屡屡发生。在13日这场混乱的截击战中德军损失不小，JG 27第1大队损失了他的大队长【后由骑士十字勋章获得者埃里希·霍哈根（Erich Hohagen）上尉接任】和另一名飞行员，还有1架Bf 109被击落后飞行员幸存。JG 2第12中队也损失了1名飞行员。JG 54第3大队则

◀ 战斗机总监的弟弟威廉·费迪南·加兰德上尉，他在领导战斗机编队拦截轰炸机的作战中展现出了极高的天分

有 2 架福克-沃尔夫战斗机因为发动机故障损毁。整个作战无论是战斗机还是高炮都没能打下 1 架轰炸机。对于德军而言无疑是个不小的失败。而不久之后整个 JG 27 联队第 1 大队就被转调到了荷兰-鲁尔战斗机指挥部以增援在那里独自苦战的 JG 1 联队。

这时在德国国内，战斗机的表现还无法与海峡战友相媲美。3 月 18 日，76 架 B 17 和 27 架 B 24 选择了费格萨克（Vegesack，不莱梅附近）的 U 艇船坞作为目标。JG 1 第 1 大队的 Bf 109 在赫尔格兰附近与轰炸机接触，海因茨·诺克（Heinz Knoke）少尉和他的僚机迪特尔·格哈特（Dieter Gerhardt）少尉在一轮快速迎面攻击后各声称击落 1 架 B 24。诺克的目标确实被摧毁了，但是同样声称击落它的还有 NJG 3 第 8 中队的瓦尔特·博彻（Walter Borchers）中尉。被击落轰炸机的机组在受审过程中也准确描述了他的黑色 Bf 110。格哈特攻击的那架 B 24 最后返回了英格兰，然而德国飞行员却被他的下一个目标击落，命丧大海。虽然德机的攻击持续了差不多 2 个钟头，它们的实力却很薄弱。仅有 JG 1 第 1、4 大队、JG 27 第 2 中队（暂时过来增援 JG 1 第 2 大队）和几个夜间战斗机小队与轰炸机接触。德国飞行员声称击落 4 架 B 17 和 5 架 B 24，损失 2 名飞行员和 3 架飞机。但是实际上美军仅损失 B 24 和 B 17 各 1 架，还有 1 架轰炸机迫降在英格兰。

这次同样指挥第 1 轰炸机联队的汉塞尔准将对德军的攻击作出如下评价："包括黑色夜间战斗机在内的各型战斗机 61 架，从赫尔格兰西南方开始攻击直至（轰炸机）撤退到 80 英里外的海域。有少数小队级别的协同攻击出现，但是总体上还是没有保持下去。仅有 1 架 B 17 损失，联队的成功归因于紧密阵型，没有掉队飞机，得到提升的射术以及敌方攻击决心不足。"

1943 年春季成立的 2 支小部队在这里需要提一下。皇家空军蚊式飞机在帝国上空任意时间无所顾忌的侦察和特种轰炸活动一直是帝国元帅戈林的心头之患，他命令组建 2 个使用轻装 Bf 109（发动机注入了 GM 1 注射剂的 Bf 109G-5）的反蚊式部队，即 JG 25 和 JG 50。指挥官是两位东线英雄赫伯特·伊勒费尔德（Herbert Ihlefeld）中校和赫尔曼·格拉夫（Hermann Graf）少校。这 2 个联队的表现显然无法让人满意，在面对难以捉摸的皇家空军突袭时几乎毫无作为。虽然这些部队

▲ 1943 年 3 月 17 日，第 91 轰炸机大队的 B 17F 正在飞往鲁昂，照片中央的轰炸机就是著名的孟菲斯美女号

▲ 赫伯特·伊勒费尔德中校（左）和赫尔曼·格拉夫少校（右），由他们指挥的 JG 25 和 JG 50 只能用失败来形容

的成立可能归因于德国空军面对蚊式入侵时的窘迫,格拉布曼还是指出:"它们取得的成绩与消耗的资源完全不成比例。"

这段时间战斗机部队进行了大量武器试验,有官方的,也有非官方的。非官方试验中最著名例子的就是空对空炸弹了。JG 1 第 2 中队的诺克少尉自主进行了测试,在飞机上安装了 1 枚 250 千克炸弹和 15 秒时长引信,从轰炸机上方 1000 米高度丢下。他首次在实战中空投炸弹是 3 月 22 日在对抗 102 架美军轰炸机轰炸威廉港的行动中,据他报告他在 9000 米的高度对下面 7000 米高度飞行的轰炸机群进行了投弹,炸弹在飞行堡垒中央爆炸,打断了 1 架飞机的机翼,并炸伤了另外一架空中堡垒使其脱队。实际上这次任务中唯一损失的 B 17 是被 JG 1 第 3 大队的 Fw 190 击落在北海上空。但是诺克的虚假空战胜利得到了德国空军高层的赞赏,他们发出的无线电贺电被盟军情报人员拦截并上报。在 4 月 16 日对洛里昂的空袭中,第 3 航空队出动 11 架携带炸弹的战斗机攻击美军编队。依据德国空军雷希林测试中心研究出的攻击步骤,负载炸弹的战斗机以 30 度俯冲角从上方和后方攻击编队。攻击没有取得任何效果,炸弹都在距离美军编队约 100 米远的位置爆炸,美军机组甚至都没有注意到它们。然而在接下来的一年里,关于空对空轰炸的尝试还是经常发生,直到美军护航机出现为止,因为携带炸弹的战斗机太容易遭受攻击了。

空对空火箭弹则是一个更需要工程技术和正规测试程序的武器。有几种陆军火箭弹被修改后进行了测试。3 月 26 日,1 架 Bf 109F 携带着第一批火箭弹从塔纳维兹(Tarnewitz)升空。这些是莱茵金属公司的 RZ 65 火箭弹(73 毫米口径),安装在飞机的机翼下。1 架梅塞施密特战斗机可以携带 8 枚而不影响飞行性能和稳定性。不幸的是,这些火箭弹的射速和弹道非常糟糕,战斗机不得不在拉起一个大角度后从距离目标 300 至 500 米的地方发射它们。这是无法接受的,虽然第 25 试飞队继续对它测试了几个月,这种火箭弹还是没有投入正规使用。由陆军 21 厘米重型火箭炮弹改造而来的 WGr 21 火箭弹具有更大的潜力,但是这还需要经过一段时间的开发和测试。解决 Bf 109 孱弱火力问题的更快更常规方法是翼下机炮吊舱,它们很快就被大量投入使用。

4 月 1 日,通过简单的将 JG 1 一分为二,中央司令部下属的昼间战斗机联队数量翻倍。新的 JG 11 吸收了位于胡苏姆(Husum)的 JG 1 第 3 大队(改编为 JG 11 第 1 大队)和位于耶弗尔的 JG 1 第 1 大队(改编为 JG 11 第 2 大队),接管了挪威南部、丹麦西部和德国东北部北海沿岸地区的防御职责,直接上级是第 2 战斗机师的德意志湾战斗机指挥部,第 1 大队长是瓦尔特·施皮斯(Walter Spies)少校,第 2 大队长是京特·贝瑟 Günther Beise 上尉。JG 1 保留了位于代伦的第 4 大队(现在成为第 1 大队)和位于翁斯德雷赫特的第 2 大队(保持不变),负责把

▲ 1943 年 2 月,海因茨·诺克(左)和 JG 1 第 2 中队长胡戈·弗雷(右)在耶弗尔机场交流

守旧防区的西半部分，直接上级是第 1 战斗机师的荷兰 – 鲁尔区战斗机指挥部。JG 1 还迎来了广受尊敬的 JG 54 第 1 大队长汉斯·菲利普（Hans Philipp）中校（双剑橡叶骑士十字勋章得主，拥有 178 架东线战果和 29 架西线战果），接替老队长埃里希·米克斯（Erich Mix）中校。安东·马德尔（Anton Mader）少校也从 JG 77 第 2 大队转来担任 JG 11 联队长。JG 1 和 JG 11 在 4 月和 5 月都成立了新的第 3 大队，这样两个联队都达到了标准的三大队建制。不过因为不断扩编改编的缘故这 2 个联队的战斗力在短时间内还无法恢复，为了加快部队的恢复速度，JG 1 联队新编的第 3 大队是曾任 JG 52 联队第 1 大队大队长的骑士勋章获得者卡尔·海因茨·李斯曼（Leesmann）上尉（战果 37 架，其中 27 架在西线取得），而且为了强化高空作战能力，新组建的第 3 大队装备了 Bf 109G-6 战斗机，他的高空性能明显优于之前的 Fw 190A。同样地，Bf 109G-6 也在 3 月底装备了 JG 27 第 1 大队以增强他们的战斗力。

4 月中旬，第 2 战斗机师得到了一支特殊部队的支援——赫尔格兰战斗机中队（Jagdstaffel Helgoland）。赫尔戈兰岛是德意志湾中的一个小岛，与东弗里西亚群岛（East Frisian Islands）、易北河河口和石荷州西海岸相隔的距离几乎相同。1941 年，相邻的小沙丘上建立起了 2 条短跑道（分别有 780 米长和 795 米长）。基地的绝佳位置正好适合保卫德国免遭盟军经由北海过来的空袭，而且这里还是一个重要的雷达站和高炮阵地，但是最初德国空军认为现役战斗机均无法在这么短的跑道上起降。

然而有人（身份已不可考）意识到了这样一种战斗机确实存在，只不过它现在被遗忘在库存仓库中。那就是 Bf 109T "托尼"，70 架该型飞机在 1941 年被生产出来，目的是作为"格拉夫·齐柏林"号航母的舰载机。由于航母的完工日期被无限期拖延，这些飞机就被转作他用。它们实际上是 Bf 109E-7 延长机翼后的衍生型号，装备 DB 601N 引擎和提升高空性能的 GM-1 装置。武器包括两挺 MG 17 机枪和 2 门 MG FF 机炮，比一线标准的 Bf 109G-4 还多了 1 门机炮。为了在海军服役它们携带了低频远距离无线电设备。延伸后的机翼比 Bf 109E 长 1.21 米，这不仅使得"托尼"的起飞滑行距离更短、失速速度更低，还赋予了它出色的高空爬升性能和机动性。因此这一旧型号飞机的服役时间又被延长了 7 个月之久，直到美军护航机开始和轰炸机一起穿越北海。Bf 109T 的速度太慢了，无法与盟军新型战斗机抗衡，最后的幸存者都被迫撤往挪威，但是在 1943 年面对无护航的轰炸机时中队的表现十分突出。赫尔格兰战斗机中队由 JG 11 第 2 大队负责训练管理，但是在作战时直接听从德意志湾战斗机指挥部的调遣。

同样是 43 年春，之前一直在进行的 JG

▲ 接替年迈的埃里希·米克斯中校担任 JG 1 联队长的是 JG 54 第 1 大队长汉斯·菲利普中校

▲ 新成立的 JG 11 首任联队长是原 JG 77 第 2 大队长安东·马德尔

▲ 1943年4月荷兰代伦机场，JG 1第1中队的一架Fw 190A-4"白色2号"

26联队与JG 54联队的对换也在西线各战斗机指挥部和JG 26联队自身的抗议声中被中断。在普里勒写给战斗机总监加兰德的一份甚为悲观报告中说道："此时帝国空军总参谋部要做的是要尽一切可能来增援西线和本土的空军单位而不是从这些地方调离一兵一卒。海峡联队所拥有的出色的技战术和丰富的战斗经验是其他任何单位所不具有的，如果将其调离西线后果将会是灾难性的。"这份报告显然也得到了加兰德将军的认同，调换计划很快被他叫停并随后彻底取消，而已经奔赴东线的JG 26第1大队和第7中队也被安排在合适的时间返回西线。

生产、训练、战术和改革

1943年初的飞机生产计划显示德国空军领导层依然希望能够保持攻势。在1943年2月22日与多位空军高级军官（包括米尔希、耶顺内克、佩尔茨和主管雷希林测试中心的埃德加·皮特森上校）的会议中，戈林清楚的强调了将He 177、Ju 188和Ju 288轰炸机投入量产及在前线服役的问题。重型战斗机和对地攻击机依然占据了相当大的生产份额。谈到战斗机的研发和生产话题时，戈林说："美国人目前还未能生产出一种值得一提的战斗机。"格拉布曼报告直到1943年4月戈林依然"坚持拒绝承认"P 47的作战能力。德国空军的高级作战领导和技术主管似乎认为现有的战斗机型号完全足以应付保卫帝国昼间领空的任务。

然而对于德国空军现在的工程技术水平，戈林实际上有着另一层认知。1943年3月18日，戈林聚集了包括高级军官、作战指挥官、工程师和飞机设计师在内的一些要员到他的卡琳宫会面，这最终演变成了一场持续5个钟头的个人长篇演讲。出席会场的米尔希（同行的还有亨克尔、梅塞施密特、卡姆胡贝尔、佩尔茨和空军信号部门主管马蒂尼将军）在日记中提到戈林对他的听众们大发雷霆。他的怒火大部分针对与皇家空军的夜间战斗，认为德国工程师未能制造出令人满意的电子设备，空军也未能够提出有效的对策。但是他也指出Bf 109已经接近其使用寿命的极限，而眼下没有合适的替换机型。可以看出，甚至连帝国元帅本人都已经意识到本土防空形势的危急了。

米尔希通过与施佩尔的合作，已经将德国航空武器的产量明显提高。虽然米尔希直

▲ 战斗机总监加兰德和空军总司令戈林在访问JG 26期间进行交流

到 1943 年 7 月才获得许可将生产优先级由攻击武器转为防御武器，他提升总体产量的能力还是很明显的令战斗机部队获益。施佩尔和米尔希完全无法在短期内弥补技术研发的缺口，但是 1943 年至 1944 年初发生在帝国上空的庞大规模战斗还是主要依赖那些现有的成熟型号（Bf 109、Fw 190、Bf 110 和 Ju 88）。下一代先进机型的换代工作——Me 410、Do 335、Ta 152 和 Me 262——将被严重拖延。

需要说明的是，在 1943 年上半年德国空军并无意将 Bf 110 和 Me 410 这样的双发重型战斗机大规模投入到昼间防空作战中。延时已久的 Me 410 现在刚刚开始服役，但是 Bf 110 自 1939 年起就扮演了包括拦截机、远程护航机、制空机、轻型轰炸机、俯冲轰炸机、对地攻击机和侦察机在内的多重角色，现在是数量最多的帝国防空夜间战斗机。此时还在服役的少量昼战驱逐机部队都在东线和地中海前线，当它们最终返回国内后已经元气大伤，需要彻底重建。Bf 110 在 1943 年底投入到昼间防空战时，它的远航程和强火力优势很快使其成为美国陆航无护航轰炸机编队的致命杀手。但是在德国上空战斗最关键的时刻，这些威力巨大的轰炸机猎手还没有做好准备。

德国空军在 1943 年的训练规划似乎已经较好的完成了，但是留心分析它就会发现后来的崩溃已经可以在这里找到败因。由于航空燃料的短缺，早在 2 月 24 日米尔希就告诉帝国元帅飞行员的基本训练时间被迫由 72 周降至 52 周。德国空军训练学校饱受 Ar 96 教练机短缺的折磨，实际仅收到原计划数量的 40%。眼下可行的补救方法就是重新用起老式的 Ar 66 和 Go 145 教练机，但是在东线作

▲空军训练总监克莱佩将军（他同时也是第三帝国最年轻的上将）

战的夜间骚扰中队同样大量需要这些飞机。更严重的问题是高级航校同样缺少战斗机。理想的情况下它们应该拥有从 B 型到 G 型在内的 Bf 109 训练机 480 架，然而在 4 月 1 日，高级航校内只有 298 架 Bf 109。但是总体来说，负责管理德国空军训练工作的维尔纳·克莱佩（Werner Kreipe）将军对 1943 年的情况还算满意——"前线的需要得到了满足。"

虽然克莱佩做出了充满乐观的判断，我们还是很明显可以看出到 1943 年初德国的飞行员训练能力已显不足。轰炸机部队需要重建，战斗机和对地攻击机部队也正在扩张，这些都需要大量新近完成训练飞行员的加入。接下来的一年里真正的考验将会来临，届时德国空军将同时面对飞行员损失剧增和灾难性的燃料危机。

1943 年春季，战斗机总监加兰德及其幕僚对防空部队提供了战术指导和帮助，为的就是能最高效的利用有限的兵力。在意识到本土防空系统最大的问题是缺乏深度后，第 3 航空队和中央司令部的指挥官都开始准备起一些包含地勤人员、燃料、零部件和储备弹药的辅助机场。最高不超过 30 架战斗机可以在一场空战中途降落在此补充燃料和弹药，然后在返回主基地途中继续攻击轰炸机编队。

◀ 一个 88 毫米高炮炮组，高炮不仅可以击落重型轰炸机，还可令其编队变得松散，为战斗机提供攻击良机

这一做法被证明在 1943 年秋季的宏大防空战役中令德国空军受益良多。

从严酷的战斗中，德国空军还快速的消化吸收了所得的经验教训。到 1943 年 3 月，战斗机和高炮协同作战的新规范已经出台，这一速度是相当快的。它强调要在昼战、夜战、高炮和预警系统之间建立起紧密的人事联络，要求每个战斗机师司令部内都设置一位高炮行动指挥官。在战术层面上，新规范提出了 6 条关于战斗机和高炮协同的准则。绝大多数都涉及到了战术情报交换，以及在战斗机和高炮防空边界最小化混乱和事故的问题。不过在此时，高炮部队仍然是西线和帝国防空的中坚力量之一，在 43 年第一季度，盟军损失的 186 架轰炸机中有 90 架毁于高炮部队之手，不过高炮部队作为防御中坚的地位很快就要被战斗机部队取代了，他们的运营成本实在过于高昂。

德国空军昼战部队在面对美国陆航的挑战时，其回应是足智多谋、充满创造性和革命性的。接下来的几个月里，我们将看见这些创新如何结出成果。当然，此时的第 8 航空队还远远谈不上强大，截止 43 年 4 月，整个第 8 航空队也只有 264 架重型轰炸机和 172 架护航战斗机，至少目前他们的力量还不足以压垮蓄势待发的帝国防御者们。

力量的积蓄，风暴的前奏

在中断了一段时间对法国的轰炸后第 8 航空队在 3 月 28 日又卷土重来，整整 70 架 B 17 轰炸了罗恩（Rouen）的铁路交通枢纽，但是因为与护航战斗机部队的协调失误使得护航部队没能按时抵达集结地，这迫使轰炸机放慢前进速度以等待护航机们的到来，结果不但给德军战斗机指挥部留足了反应时间，那些追上来的护航机们因为油料不足没过多久也匆匆返航了。德军的攻击由 JG 2 联队第 12 中队和 JG 26 第 2 大队发起，有一架轰炸机被击落，9 架被击伤。取得战果的是第 12 中队的埃德尔中尉，但他也轰炸机被自卫火力打中负伤被迫迫降。（这位勇敢的飞行员在整个战争期间 17 次被击落，15 次受伤）德军的这次行动相比以前的几次拦截而言仍不是个成功，虽然整个截击行动是在有充足的准备时间以及没有护航机干扰的情况下进行的，但因为实力有限的缘故他们仍然无法聚集起足够强大的集团去阻击美军，部队对于大型轰炸机群的攻击手段仍谈不上高明。德军的不成功表现也给予了第 8 航空队司令部更大的信心，3 月 31 日第 8 航空队派出了 102 架 B 17 轰炸机在大风中起飞轰炸鹿特丹，因为糟糕的大气，6 个轰炸机编队中的 4 个编队退出了行动，不过前来应战的 JG 26 第 2 大队同样没能在恶劣的天气中找到轰炸机群，因为油料有限他们很快就返航了，只有少数勇敢和富有攻击性的飞行员仍试图搜寻到轰炸机，奥托·克鲁姆（Otto Crump）中尉就是其中之一，他成功遇上了 305 轰炸机大队的编队并重创了其中 1 架轰炸机使其掉队返航

◀ 格奥尔格·皮特·埃德尔上尉，他是击落美军重型轰炸机数量最多的飞行员

迫降于英格兰。

第 8 轰炸机司令部在评估了最近几次出击的作战报告后发现德军对于轰炸机编队的攻击力度仍然不足以构成威胁，遂在 4 月 4 日再次以 85 架 B 17 空袭巴黎雷诺工厂，18 个皇家空军喷火中队一直伴随飞行到航程极限为止，德军为了这次拦截调动了大量部队，JG 2 联队第 1 大队和 JG 105 的一个训练中队在奥绍少校的带领下率先攻击了护航的轰炸机编队取得了数个击伤战果并击落 2 架喷火，随后而来的 JG 26 的 Fw 190 作为拦截主力在护航机反应过来之前就击落了 4 架 B 17 并在随后的狗斗中击落 6 架喷火，JG 1 联队第 2 大队则被一支佯攻部队勾引，在鹿特丹与它们发生了交火。美军的作战报告显示德军当天的攻击非常迅猛，他们的飞行员比以往任何一次都要大胆，在很近的距离不断冲杀轰炸机，最终有 4 架轰炸机被击落，16 架受损。德军的损失不大，有 2 名飞行员阵亡，1 人失踪，4 架战机被毁。第二天，吸取了教训的美军组织 14 个喷火中队全程保护 104 架 B 17 和 B 24 攻击安特卫普。第 2 战斗机指挥部猜中了敌机的目标，派出普里勒少校带着 JG 26 第 8 中队和第 3 大队首先迎面攻击并打散了前来的轰炸机编队使得只有 82 架轰炸机成功轰炸了目标区。加兰德上尉随后带着他的 JG 26 第 2 大队追杀分散的轰炸机，击落其中 4 架，即便是紧急赶来的 JG 1 联队第 2 大队也宣称打下了 3 架空中堡垒，当天美军共有 4 架轰炸机损失，至少 13 架严重受损，但德军也付出了巨大的代价，JG 26 第 3 大队大队长，拥有 102 架战果的橡叶饰获得者弗雷德里希·盖斯哈特（Friedrich Geisshardt）上尉被自卫火力击落因失血过多而亡，大队长随后由鲁佩特上尉接任。这次行动中护航的喷火战斗机在轰炸机遥远的后上方，无法对德机进行干涉，他们仅仅在战斗的最后阶段和 JG 2 联队第 1 大队发生了交火并击落 1 架德机重伤其飞行员。虽然皇家空军战斗机飞行员曾极好的完成过保护轰炸机的任务，它们此时的存在反而使德国守军的工作变简单了。德国空军战斗机指挥官已经摸清了喷火的护航方式，它们通常飞在 30000 英尺（9100 米）高度，比美军轰炸机至少高出 5000 英尺（1500 米）。高飞的战斗机编队会暴露下方重型轰炸机的存在。德国空军战斗机可以选择是否与护航机交战，一般它们都会像 4 日和 5 日那样在护航机能够做出反应前攻击轰炸机。

美国人已经对第 8 战斗机司令部的新装备等得不耐烦了，那就是共和 P 47 雷电战斗机。皇家空军的战术条令要求护航机远远的飞行在轰炸机上方，而不是进行近距离直接支援。美国人怀疑这么做的原因是喷火在那个高度对敌机的性能优势最大。美国人自己的战斗机就会飞行在命令规定的地方，保持在轰炸机大队指挥官视线范围内。

3 个战斗机大队（第 4、56、78 大队）已经开始装备 P 47 了，它们使用着全世界最

▲ 1943年的护航机主力还是P 47，这是一架第78战斗机大队的P 47D-6

重的单发战斗机（几乎是Bf 109G型的2倍之重）。第4战斗机大队由原皇家空军的3个鹰中队组成，飞行员都深受皇家空军作战习惯影响，最初很不愿意将心爱的喷火换成这些"大奶瓶"。P 47战机同样给第78战斗机大队带来了麻烦，他们接受训练并带到欧洲来的飞机本来是P 38闪电，但是为了弥补北非的战损而被送到了那里。仅有第56战斗机大队对他们的"奶瓶"十分满意，它是第一个接收该飞机的大队，当时还留在美国本土。拥有8挺点50口径机枪的P 47火力强劲，增压器赋予其杰出的高空性能，俯冲能力更是优异。然而给第56大队担任联络官的皇家空军飞行员一眼就看出来，它在中低空完全不可能成为1架合格的格斗机。只有到了4500米高度以上P 47C的速度才会超过FW 190A-4或者Bf 109G-4，而到了9000米高空，雷电将要比他们快上32—48公里每小时的时速，并在各方面性能上压倒福克-沃尔夫战斗机。

至4月初，全部3个美军战斗机大队都已经准备好在战斗中测试自己的新装备。由于雷电的航程不比喷火远到哪里去，所以在获得可用的副油箱前，美军战斗机的最初作战任务基本和它们的英国盟友一样限制在沿海地区。它们在4月15日第一次与德国战斗机部队交手。从奥斯滕德到圣奥梅尔的那次扫荡任务中，全部3个大队的60架P 47遭遇了从翁斯德雷赫特起飞的15架Fw 190（JG 1第2大队）拦截。数名第4战斗机大队的飞行员发现Fw 190在下方约6000英尺（2000米）处，随即俯冲发起攻击。美军飞行员声称击落3架Fw 190，实际上因为带队德军长机及时下令了撤退避开了交火因而没有任何损失，仅有1架飞机在翁斯德雷赫特着陆后有10%的损伤，但这是否是战斗造成的还不清楚。

德国战斗机与P 47交手后的第二天，戈林就在他的司令部召开了一次会议。到场的包括加兰德、格拉布曼和JG 1的飞行员。问题很简单：如何最好的将美军护航机从它们的保护对象身边分开？与会者认为由于Fw 190A在高空处于劣势，使用DB 605引擎的最新型Bf 109G将承担对付护航机的任务。最终他们给出如下建议：

1. 每个战斗机联队中都应该包括一个特别的"轻型战斗机大队"执行高空战斗任务，这将适用于中央司令部下属的所有战斗机联队中。

2. 这些轻型大队将部署在帝国防空系统的前哨地区，任务就是在美军四发轰炸机带着护航战斗机入侵时攻击和牵制敌军护航机。

3. 重型战斗机大队将驻扎在较远的后方，它们只需要在敌军护航机与己方轻型战斗机缠斗中时全力攻击轰炸机。

4月17日，不莱梅

美军对德国本土的空袭现在还无法得到护航，但是盟军在每次执行这类任务时都会通过在别处伴攻来进行间接支援。有时这些伴攻会奏效，有时则不然。那天的效果十分完美，牵制住了一些最优秀的德国战斗机大队。115 架 B 17 在早晨起飞，组成 6 个盒子编队经由北海航线前去轰炸位于不莱梅的福克－沃尔夫工厂。皇家空军的主要任务是在下午出动第 2 大队的轻型轰炸机空袭阿布维尔，它们的护航机吸引了 JG 2 和 JG 26 的注意。P 47 也在下午早些时候沿着荷兰海岸线进行袭扰，荷兰－鲁尔区战斗机指挥部出动 JG 1 第 2 大队的 22 架 Fw 190，但是未能与敌机接触。结果导致第 1 战斗机师仅有少量作战单位（代伦的 JG 1 第 1 大队和吕伐登的 JG 27 第 2 中队）可以用来迎击飞向不莱梅的敌机。

这样德意志湾战斗机指挥部只能依靠自己的可用部队对抗 B 17 了，它们包括 JG 11 第 1、2 大队、JG 54 第 3 大队、赫尔格兰战斗机中队、NJG 1、NJG 3 和福克－沃尔夫工厂保卫小队。德军地面指挥官获得了一架跟随机的报告，它在 11 时 45 分发现了北海上空的 B 17 轰炸机。现在的文献中很少提及到这些跟随机的存在，实际上它们在接下来一年的帝国保卫战中起到了非常重要的作用。早期的跟随机大都来自夜间战斗机部队，因为夜战机组都有特别出色的导航技术。跟随机的存在令美军轰炸机十分厌烦而无奈，它们始终保持在机枪射程之外监视着轰炸机的举动，并及时将情报发回地面指挥中心。

借助早期预警的帮助，德意志湾指挥部命令下属的全部战斗机在地面上保持高度警戒，直到轰炸机越过德国海岸线后才开始拦截。JG 1 第 1 大队在 12 时 20 分从代伦起飞，由于路途遥远，来不及在轰炸前拦截到敌机。胡苏姆的 JG 11 第 1 大队和耶弗尔的 JG 11 第 2 大队于 12 时 30 分出动，在空袭开始前攻击了轰炸机。诺克少尉的 JG 11 第 5 中队出动 1 个小队进行空对空轰炸，炸弹全部未

▲ JG 1 的机鼻黑白格辨识涂装，1943 年 4 月开始使用

能命中目标。但是这 2 个大队对轰炸机编队的前半部分持续攻击了接近 1 个小时，直到把弹药全部打光为止，诺克中尉宣称在不莱梅西南部空战中使用机炮击落了 1 架 B 17。JG 11 上报了 13 个空战胜利，其中 5 个被确认为击落，还有 3 个脱离编队战果，自身无人损失。第 2 大队有 3 架 Bf 109 因燃料耗尽而迫降在弗里西亚时受损。当 JG 1 第 1 大队发现轰炸机后，弗里茨·罗西克凯特（Fritz Losigkeit）少校率队进行了一次成功的攻击，声称击落 3 架 B 17（2 架得到确认，其中 1 架是大队长本人的首个重轰战果），损失 2 架 Fw 190 和 1 名飞行员。

12 时 29 分，莱因哈德·塞勒少校带领 JG 54 第 3 大队从奥尔登堡出发，12 时 40 分在威廉港西部与轰炸机接触。这是大队自 2 月初离开俄国后首次与美军轰炸机碰面，据塞勒的回忆当时无线电中充满了德国飞行员发出的惊叹声。塞勒打算从正面完成一次密集编队攻击，但是轰炸机编队的左转弯打乱了他的计划，于是塞勒只好命令各中队独立发起攻击。塞勒的司令部小队第一个占好位置，通过迎面攻击击伤 1 架领队轰炸机并迫使其脱离编队。塞勒接下来继续独自从后方接近并打掉了轰炸机尾部的机枪火力点。他在第三次攻击完成后终于看见 7 到 8 位轰炸

机机组人员弃机跳伞。由于耗尽了弹药，他决定跟着轰炸机一起下降。他看见座舱内的美国飞行员试图进行迫降，但是飞机最后还是笔直的坠毁在地面上。

跟在塞勒小队后方的是 JG 54 第 9 中队长汉斯·埃克哈德·鲍勃（Hans-Ekkehard Bob）上尉，轰炸机的转向也出乎他的意料，于是鲍勃不得不进行了一段长时间的追赶以重新获得攻击位置。他的射击命中了 1 架轰炸机的座舱和二号发动机，但是当鲍勃试图俯冲脱离到 B 17 下方时已经来不及了，飞机直接撞上了轰炸机。Bf 109 机身的大半解体，轰炸机也失去了一侧机翼。鲍勃和美国机组人员都跳伞落在了奥尔登堡南部的一个村庄，预备役士兵把他们抓了起来。当鲍勃露出胸前佩戴的骑士十字勋章后才澄清了自己的身份，他将作战经历告诉了该市的市长并在市政厅受到了热烈接待。从地面上目睹战斗的当地居民都对这次胜利进行庆祝，仿佛那是他们自己取得的一样。虽然有大量群众作证，鲍勃的这个击坠还是未能得到官方认可。塞勒和大队的另外 2 名飞行员上报的战果得到了确认，鲍勃的 Bf 109 是大队战损的唯一一架飞机，另有 4 架战机受损。

JG 27 第 2 中队在 12 时 39 分从吕伐登出动，最终在阿默兰岛（Ameland）北方发现撤退中的 B 17。梅塞施密特飞行员声称击落 2 架 B 17，其中 1 架得到确认。中队没有飞机损失或受到需要上报的损伤。虽然不久前刚经历了失去大队长之痛，非洲联队这次的表现还算不错，但是受限于 Bf 109 的孱弱火力，它无法交出一份更漂亮的成绩单。

赫尔格兰战斗机中队在 13 时 15 分出动 4 架 Bf 109T 执行它的首次作战任务，通过导航帮助飞往朗格奥格（Langeoog）。一架托尼在小队的第一轮迎面攻击中被击中，飞行员跳伞落入北海，由于准确的位置报告而被德国空军海上搜救机救回。1 对 Bf 109T 继续追逐轰炸机并将 2 架敌机打到低空，其中 1 架还有 1 台发动机起火。这时有一位德国飞行员因为燃料不足而撤退，另一名中士埃瓦尔德·赫霍尔德（Ewald Herhold）向受伤的敌机开火，打断了它的机翼并看见飞机机组跳伞逃生。取得胜利的飞行员很快返回赫尔戈兰岛，通过电话告诉海上救援站具体坠机地点。1 架水上飞机发现了海面浮油，没有找到生还者。赫霍尔德试图通过水上飞机飞行员看到的油迹证实自己的空战胜利，但是由于遇到官僚主义问题而未获确认。

福克－沃尔夫工厂保卫小队的作战报告保存了下来，为我们提供了一些有意思的细节。12 时 43 分，芬克军士长带着另一架飞机

▲ JG 54 第 9 中队长汉斯·埃克哈德·鲍勃中尉

从汉诺威－朗根哈根（Langenhagen）机场起飞。小队的另外 2 架 Fw 190 也在 12 时 45 分跟进。这 2 对飞机并没有碰面，而是各自进行作战。芬克在费尔登（Verden）上空发现来袭的敌机，他爬升到 9000 米高度并在 13 时 15 分发起迎面攻击。由于战斗损伤，他的僚机被迫提前退出。但是芬克继续攻击那架 B 17 直到轰炸机机组人员跳伞逃生。他之后又击伤了落在后面的 2 架 B 17，直到 13 时 32 分因燃料不足而停止攻击，之后降落在耶弗尔机场。除了第一轮攻击外，一直有少量其他部队的 Bf 109 和 Bf 110 在旁边协助芬克。

让我们再来看看工厂保卫小队的另外 2 架飞机。因为发动机和无线电问题，梅尔霍恩中士很早就失去了他的僚机。地面指挥官命令他飞往奥尔登堡，在那里他看到了美军重型轰炸机。梅尔霍恩先是对右手边的 1 架 B 17 发起迎面攻击，俯冲后又顺势攻击了左下方的 1 架轰炸机。他对那架飞机进行了 4 次攻击，终于迫使它离开编队。梅尔霍恩随后加入到多架 Bf 109 和 Fw 190 对敌机的追杀中，直到看见 B 17 机组弃机跳伞。轰炸机在 13 时 41 分坠毁。梅尔霍恩降落在耶弗尔更换了螺旋桨，当天晚上返回朗根哈根。

通过工厂保卫小队的作战报告可以看出一些问题：

1. 官方发布的攻击方法——反复迎面掠击——得到了正确运用，甚至只是在这种小型、临时的作战部队。

2. 应该优先攻击战斗盒子编队最缺乏保护的部分，即位于边缘和后方的轰炸机。

3. 就目前所知，芬克和梅尔霍恩在这次作战中取得的胜利都没有得到官方认可，因为他们缺乏友军目击证据。共同击落的战果很难进行合理评估，尤其是声称取得它的飞

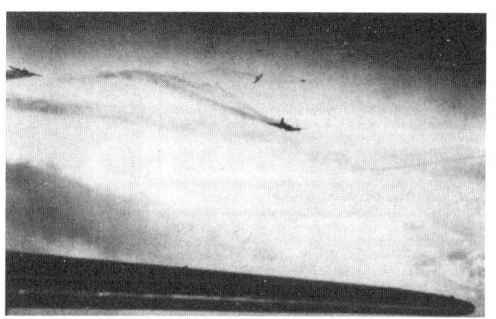

▲ 被德军战斗机击伤正从编队中脱离的轰炸机，这架轰炸机的最终命运基本上确定了

行员来自不同部队。

出现在空中的最后一批战斗机是远程的 Bf 110 夜间战斗机，它们奉命跟随撤退中的轰炸机并寻找其中的重伤者。NJG 1 和 NJG 3 的飞行员共击落 3 架敌机，他们的战斗机没有遭受损伤。在美军的空袭过后福克－沃尔夫工厂严重受损，失去了其 50% 的产能并有 30 架 Fw 190 被烧毁。但是这次成功也付出了开战至今最大的损失。派出的 115 架轰炸机中有 16 架 B 17 未能返回，占总数的 14%。损失的全部 16 架轰炸机都属于领头的第 91 和第 306 大队。进一步考察后的损失报告显示许多轰炸机在空袭中被高炮击中，落在编队后面的受损飞机成为了德军战斗机绝佳的目标。

增援竞赛

第 8 航空队损失轰炸机的速度比收到补充的速度要快，因此它暂时缩减了出动轰炸机的任务数量，尤其是对像赫尔戈兰湾这样的高风险地区。攻势由第 8 战斗机司令部继续保持，和皇家空军一样出动战斗机在敌沿海地区进行扫荡。4 月 29 日，全部 3 个大队的 112 架 P 47 执行了到目前为止最大规模的美军战斗机作战任务。第 56 战斗机大队

在荷兰沿海地区捅了马蜂窝，飞在下方的中队遭到了来自 JG 26 联队第 6 和第 8 中队的 Fw 190 攻击，德军以成对的形式直冲而上，短促开火，高速脱离。敌机的射击十分准确，美军损失了 2 架雷电及其飞行员，另有 2 架雷电战斗机受损。在这次短暂的遭遇战中没有德国战斗机被击中。

第 8 战斗机司令部对此立刻作出反应，将 P 47 执行扫荡任务时的飞行高度提升到 30000 英尺，远超过 Fw 190 的最佳作战高度。德国人选择无视这些美军新式战斗机的作用，加兰德上尉甚至将这些雷电战斗机称为"爱管闲事的混蛋"，然而这个年轻的上尉今后却会为为他的这个错误观念付出生命的代价。接下来两周内战斗机扫荡没有遇到任何敌机的拦截，至于美军的轰炸机空袭就完全是另一回事了，它们是德国防空部队的头号目标。每当敌军轰炸机升空时，第 3 航空队就会禁止战斗机攻击敌军战斗机，甚至不允许它们和敌军护航机纠缠。P 47 和喷火在短距离护航任务中的表现出色，但在对法国纵深目标的轰炸就不好掩护了，5 月的第一天美军以 78 架 B 17 前去轰炸了法国圣纳泽尔的 U 艇基地，同往常一样，护航机无法在航程中途就因油料不足而返航，轰炸机群随后遭到了 JG 2 联队和潜艇基地猛烈的高炮攻击，有 7 架轰炸机没能回家，2 架受了不可修复的重创，超过 20 架损伤，不折不扣的惨重损失。5 月 4 日，美军选择了较近可提供全程护航的目标出击，79 架 B 17 轰炸了安特卫普。喷火战斗机负责提供近身护航，而雷电泽飞在轰炸机编队之上以取得高度优势，不过因为协调问题这些雷电始终没能联系的上，德军先后出动 JG 26 第 2 大队和 JG 1 第 2 大队进行拦截，但英军的喷火表现出色，在德军接近轰

◀ JG 3 联队长沃尔夫·迪特里希·维尔克少校，他因具有贵族气质的举止而获得"侯爵"的昵称

炸机群之前就将其冲散，虽然德军在与它们的较量中击落了 3 架喷火战斗机，但拦截的真正目标 B 17 全部安全返航。斯塔姆贝格在自己的作战日志中提到 JG 26 的拦截失败令帝国元帅怒不可遏，失去理智的戈林甚至扬言要解散联队，逮捕编队指挥官，还说他们都是懦夫。

一份第 3 航空队作战参谋部的报告指出在 1943 年 4 月，航空队下属战斗机的主要精力都集中在对付美军轰炸机的大规模空袭上。虽然这些入侵的数量并不多（在 4 月仅有 3 次：4 月 4 日对安特卫普，4 月 5 日对巴黎，4 月 16 日对洛里昂的 U 艇洞库），它们还是被看做是最重要和最艰巨的防御任务。第 3 航空队在该月共出动战斗机 3758 架次（Bf 109 完成 1411 架次，Fw 190 完成 2347 架次），声称击落 16 架重型轰炸机，11 架中型轰炸机和 50 架战斗机，自身损失 30 架战斗机（17 架 Fw 190，13 架 Bf 109）。

中央司令部在 5 月继续进行着缓慢的扩张，主要通过从其他战场抽调部队，但是也获得许可组建一些小规模作战单位。JG 1 第 3 大队转移到吕伐登守卫海湾和德

国内地，同时该联队的第 1 大队第一次列装了 210 毫米空空火箭弹以强化其对重轰的攻击力。完成重新训练后的 JG 3 第 1 大队来到门兴格拉德巴赫加入第 5 战斗机师，这里目前还没有遭受过昼间攻击。JG 3 第 1 大队是第一批接受 Bf 109G-6/R6 "炮艇机"的战斗机大队之一，该机在每侧机翼下均安装了一个 MG 151/20 机炮吊舱。JG 3 联队部也已经离开俄国，来到门兴格拉德巴赫从事本土防空任务。由于 JG 3 联队长沃尔夫·迪特里希·维尔克（Wolf-Dietrich Wilcke）少校被禁止飞行，他的联队部小队在 10 月之前都没有 1 架飞机。中央司令部在 5 月 23 日得到了该月的最后一次增援，JG 26 第 3 大队离开其熟悉的海峡前线，加入库克斯港 – 诺德霍尔茨（Cuxhaven-Nordholz）的第 2 战斗机师。一个重要的指挥位置上的调动是慈爱而受欢迎的塞勒少校离开 JG 54 第 3 大队并重返俄国任 JG 54 第 1 大队长，接替他的是 JG 2 的一位更年轻飞行员齐格弗里德·施内尔（Siegfried Schnell）上尉（个人总战果 93 架，橡叶骑士十字勋章获得者），同时之前在 JG 1 联队第 1 大队表现不俗的大队长罗西克凯特少校被调任 JG 26 第 1 大队任大队长，接替他的是鲁道夫·施诺尔（Rudolf Schnoor）上尉。

随着盟军的非洲战役在 1943 年 5 月胜利结束，第 8 航空队再次获得了最优先的补充资格，增援以前所未有的速度抵达英格兰。随着第 4 轰炸机联队（包括 4 个全新的轰炸机大队）在 5 月 13 日加入，第 8 轰炸机司

1943 年 5 月 17 日中央司令部实力（总计 198 架战斗机可供使用）

单位	机型	战机总数	可用战机数
JG 1 联队			
联队部	Fw 190	3	1
第 1 大队	Fw 190	31	27
	Bf 109	7	0
第 2 大队	Fw 190	39	31
JG 3 联队			
联队部	Bf 109	3	3
第 1 大队	Bf 109	40	17
JG 11 联队			
第 1 大队	Fw 190	40	27
第 2 大队	Bf 109	54	27
JG 27 联队			
第 1 大队	Bf 109	37	24
JG 54 联队			
第 3 大队	Bf 109	45	41

部的可用兵力翻倍。就在 13 日当天，愈发强大的第 8 航空队出动了第 1 轰炸机联队的 4 个大队轰炸了缪尔提的飞机维修厂，新成立的第 4 轰炸机联队的 4 个大队则在 3 个雷电大队的护航下对圣奥玛进行轰炸以吸引德军防守部队的注意力，不过德军的战斗机指挥部显然不是这么好骗的，他们直接无视了美军对圣奥玛的空袭，JG 26 全员出动在海峡上空就和第 1 轰炸机联队打成了一片，在轰炸机编队最下方的第 91 大队遭到了德军的集中攻击，损失最大，而护航的喷火再次因为飞的太高而没能及时阻止德军的拦截，美军有 3 架轰炸机被战斗机和高炮击落，11 架被击伤，值得一提的是还有 1 架 B 17 被 JG 26 联队第 2 大队空投的炸弹命中但仍然坚持返回了基地。姗姗而来的护航喷火只击落了 2 架攻击轰炸机的德机，随后就和同样匆匆赶来助阵的 JG 27 联队 1 大队打了起来，维考和雷默中尉各宣称击落了 1 架 B 17，为了援助这个还没能完全适应西线作战的大队，老牌的 JG 2 联队也调来了数个中队协助 JG 27，在激烈的交战中 JG 2 损失了 4 名飞行员，5 架喷火被击落。不过很快双方的指挥部都叫回了战斗机部队以避免白白消耗。

次日休整完毕的美军卷土重来。富有经验的第 1 轰炸机联队和另一个 B 24 大队首先轰炸了基尔（Kiel）的码头，德意志湾战斗机指挥部出动 114 架次战机拦截。JG 11 在这天积极执行了战斗任务，第 1、2 大队和联队司令部都升空作战，诺克再次进行了空空轰炸。但除了据他所说有效炸开了美军的编队外似乎不值一提，JG 11 取得了 4 个得到确认的重轰战果，只有 1 名飞行员身亡，还有 1 名飞行员负伤，这是个不错的交换比。芬克上尉带领的 JG 54 联队第 3 大队也进行了阻击，大队宣称击落 3 架轰炸机，却为之付出了巨大代价，4 架战斗机被击落，2 名飞行员阵亡，还有 1 名飞行员失去了一只眼睛。对基尔空袭的美军轰炸机部队在战斗机和高炮的火力下付出了 9 架轰炸机的代价。与此同时 118 架雷电战斗机掩护着第 4 轰炸机联队的 81 架空中堡垒（联队装备的新空中堡垒可以搭载更多的油料）光顾了安特卫普和 JG 26 第 3 大队的机场，负责攻击机场的轰炸机大队出色的完成了任务，给驻扎在机场的德军造成了大量人员装备损失，JG 26 首次遇到一个机场因敌机空袭而无法使用的情况，JG 1 和 JG 26 各出动两个大队迎击这批敌机，一番交战后有 3 架 B 17、3 架 P 47 和 1 架喷火被击落。但是德国人的损失也很高，共有 10 架战斗机被轰炸机自卫火力和护航机击落，还有至少 7 架战机受损，3 名飞行员身亡，5 人负伤。这天对于西线的德军而言是个很值得吸取教训的日子，他们需要面对美军多集群的多目标轰炸，部队的调度，对美军目的地的分析以及不同单位之间的有效协同作战都有待完善。

实力强大的美军并没有因为 14 日的损失而停滞空袭的步伐，15 日第 8 轰炸机司令部再次派出 113 架 B 17 轰炸机轰炸威廉港，它

▲ JG 11 第 3 中队的一架 Fw 190A-6 战机，第 1 大队整个 1943 年都呆在胡苏姆基地作战

们受到了 JG 11 的顽强阻击，6 架宣称战果都被德军官方予以确认，实际上美军有 5 架 B 17 未返航，1 架被重创报废，26 架被击伤，与德军官方的统计相差无几。JG 11 在这一连串的拦截作战中得到了很好的锻炼，19 日，123 架 B 17 轰炸基尔，JG 11 宣称击落 9 架空中堡垒（其中 6 架得到确认），己方零损失。21 日，98 架 B 17 空袭威廉港，JG 11 再次以 1 名菜鸟飞行员的损失宣称击落了 10 架轰炸机（其中 7 架得到确认）。JG 27 第 2 中队的 9 架 Bf 109 也被送去助阵，他们确认击落 3 架空中堡垒但有 4 架战斗机严重受损，1 名飞行员受伤。

第 8 航空队的轰炸机力量迅速增长。6 月 11 日，第 1 轰炸机联队的 7 个大队和第 4 轰炸机联队的 3 个大队共计 252 架 B 17 被派出轰炸不莱梅。目标上空的云层迫使编队转向威廉港、库克斯港和其他可选的目标。最终有 8 架 B 17 损失，62 架受损，轰炸的效果十分糟糕。德意志湾战斗机指挥部出动战机 218 架次，包括 JG 1 联队第 3 大队和 JG 26 联队第 3 大队以及其他多个部队。德国飞行员获得了至少 15 个得到承认的空战胜利，JG 11 这个新编联队再次证明了自己的能力：6 架 B 17 轰炸机击落战果属于他们，而代价则仅为被击落和受损战机各 1 架。兄弟联队 JG 1 的飞行员们声称击落 2 架 B 17，自身毫无损失。其余 7 个 B 17 战果分别属于 JG 26、JG 54 和 NJG 1，还需要提高攻击无护航轰炸机的效果。一个可能的解决方案是提供更具威力的武器。在维特蒙德哈芬（Wittmundhafen）的第 25 试飞队再次出动 Bf 109 小队测试 RZ 65 火箭弹，不但毫无收获还损失了 1 架飞机，飞行员因伤停飞 10 天。2 天后 RZ 65 将迎来自己作为空对空武器的最后一次登场机会。而当天一同亮相的还有 JG 26 装备的 BF 109G6/R6 "空中炮艇"，他们取得了 2 架战果，自身没有飞机和人员的损失，看起来是对付重型轰炸机不错的武器。

B 17 在 13 日被再次派往不莱梅，但是云层使得绝大多数轰炸机转而选择基尔和其他目标。攻击结果又一次不理想，而且付出的代价很高昂。第 1 轰炸机联队没有遇到太多麻烦，仅损失 4 架 B 17。但是第 4 轰炸机联队则遭到了来自 JG 1 和 JG 26 联队的约 100 架战斗机集中攻击，在德军火箭弹的齐射和飞行员愈发娴熟的拦截战术下，美军损失高达 22 架 B 17（占联队 76 架轰炸机总数的近 30%！），其中 19 架属于第 94 和 95 轰炸机大队。率领该联队的是新指挥官内森·贝德福德·福利斯特（Nathan Bedford Forrest III）准将，他在作战中尝试使用自己设计的新编队阵型。其结果被证明是致命的，许多轰炸机都无法向正前方射击，而这正是绝大部分德国战斗机的攻击方向，同时因为德军在空中开始齐射空空火箭弹，导致密集紧凑的队形很容易被炸乱炸散并造成大量损伤。福利斯特准将的 B 17 是第 95 轰炸机大队损失的 10 架飞机之一，他也是到目前为止美国陆航在作战中阵亡的最高军衔军官。不过德军的胜利也不是毫无代价的，参与作战的 JG 26 联队第 3 大队大队长鲁佩特上尉在被击落跳伞时因为飞机速度过快而导致伞包脱落，这种情况在 43 年间屡次发生，直到新式的尼龙伞带列装。联队第 3 中队中队长罗尔夫·赫米兴（Rolf-Günther Hermichen）上尉（在 629 次作战任务中击落 64 架敌机，其中包括 26 架重型轰炸机，橡叶骑士十字勋章获得者）代理了第 3 大队大队长。直到 7 月 5 日由米特乌施少校正式接管。赫尔格兰战斗机中队

▲ 帕希姆空军基地内，第25试飞队队长霍尔斯特·盖耶上尉（身着美军轰炸机飞行员夹克）正在讲话

▲ 1943年6月22日，第305轰炸机大队飞行在许尔斯上空的一架B17

和JG 11也都参与了作战，JG 11宣称取得了10架轰炸机战果，损失3位飞行员，赫尔格兰中队则损失了2架战斗机。

第25试飞队在13日最后一次出动2架携带RZ 65的Bf 109，带队的是新指挥官霍尔斯特·盖耶（Horst Geyer）上尉。纳克少校作为一名前功勋驱逐机飞行员被派去接管ZG 26第2大队，准备使用Me 410参与帝国防空战。德国空军总是缺乏干练的部队指挥官，这些人的调动都十分频繁。即便是最精锐的海峡联队也要经常面临优秀指挥官不足却又要高强度作战的问题，就像仅仅在战斗强度相对较低的43年4月到6月3个月时间里，JG 26联队第3大队就接连阵亡了2位大队长。

6月的剩余时间里第8航空队将攻击目标主要锁定在法国境内，对德国的空袭仅有2次。22日235架空中堡垒对鲁尔区城市许尔斯（Huls）的轰炸严重摧毁了该市的合成橡胶工业，只需要再来一次空袭就可以使它的橡胶生产完全停顿，不过这次德国空军的拦截非常给力，荷兰－鲁尔战斗机指挥部聚集起了JG 1联队的3个大队外加JG 54第3大队和JG 3联队第1大队的部队。JG 1联队第1大队在短短半小时里击落10架重轰，自身有1架Fw 190被击毁，还有另外4架Fw 190受到不同程度损伤。实战中德军再次成功地运用火箭弹打散了美军的队形并勇敢地以集群方式冲向对方，这意味着德军对于空中堡垒的恐惧感开始减小，拦截经验也在越来越多的积累起来，最终有16架轰炸机被击落，75架轰炸机受创，即便如此德军仍然未能有效保护好许尔斯。然而第二次空袭再未到来，作为德国战争机器命脉之一的橡胶工业就这样逃过一劫。同一天美军还出动了新成立的第381、384两个大队共42架B 17在40架雷电战斗机的掩护下空袭了安特卫普以吸引牵制德军防空力量。尽管新组建的这两个大队比预定计划迟了半个小时才抵达目标区而且没能与护航战斗机会合，但他们仍然很好地完成了牵制任务。普里勒少校的联队司令部和加兰德的JG 26第2大队赶去拦截，他们的攻势非常猛烈，连续6—8次以编队形式穿梭于轰炸机群进行攻击。加兰德上尉也不断督促飞行员反复攻击敌机，最终美军当场被打下4架轰炸机另有1架重创迫降于英格兰。直到护航的雷电好不容易赶到驱散了JG 26第2大队，混战结束后该大队声称击落1架雷电战斗机。但是美军的记录清楚的显示当天P 47护航机没有遭受任何损失。

轰炸许尔斯的战斗中值得一提的战术

革新是 11 架 YB 40 的出现，其中 5 架就位于领头的战斗盒子内。YB 40 "战列巡洋舰"是 B 17 的一种改型，携带了更多的机枪、弹药，并在炸弹舱的位置加装了装甲。编队投下炸弹后 YB 40 的速度跟不上标准的 B 17，而它们也成为了德国拦截机的良好目标。YB 40 并没有在前线长期服役，但是其机鼻武器配置（装有 2 挺 .50 机枪的炮塔）被下一代的标准飞行堡垒 B 17G 继承下来。这些炮塔拥有绝佳的射界，现在从任何方向接近一架 B 17 都要面对至少一个威力强大的炮塔。德国战斗机的迎面攻击效果开始逐渐降低。6 月 25 日，美军出动 275 架空中堡垒攻击一支船队，不过因为该死的天气原因它们被迫在德国北海沿岸地区寻找其他有价值的目标，损失了 18 架 B 17。德军 JG 1 联队第 1 大队首先进行了拦截，大队长施诺尔和他的僚机各自击落了 1 架空中堡垒而已方毫发未损。不过随后赶来的第 3 大队就表现得很糟糕，这个新组建的大队缺少优秀的飞行员，也没有足够的截击经验，以 6 架战斗机全损，2 名飞行员阵亡或失踪，3 名飞行员重伤的代价仅使 1 架轰炸机脱离编队。JG 11 派出的战斗机在奥登堡附近遭遇了轰炸机群，他们取得了这天最大的胜利：宣称击落 12 架轰炸机，只有 3 架飞机被毁，2 名飞行员身亡，还有 1 人负伤。当天同样被派出作战的 JG 26 第 1 大队在埃姆登以南抓到了返航的美军轰炸机群并取得了 2 架确认战果，也就在这天，这个老牌的海峡联队得到了施佩勒元帅的贺电以表扬这个联队已取得的 1500 个空战战果。JG 26 联队在 6 月参与的最后一次拦截行动发生在 28 日，他们独立攻击了轰炸圣纳泽尔港口的 191 架轰炸机并宣称击落其中 9 架（计划联合作战的 JG 2 第 3 大队与

▲ 1943 年夏初的里尔基地，JG 26 联队长普里勒少校在他的宝马车旁留影，普里勒很明显既不迷信也不拘谨，毫不在乎他的 Fw 190A- 5 使用着 "13" 这个编号

布列塔尼战斗机指挥部失去了联系最终没能到场），美军实际有 8 架轰炸机坠毁，57 架被击伤。德军仅损失 1 架福克 – 沃尔夫战斗机和其飞行员。

中央司令部在 6 月底进行了一次值得一提的低级别人员调整。京特·施佩希特（Günther Specht）上尉取代安东·迪克菲尔德（Anton Dickfeld）少校（1072 次作战行动中击落 136 架敌机，橡叶骑士十字勋章获得者）担任 JG 11 第 2 大队长。迪克菲尔德曾作为 JG 52 的一员在东线取得了巨大成功，后来又指挥 JG 2 第 2 大队在突尼斯战过。他在 4 月中旬才来到 JG 11，而且从一开始就知道并不会在此长留。作为一名拥有良好人脉的忠诚纳粹，他被调往位于柏林的帝国航空部，在战争的剩余时间里负责管理德国空军后备力量和希特勒青年飞行团。成立"希特勒青年团"战斗机联队的主意很明显与他有关，联队直接从滑翔机学校带走年轻人并将他们放入 He 162 喷气战斗机的座舱。

京特·施佩希特和瘦长、闲散的迪克菲尔德完全不同。他是大队内身材最小巧的人，曾在 1939 年与皇家空军威灵顿轰炸机的战斗中失去了左眼，但是根据在施佩希特大队的中队长海因茨·诺克的说法，他拥有像秃鹰

◀ 只有一只眼睛的 JG 11 联队长京特·施佩希特少校，他是德国空军不可多得的优秀空战王牌和编队指挥官，个人战绩中的 15 架重型轰炸机大部分都是在火力不足的 Bf 109 上取得的一样的视力。精力充沛的施佩希特是一个责任意识强烈的普鲁士人，要求下级达到和自己一样的高标准。他认为女人会让部队分心，所以禁止她们进入基地。诺克记得有一次施佩希特的妻子来看望他，结果被拦在了守候室内，施佩希特让诺克告诉她自己在战争结束前没时间陪她。施佩希特上任后几乎每次都亲自率领大队出击。他追求完美，写下了极为详尽透彻的作战报告。仅过了数月 JG 11 第 2 大队就赢得了帝国最佳昼间防空部队的美名（当然这存在争议），施佩希特也成为了战斗机部队中最受信赖的编队指挥官之一。

这段时间第 3 航空队和中央司令部都在进行着表面相关却彼此独立的防御战役，这样不可避免的造成了浪费和低效率。一个有效的补救方法就是将所有西线的防空部队统一在一个司令部下。建立整体防空指挥结构的提议早在 1941 年莫尔德斯担任战斗机总监时就已经出现，加兰德在 1942 年继续试图推动这一举措。如果一名战斗机指挥官的言论还不够分量的话，来自更高级别军官的建议也许会取得成功。1943 年 3 月，德国空军领导层中的一些关键人物陆续提出了更详尽细致的方案。第 12 航空军军长卡姆胡贝尔提议重建整个本土防空系统，他建议大规模扩建帝国本土和西欧占领区的战斗机部队并将它们统一在一个单独的战斗机航空队（Jagdluftflotte）内，这个航空队包括 3 个战斗机军和 9 个战斗机师。和卡姆胡贝尔关系不错的威斯对此表示赞同，还建议同样加强和统一高炮防御组织。他们很快就得到了耶顺内克的支持，上述建议在那年春末被放到帝国元帅面前。戈林命令卡姆胡贝尔、威斯和加兰德分别提交重组夜间战斗机、高炮和昼间战斗机指挥结构的建议书。最终在元首司令部的一次会议中，希特勒否决了卡姆胡贝尔的建议，并表示在击败俄国前不会考虑扩充夜间战斗机部队的事情。

1943 年 6 月 29 日，米尔希也加入到辩论中，他提出的建议基本和卡姆胡贝尔一致，但是甚至更具雄心。他建议成立一个独立的航空司令部负责西线的所有空战活动，不仅包括统一的战斗机防空力量，还有执行轰炸英国和远程空中支援大西洋战事的指挥部。戈林没有采纳米尔希的意见，实际上有证据显示他从未认真考虑过它。各种因素（个人仇恨、高层的攻击性战略、第 3 航空队和中央司令部的分歧、各作战兵种的不合）综合在一起，最终导致德国空军无法联合起来对抗美国陆航的攻击。其结果是在决定性的 1943 年，德国和西欧占领区的昼间防空没有取得任何实质性进展。

制衡策略：各空军战线之间的关系

现存的德国空军档案中关于部队实力和部署方面的内容有时会出现自相矛盾的情况。尽管如此，我们还是能够大致弄清楚 1943 年上半年德国空军的总体情况。5 月 31 日一线部队共有 6536 架飞机，其中 3215 架（49.2%）在

◀1943年6月25日迫降在荷兰史基浦机场的一架Fw 190A-4战斗机

▶德国军官们正在查看一架B 17的残骸,它在1943年6月26日于法国上空被击落

东线的第1、4、6航空队和第5航空队的东部战区,意大利和东南前线拥有1208架(18.5%)飞机,中央司令部和第3航空队分别有飞机998架和864架(28.5%)。单纯比较各航空队的飞机总数会造成误解,因为东线航空队拥有大量对于西线来说毫无用处的夜间骚扰机、战场侦察机和Ju 87俯冲轰炸机。如果仅限讨论单发战斗机的话(一线Bf 109和Fw 190总数1624架),东线拥有447架(27.5%),地中海和东南前线有377架(23%),第3航空队328架(20.2%),中央司令部296架(18.2%)。它们的可出动率就是另外一回事了,整个战斗机部队此时仅有65%的飞机可用。

在各个战场维持总体平衡引发了另外一个问题。本土防空到底从什么时候开始严重影响到了德国空军的前线作战?历史学家霍尔斯特·布格(Horst Boog)认为到1942年底,

出于对盟军战略轰炸和登陆西欧的担忧,德国空军通过削弱东线从而在地中海、西欧和本土集中了接近70%的飞行部队。英国在评估完1943年底德国空军战斗机的防御作战后也得出结论,"以俄国和地中海前线为代价,西线得到了明显增强。"这两种论述都是大体正确的,但是没有抓住德国空军调整战场优先级的准确时间及其影响。在德军的库尔斯克攻势失败和盟军入侵西西里前,补充战斗机都是优先供给各前线航空队。德国空军在1943年上半年并没有如期望中那样从东线大量抽调Bf 109和Fw 190大队来增援中央司令部和第3航空队。帝国本土昼间战斗机部队在这重要数月内的扩充不过是一些工厂保卫飞行队,航校警备部队和有限组建的少量新部队。前线的需求迫使德国空军高层在外围保持一支强大的昼间战斗机部队,帝国本土急需的增援反而被放

在了一边。特别是库尔斯克战役就要求集中超过1000架一线作战飞机，其中包括近350架Bf 109和Fw 190以及54架Bf 110。大规模削弱前线以加强本土防空是1943年下半年的事情，这时已经太晚了。

在1943年夏秋两季规模庞大的空中战争开始前夜，双方的航空部队都已经积攒起了强大的力量，准备好迎接作战强度的剧增。1943年6月，米尔希完成了对帝国防空部队的一轮视察。在谈到昼间战斗机部队时，他满意地说："德国战斗机飞行员的士气高昂，考虑到他们在数量上处于劣势，这一点尤其值得强调。负责指挥战斗机作战的军官都完全有能力应付他们的任务。虽然没有得到有力的增援，昼间战斗机的防空局势还是可以被认为是十分安全的。"

德国空军未能在1943年初重点增强昼战防空兵力将被证明是一个巨大的错误。帝国防空战中最大的胜利依然将到来，但是它的最终失败已经成为了必然。

|第二章|

高潮的到来

转折点：1943年夏

长期以来，历史研究者们对于希特勒的欧洲战事转折点这一话题始终争论不休。候选之列包括1941年12月在莫斯科城下的停滞、希特勒向美国的宣战、以及几乎同时发生在阿拉曼和斯大林格勒的灾难。所有这些争论都是有其价值的，然而对于空中战争来说，发生在1943年夏的战事绝对是一个重要的转折点。1943年7月以后，本土防空就成为了德国空军最重要的任务。虽然还有一些为重获进攻能力而做出的尝试，德国空军还是变得越来越等同于帝国防空军。而且与此同时在美军战斗机群对西欧不断地游猎中部队的常规训练也无法正常进行了，每支部队无论新兵还是老手都非常疲惫，他们几乎每天要应对英美航空兵的战斗机群的袭扰。

"旧"德国空军的最后一战发生在堡垒行动中，即1943年7月5日开始的对库尔斯克突出部的夏季攻势。德国空军在整场战争中最后一次将完整的航空军和航空师投入到一个大规模进攻作战中，包括第8航空军（第4航空队）的1185架作战飞机和第1航空师（第6航空队）的730架作战飞机。在最初取得一些胜利后，德国空军逐渐耗尽了后备力量，日渐强大的红空军掌握了突出部上空的主动权。战争的剩余时间里，红军在越来越可靠的空中力量支援下逼迫德军在广袤的东线战场上不停后退。在地中海，盟军于1943年7月10日登陆西西里，岛上轴心国守军的迅速溃败加深了南线的危机。

德国空军参谋长耶顺内克虽然意识到了增强本土防空兵力的需要，却还是将赌注押在了东线，希望能在1943年取得决定性胜利。随着堡垒行动的失败，从东线转移战斗机的速度明显加快。用米尔希的话来说，这虽然"迟到了荒唐的地步，但至少已经在做了。"库尔斯克攻势展开时，东线战斗机部队共有499架 Fw 190 和 Bf 109 战斗机（392架可用），到8月31日只剩下了313架（228架可用）。除了数字上的减少外，德国战斗机部队采用的战术也发生了永久的改变。再也不会有数百架战斗机聚集在前线的一个关键地区以夺取制空权。之后的战争中战斗机部队被集中起来用于保卫本土（只有极少数例外），外围则只留有少数战斗机大队守卫广大的前线。米尔希这样说："我的个人态度是：我将会告诉前线（部队）德国本土才是真正的前线，大部分战斗机必须去执行本土防空战。"而实际上直到43年7月初，负责拱卫德国本土的只有防守于北德的 JG 11 联队的3个大队加上 JG 26 第3大队。至于至关重要的鲁尔工业区的防御，只有荷兰－鲁尔战斗机指挥部下辖的 JG 1 联队的3个大队以及 JG 3 第1大队，

JG 26 第1大队和 JG 54 第3大队可以负责，况且这个战斗机指挥部还要承担相当数量的前线作战任务，并非专门的截击单位。不过他们仍然尽力执行着拦截任务，42年时美军的每次战略轰炸的轰炸机损失率约为4.5%，在43年第一季度上升到了7.1%，在第二季度又提高到了7.6%。

1943年下半年帝国防空军在实力、组织、战术、技术和表现等方面都有了显著进步，它将为德国武装部队取得最后的几次较大规模胜利之一。在斯大林格勒包围圈和突尼斯失去了整个集团军后，1943年中期的德国在处处都采取了守势。虽然一些在东线的战士开始产生怀疑心态，本土战场上的德军依然相信他们会获取最终的胜利。1943年下半年的本土防空部队及飞行员的士气和作战效率都达到顶峰。他们都知道自身的任务是困难而危险的，但是也认识到这对于德国赢得战争胜利至关

▲ 1943年荷兰代伦空军基地，JG 1 第1大队司令部的一架 Fw 190A-5 战机

重要。即便如此,他们的表现也是有起伏的,也因此经常遭到来自帝国元帅戈林,甚至是来自他们的战斗机将军加兰德的指责。

为了提升帝国防空军飞行员的作战表现并鼓舞他们的士气,德国空军制定了关于授勋的计点系统。西线的飞行员经常会嫉妒他们在东线的战友,后者更容易取得空战胜利。飞行部队的晋升和获勋严格的以作战战果为依据,然而由于和重型轰炸机的博斗尤为困难,现在勋章的获得将基于以下的计点系统:

	单独击落一架敌机	使一架敌机脱离编队	击落脱离编队的敌机
单发战斗机	1	0	0
双发轰炸机	2	1	0.5
四发轰炸机	3	2	1

计点系统实际上承认将一架轰炸机击伤并迫使其脱离作战编队远比最终摧毁一架脱离编队的受伤轰炸机困难。在积累到如下的点数后飞行员将获得相应的勋章:

勋章	点数
二级十字勋章	1
一级十字勋章	3
德国空军荣誉银杯	10
金质德意志十字章	20
骑士十字勋章	40

虽然引入了计点系统,在西线获得勋章的难度还是比东线大得多,例如最精锐的联队之一,JG 26 在 41 和 42 年都只有一人获得了骑士勋章,而战斗格外激烈的 43 年也仅仅只有 2 人获得骑士勋章,至于骑士勋章以上的更高级别荣誉,整个联队在战时只有 5 人获得过,与此形成鲜明对比的是在东线的 JG 51 联队(缺第 2 大队)仅仅在 43 年就有 11 人获颁骑士勋章。骑士十字勋章在德国空军战斗机部队中被看做是真正空战专家的标志。如果 1 名飞行员被分配到帝国防空军中,他获得这样高级荣誉的几率远比提前阵亡要小。能否活着穿越一个密集的 B 24 或 B 17 编队纯粹看运气,虽然一名优秀的 Bf 109 或 Fw 190 飞行员能够与任何敌机在单对单的较量中取得胜利,到最后他们将会发现自己要面对 10 倍乃至 20 倍己方数量的敌军战斗机。

需要指出的是,许多人在战后提到计点系统时都认为它的存在仅是为了授勋。实际上"空战胜利数"和"点数"是两个完全不同的概念。确认一次空战胜利的要求和程序依然未变,仅有在柏林的帝国航空部的空军审核委员会(luftwaffe Abschusscommission)

▲ JG 2 第 8 中队长布鲁诺·施托勒上尉正在调整他的降落伞背带,施托勒以 32 次空战胜利在 1943 年 3 月 17 日获得骑士铁十字勋章。7 月 1 日被任命为 JG 2 第 3 大队长并率队直到 1943 年 12 月 7 日

可以确认一名飞行员的宣称战果，而且审核的程序可能会花费超过一年的时间。帝国航空部的人事部文员将接收到的宣称战果数据按顺序写在一个大账本上，并随着审核程序的进行添加一些备注。战果确认程序在1945年2月突然停止，而且原始数据账本也毁于战火。所幸它们在1945年1月初被记录在微缩胶卷上，但是微缩胶卷的下落直到上世纪90年代才浮出水面，研究者可以在德国档案馆里使用它们。从中我们可以看到一些有趣的事情。理论上，一个缺乏目击证明的宣称战果仅是一个"可能战果"，在计点系统中是没有它的位置的。实际上，一些部队经常上报无目击证明的战果，而且其中一些还通过了核实程序，尤其是对于那些成功的飞行员。理论上，德国空军并不接受共同击落战果。实际上，它确实发生了。理论上，每个"使敌机脱离编队"的宣称战果应该能对应上另一个"击落脱离编队敌机"的宣称战果。这实际上极少发生，许多飞行员"使敌机脱离编队"的宣称战果最终都被认作"单独击落一架敌机"。

这段时间的国防军每日公报习惯性的夸大美军轰炸机的损失。德国战斗机飞行员经常声称这些最初的上报数据在核实过程中被大幅削减，但是微缩胶卷证明并不是这样。上报柏林的宣称战果中有80%~90%最终被官方认可，或是由于确认程序终止而列在那里等待证实。德军声称摧毁的重型轰炸机比起其他型号飞机来更难以对应上盟军的实际损失，部分原因可能是计点系统，或是德军领导层对于击落重型轰炸机数量的过分追求。

JG 26作为戈林和加兰德喜爱的战斗机单位，以及在盟军情报部门眼中最高效的单位，此时依然留在比利时和法国东北部的外围基地。它所受到的压力比其他任何战斗机单位都要大。他们的机场在盟军战斗机和轻型轰炸机的航程范围内，因此频繁遭受攻击。德国空军希望联队的飞行员既能应付这些战术空袭，还能够组成对抗重型轰炸机的第一道防线。他们要在任何适合飞行的日子里做好战斗准备。他们经常被迫匆忙起飞拦截轰炸机，因此那些内陆适用的战术在这里不得不被放弃，仅仅在6月下旬的一周多时间里联队就有12名飞行员阵亡，3人受伤。JG 26第8中队的飞行员埃里希·施瓦兹（Erich Schwarz）这样说："迎面攻击法在沿海地区是失败的，因为缺乏组成编队的时间，只能进行四轮简短的射击。重型轰炸机还没有遭受高射炮的打击，因此编队保持得十分紧密，我们发现无法通过自身的攻击穿透敌机的防御。我们试过在编队上方空投250千克炸弹，希望它们能起到'超重型高炮'的作用并打破轰炸机编队。但是据我所知在盟军护航机出现前此做法仅成功过2次，之后由于携带炸弹的战斗机爬升缓慢并越来越容易遭到攻击而被废弃。我很高兴看到它们的停用。"

施瓦兹还描述了一级战备通知下达后对飞行员生理的影响：每个人都跑去清空他们的胃、膀胱和肠道，但即便如此也无法使身体放松下来。只有当进入座舱内，集中精力

▲ 21厘米火箭弹是在1943年对付轰炸机编队的一个好武器，这架Fw 190就在机翼下悬挂了两个发射架

在作战任务上时才能排除其他的杂念。着陆后他们的身体抖动得如此剧烈，以至于要靠他人的帮助才能握住一根香烟。战争结束后数十年，施瓦兹还会梦见自己驾驶着 Fw 190 穿越云层，看见庞大的银色轰炸机编队在阳光的照耀下闪闪发光。

"闪电周"轰炸

7月的前三周，德国的天气情况十分糟糕。美军曾有一次试图空袭汉堡和哈姆，但是轰炸机还是因为天气原因被中途召回。还有数次任务是攻击法国境内的目标。4 日美军的第 8 航空队出动了 237 架空中堡垒的大机群轰炸了勒芒（Le Mans）与南特（Nantes）的飞机制造厂和拉帕利斯（La Pallice）的潜艇基地。因为美军轰炸的目标较广，德军第 2、第 3 及布列塔尼战斗机指挥部联合展开了拦截行动，最终德军官方证实击落 17 架空中堡垒，而美军的实际损失是 8 架 B 17 被击落，64 架受损。德军则付出了不小的损失，JG 2 联队 1 名飞行员阵亡，1 人失踪，4 人负伤，21 架战斗机被击落或击伤。6 天后美军再度出动 286 架轰炸机光临了法国北部，这次战斗对双方而言都不甚满意，因为多达 18 个喷火中队和 8 个雷电中队的护航，德军以被击落 1 架击伤 2 架，飞行员死伤各 1 名的代价只换来了美军的 3 个确认轰炸机损失。而美军同样因为该死的天气原因没能按计划完成轰炸，286 架轰炸机中仅有 36 架和 31 架轰炸机分别在阿布维尔与卡昂扔下了炸弹。

14 日美军的目标放在了位于维拉库布莱（Villacoublay）、勒布尔歇（Le Bourget）和亚眠的机场。出动的 279 架轰炸机中有 201 架完成投弹。对维拉库布莱的空袭特别成功，存有第 3 航空队 Fw 190 维修设备的机库被摧毁，连同遭殃的还有 70 架 Fw 190。根据物资损失清单来看，除了属于 JG 26 的 15 架飞机外其他的损失飞机几乎来自位于法国的每一个战斗机、轰炸机、侦察机、司令部和作战训练单位。

前往亚眠的部队实力较弱，它们的攻击时间也稍微早一些，需要承受第 2 战斗机指挥部的主攻。攻击亚眠的轰炸机得到了全部 3 个美军 P-47 大队的护航，因为目标在它们的航程范围内。当轰炸机越过法国海岸线时，第 2 战斗机指挥部出动了来自里尔、维特里（Vitry）和普瓦（Poix）的战斗机。位于普瓦机场的 JG 27 第 3 中队和 JG 2 的第 2 大队本来因为距离美军航线最近应该发起首轮攻击，但是他们却按兵不动，直到 JG 26 第 2 大队从维特里赶来后加兰德少校才通过无线电逼迫它们起飞，英国无线电监听人员注意到了这条带有讥讽语气的信息——"你们这群混蛋还在等什么！"。德军抢在了护航战斗机抵达前率先展开攻击，不过仅有 1 架第 381 轰炸机大队的 B 17 被击落，取得这一战果的是 JG 27 第 3 中队的梅塞施密特战机。2 架轰炸机迫降在英格兰，还有 34 架被战斗机或高炮击伤。2 架 Bf 109 被击落，飞行员 1 死 1 伤。当雷电战斗机在 20 分钟后终于出现时这伙德军已经接到了返航降落的命令。然而更有讽刺意味的是美军的情报组织本来预计普瓦的德军返航后经过加油装弹后可以出击拦截维拉库布莱方向的轰炸机的，然而这群"混蛋"们最终没有再度起飞。

与此同时，加兰德和他的战友在埃丹（Hesdin）外与第 78 战斗机大队发生交火。加兰德经过长时间的空中搏斗后宣称击落 2 架 P 47，2 名飞行员都幸存下来。他的第一个猎物并没有当即坠毁，重伤的飞行员将飞机开到英国海岸线附近后弃机跳伞，落海后很快获救。加兰德的第二个对手也在靠近英格兰的地方跳伞落入英吉利海峡，也得到了救援。第78战斗机大队损失的唯一一名飞行员反而是被B 17机枪手错误击落的。P 47飞行员则击落了1架德机，飞行员是JG 26第5中队新来的补充兵。他带着轻伤跳伞落入索姆河口，同样很快获救。

JG 2第1大队的Fw 190和部分JG 2第2大队的Bf 109在索姆河西部发现美军第4战斗机大队的P 47和皇家空军的喷火战斗机。但是刚刚接替瓦尔特·奥绍中校担任JG 2联队长的欧根·迈尔少校命令手下绝大部分飞行员不要与敌机交手，他耐心的等到前往巴黎的2个轰炸机编队到来和护航战斗机因航程不足而离去。随后亲自率队向第94轰炸机大队发起迎面攻击，那是第4轰炸机联队（负责攻击勒布尔歇）4个大队中的领头大队。第12中队长格奥尔格·皮特·埃德尔（Georg Peter Eder）上尉当时驾驶着一架Bf 109G-6/R6 "空中炮艇"，根据他的作战报告，他在8000米高度进行了一次迎面攻击，瞄准的是领头大队右侧外围的B 17。一些碎片从飞机上脱落，那架飞行堡垒也离开了编队。埃德尔接下来从后方对同一架飞机又发起攻击，他的僚机看见有两人跳伞和轰炸机的坠毁。迈尔和他的2个大队共声称击落这个大队的6架B 17，实际坠毁的为4架。

第3战斗机指挥部被迫出动训练部队的飞机来对付前往维拉库布莱的入侵者，这是它剩下的全部的兵力了。1名JG 105作战中队的飞行员在巴黎附近击落第384轰炸机大队的1架B 17，机场高炮取得一个战果：1架第303轰炸机大队的飞行堡垒被击中后成功迫降在英吉利海峡。率领拖后联队的第305轰炸机大队离开目标地区时没有受到较大损伤，这时2架Fw 190出现了。那是欧根·迈尔少校和他的僚机，他们是JG 2仅有的两名对攻击维拉库布莱的轰炸机进行拦截的飞行员。迈尔声称取得了当天个人的第二个B 17战果，也是防御者取得的最后一个战果，击坠地点和时间都符合第305轰炸机大队的损失记录。

攻击维拉库布莱的轰炸机在返航时又遇到了险情。根据导航员伯福德的说法，它们奉命下降到14000英尺（4300米）高度接受一批喷火战斗机的护航。德国战斗机都离开了，但是包括4辆坦克在内的地面部队一路上对飞行堡垒乱射一气，直到它们离开法国为止。所有的轰炸机身上都有洞眼，但是没有1架被击落。

17日第8航空队计划出动一支332架轰炸机的超强集群空袭北德和荷兰，然而因为糟糕的天气行动最终在上午10时被叫停，有21架轰炸机轰炸了阿姆斯特丹，34架轰炸了德国的目标，这2次轰炸都没有造成值得一提的破坏，德军的拦截也不是特别热心，赫尔格兰中队的5架Bf 109T和JG 11第2大队的部分战机先出动进行了有限的战斗，赫尔格兰中队和JG 11第6中队各有2名飞行员

▲ 1943年7月14日，JG 2联队长欧根·迈尔少校（穿短裤者）站在他的一架猎物头顶上。和JG 26联队长普里勒一样，迈尔的绝大部分重型轰炸机战果都是在西欧占领区上空取得，而不是帝国本土上空

第二章：高潮的到来 /61

▲ 一名光着上身的地勤人员靠在一架 Fw 190 机身上，从引擎罩上的徽章来看这架飞机属于 JG 11 第 2 中队

宣称击落了 B 17，赫尔格兰中队损失了 1 架飞机，飞行员失踪，第 2 大队也损失了 3 架飞机。几分钟后对轰炸机更有威胁的 JG 11 第 1 大队的 Fw 190 抵达于此，不过他们的表现还不如之前的 Bf 109 们，仅有大队长克劳森上尉击落了 1 架 B 17 作为他在 JG 11 的第一个战果，但是有 3 架 Fw 190 被击落，阵亡了 1 名极为出色的中队长——第 3 中队中队长潘克里提斯（Pancritius）中尉（已经拥有了 10 架重轰击落记录）。美军虽然仅有 2 架轰炸机实际损失，但未受损伤的轰炸机也不过只有 1 架而已。

在 7 月的最后 1 周里，之前 3 个月覆盖在欧洲西北部上空的坏天气突然消失了，这就给了第 8 航空队 1 周的时间来完成到目前为止强度最大的行动。7 月 24 日至 30 日中的 6 天作战任务创造了深入距离、投弹总重量和飞行架次数的新纪录。埃克少将和第 8 轰炸机司令部新长官弗雷德·安德森（Fred Anderson）少将选择的目标都在联合轰炸总体规划中拥有高优先级别。美国陆航将第一次与皇家空军轰炸机司令部达成一定程度上的联合行动。战役没有获得 1 个正式代号，但是非官方的说法一般称其为"闪电周"。

第 8 航空队在 24 日首次攻击挪威，主要目标是位于哈略（Heroya）的铝矿、镁矿和硝酸盐工厂。守军被打了一个措手不及。JG 11 第 10 中队是在挪威的唯一一个昼间战斗机中队，在 B 17 自卫火力下有 2 名飞行员阵亡，唯一一架严重受损的轰炸机落在瑞典后被拘禁。

美军在 25 日的轰炸计划是战争开始以来最具野心的。拥有 100 架空中堡垒的第 1 轰炸机联队主力将紧跟皇家空军轰炸机司令部对汉堡的大规模夜间空袭，对汉堡的 2 个目标完成精准攻击。联队的剩余兵力将攻击基尔港的 1 个 U 艇造船厂。航程更远的第 4 轰炸机联队要轰炸罗斯托克附近瓦尔讷明德（Warnemünde）的福克-沃尔夫工厂，那是到目前为止距离最远的目标。超过 300 架 B 17 轰炸机将参与这次行动。该计划被证明太过复杂，攻击基尔的部队由 118 架轰炸机组成，他们首先放弃了任务，因为计划中空袭基尔的 2 支部队中有 1 支集结时间过晚，因此形成了 1 个线状的高度危险编队。领飞的机组飞抵汉堡后发现皇家空军在前一天晚上点起的大火仍未熄灭，他们无法找到目标。仅有李梅上校的第 4 轰炸机联队算是执行了 1 次成功的任务，但是也因云层原因无法向主要目标投弹，转而轰炸次要目标基尔，基尔的德军拦截力量（主要是 JG 11 第 1 大队和赫尔格兰中队）及高炮火力都相当强烈，德军宣称击落了 23 架空中堡垒而李梅实际仅损失 4 架轰炸机，另有 2 架重创迫降，51 架不同程度受损。

德国防御者也有他们自己的问题。荷兰-鲁尔区战斗机指挥部被留在了自己的防区，这样面对入侵者的实际上只有德意志湾战斗机指挥部，它准确地推断出了美军的攻击目标，它的数个战斗机单位在第4轰炸机联队到来后起飞，结果后者出人意料的将航线调向北方，迫使短航程的Bf 109返回基地加油。仅有2个大队在攻击汉堡的部队完成最终转向前发起攻击。其中一个就是施佩希特少校的JG 11第2大队，他们进行了2次迎面攻击并一直从汉堡追到了北海。取得最大成功的是沃尔夫冈·格勒菲尔德（Wolfgang Gloerfeld）少尉，他当时驾驶着1架实验型Bf 109G"空中炮艇"，两翼下各吊有1门30毫米机炮。格勒菲尔德的第二次攻击直接敲掉了一架第379轰炸机大队B 17的整个飞行安定面。他随后撞击了那架飞机的尾翼，跳伞后因包括头骨在内的多处骨裂而离开前线，直到11月才返回。遭受撞击的B 17并没有立刻坠落，甚至可能还在编队中呆了一段时间。同一单位的另外2架飞行堡垒也在这次攻击中受重伤，1架最终坠毁，另一架则带着1名死亡的飞行员抵达英格兰。施佩希特的大队返回耶弗尔加油并补充弹药，但是未能赶上离去的轰炸机编队。它的第一次作战任务是一次"教科书式的攻击"，但是仅收获击落2架B 17的战果，代价是5架飞机和4名飞行员受伤。施佩希特那晚的报告可能比平时更为刻薄，他的大队装备的Bf 109G在对抗紧密的B 17编队时威力明显不足。

另一个对攻击汉堡的部队进行早期拦截的是米特乌施上尉的JG 26第3大队。没有关于这次作战的任何细节留下来，只知道德机确认有3架B 17被摧毁，自身有

▲ JG26第3大队长米特乌施上尉正在准备起飞出击

2架Bf 109G-6在迫降时损毁，还有第3架飞机受伤。他们声称的战果完全无法对上任何美军的损失记录，标准梅塞施密特战机的火力再次被证明不足以完成它的任务。

没能阻止美军轰炸目标区的德意志湾的指挥官将剩余作战单位（JG 11第2大队和赫尔格兰中队为主）组织起来对抗返航的汉堡轰炸机部队，它们还得到了JG 1第2大队和第3大队的协助，JG 1首先应战的第2大队在交锋中宣称击落了2架敌机，而己方无损失；稍后赶到的第3大队由大队长李斯曼少校率先打的1架空中堡垒脱离编队，不过大队长本人随后也被自卫火力直接打死在座舱里坠入北海（大队长随后由罗伯特·奥勒吉尼克上尉继任），JG 11第2大队宣称击落了2架轰炸机，4名飞行员负伤，赫尔格兰中队则宣称取得了2架战果。驻扎在荷兰的夜间战斗机也在轰炸机穿越北海时拍马赶到。第1轰炸机联队在这次任务中共损失了15架B 17，绝大多数都是在被汉堡市高炮击伤后坠落的，另有67架轰炸机损伤。德军损失7架战斗机，一位优秀的大队长阵亡（李斯曼曾荣获骑士十字勋章，阵亡时拥有37架战果），5人负伤，2人被俘（1架落海夜间战斗机的机组，被1艘皇家海军鱼雷艇救走）。

哈里斯虽然希望能够继续对汉堡施压，

但是由于烟雾大到连区域轰炸都无法完成，因此在 25 日晚将轰炸机派往埃森。美军轰炸机指挥官则集结起了 207 架空中堡垒决定在 26 日重返汉堡，25 日错过攻击目标的第 1 轰炸机联队同样的 6 个大队将再一次做出尝试。第 1 轰炸机联队余部和第 4 轰炸机联队共 96 架空中堡垒则前往汉诺威完成另一个复杂的诱敌行动，但是它们未能完全按照计划行事。虽然给作为目标的合成橡胶工厂造成了一定破坏，不过这次德军的各个指挥机构成功地完成了一次协同指挥行动，美军在来去路上先后遭到了 JG 11 全队（附加赫尔格兰中队），JG 1 全队和 JG 26 第 3 大队的大规模拦截，NJG 1 和 NJG 3 这两个夜间战斗机联队也参加了战斗，德军宣称击落了 24 架轰炸机（JG 1 宣称击落 6 架重创 1 架，JG 26 宣称击落 3 架，JG 11 和赫尔格兰中队宣称击落 11 架轰炸机，夜间战斗机宣称击落 4 架轰炸机），而美军实际有 24 架轰炸机未能返航以及 3 架轰炸机重伤报废。德意志湾的 Bf 109 并没有猛烈攻击汉堡方向的轰炸机，可能是在指望高炮能够打破轰炸机的紧密编队。但是这次高炮的表现远不如前一天优秀，攻击汉堡的部队仅损失 2 架轰炸机。4 名德国飞行员在 B 17 的火力下身亡，1 人失踪。

欧陆的天气在 27 日恶化，因此美军这天没有行动。然而哈里斯却决定在晚上重新开始汉堡战役。英军的计划和 24/25 日夜几乎毫无区别，只是将携带的燃烧弹比例增大。德国的夜间防空依然对于铝箔干扰条没有好的应对方法，因此英军预计损失应该不会太大。事实证明确实如此，市内燃起的火焰风暴消耗了大量氧气，绝大部分遇害者都是窒息身亡而不是被烧死的。当晚的死亡人数约为 4 万，创造了区域轰炸战役的新纪录。在接下来 29/30 日的夜间空袭后，约占总人口 2/3 的 120 万人逃离了该城。汉堡的工业产量花了 5 个月的时间才达到空袭前 80% 的水平，而且从未能够完全恢复过来。

美国人到现在为止还未能取得这么大的

▲ JG 1 第 3 大队长卡尔·海因茨·李斯曼少校，1943 年 7 月 25 日在北海上空阵亡

▲ 1943 年 7 月 26 日的法国里尔基地，JG 26 第 6 中队长约翰内斯·瑙曼上尉坐在他的 Fw 190A–6 战机内

胜利。他们的计划是一次一个的消灭掉德国的重要战争工厂，既不希望也没有能力摧毁整座城市。他们在28日重新开始自己的作战，打算袭击两个重要的Fw 190工厂。第1轰炸机联队的182架B 17将目标锁定在卡塞尔，第4轰炸机联队的120架B 17则前往奥舍斯莱本。因为德军强有力的拦截和糟糕的天气及导航，几乎没有一架轰炸机成功攻击了预定目标，25架轰炸机被击落或在返航后被销毁，118架受损。由于2个目标都在深远的内陆，德意志湾和荷兰-鲁尔区战斗机指挥部能够引导它们的战斗机大队全程持续攻击轰炸机编队。施佩希特的JG 11第2大队对来袭的第4轰炸机联队完成了一次非常成功的攻击。它的第5中队有11架Bf 109在编队上空投下250千克炸弹，约翰尼·费斯特（Jonny Fest）中士投下的炸弹直接命中了1架第385轰炸机大队的飞行堡垒，它在坠落过程中还撞下了另外2架B 17。费斯特就这样获得了3次空战胜利，这是空对空轰炸所取得的最佳战绩。轰炸机编队逐渐被德军攻破，诺克中尉迅速率领中队发起近距离攻击。诺克驾驶的全新Bf 109G-6/U4安装一门30毫米机炮，它被证明是对抗重型轰炸机的利器。诺克击落了1架B 17并迫使另一架离开编队，由他的僚机对其完成最后一击。大队共声称击落第4轰炸机联队的12架B 17，自身仅损失2架Bf 109，1名飞行员负伤。之后前来的第1大队得益于美军松散混乱的编队，他们宣称击落了4架轰炸机（2架属于大队长克劳森上尉），仅有1架战斗机被击落，飞行员幸存。此后一系列凌乱的空战从10点达到了12点15分，又有5架轰炸机被击落，1架受创脱队。

同样的B 17编队在返航到荷兰时遭到了JG 1第1大队的攻击，大队副官艾本哈德·布

▲ 被德军迎头攻击重创的一架B 17

拉特（Eberhard Burath）回忆道："我的大队长之前告诉我他想要在远处观察一次迎面攻击，而由我领导这次攻击。我们在荷兰北部上空赶上了1个轰炸机编队。他（大队长）爬升到右边的位置，现在轮到我了。飞到（轰炸机）前方约3公里后，我轻轻摇动机翼向大队发出信号，接着进行180度转向并向编队中央迎面飞去。我向周围瞄了一眼后大吃一惊，我落单了！远远领先于大队的其他飞机。这样美国佬就可以将防御火力集中对准在我身上，而不是被其他飞机所分散。我看到了密集的弹幕尾迹，于是将身体尽可能的蜷缩在巨大的星形发动机后面。我看见我飞向的那架B 17进入了瞄准具内，于是简短的按了下扳机。随后完成破S机动，座舱内冒出了烟雾，所幸电火花没有引起火灾。荷兰拥有美丽的农场。我发现了一处适合降落的地点，但是飞机似乎不想停留在这里，我把它翻转过来后差点迎面撞上一条堤坝，然而我的机翼首先触地，带着我旋转了约180度。我深翻在一块土豆田内，身上沾满了土豆泥。接下来就是暴风雨过后的和平宁静，我感谢我的守护天使，打开座舱并从土豆堆中爬出。我的飞机看起来并不坏，虽然看起来比以前矮了20公分。"布拉特攻击的是第95轰炸机大队，其在这次作战任务中有3架B 17被

战斗机击落。他身后的战友声称击落 2 架敌机并使另一架脱离编队,己方则阵亡了 1 名年轻的新飞行员。

当天最重要的技术改进来自美方。由于等不及经过正规设计的辅助油箱到来,第 4 战斗机大队在 P 47 下自行添加了可投掷的油箱,这就使得他们可以在德荷边境地区的埃默里赫(Emmerich)接应返航中的 B 17。美国战斗机的突然出现打破了 JG 26 第 1 大队和 JG 3 第 1 大队攻击第 1 轰炸机联队的如意算盘。原鹰中队的飞行员迎来了最美好的一天,声称击落 9 架敌机,自身仅有 1 架被 JG 26 第 3 中队的赫米兴上尉击落。德军的实际损失是 JG 26 的 2 架 Fw 190 和 JG 3 的 4 架 Bf 109,每个大队都仅声称击落 1 架 B 17。当天的战斗在雷电的出现前很明显是对守军有利的。第 2 战斗机指挥部、荷兰 – 鲁尔区战斗机指挥部和德意志湾战斗机指挥部出动的作战单位中仅有 2 个未能与敌机接触:JG 26 联队司令部大队(普里勒的联队司令部小队再加上 2 个中队)和它强大的第 2 大队因为糟糕的导航问题而未能发现轰炸机编队,不过他们随后意外地遭遇了一群皇家空军的喷火并损失了 1 架福克 – 沃尔夫战斗机。这天对于美军而言并不是个好日子,22 架轰炸机被击落,5 架轰炸机重创报废,一直以来坚如磐石的轰炸机编队防御作战受到了有力挑战。

29 日第 8 航空队攻击了基尔的 U 艇船厂和瓦尔讷明德的一个亨克尔飞机工厂。P 47 再次执行了高空扫荡作战,但是德国拦截机都离得远远的,德军把主战场放在了荷尔施泰因 – 石勒苏益格和赫尔格兰岛,参战的 JG 26 第 3 大队击落 3 架轰炸机,损失 3 架战斗机并有 1 名飞行员受伤。JG 11 也不甘落后,宣称击落 5 架轰炸机,4 架 Bf 109 和 1 架 Fw 190 被击落,还有 1 架 Bf 109 受损,1 名飞行员受伤,事实上当天有 10 架 B 17 被击落,2 架重伤报废,69 架被击伤。当天唯一值得一提的是德军的技术创新,WGr 21 空空火箭弹首次投入作战使用。这些由 21 厘米重型火箭炮弹改装而来的火箭安装在翼下的发射器内。JG 1 和 JG 11 在这次作战中都使用了火箭弹,JG 26 第 3 大队的 2 个中队也将在一周内装备它们。虽然谈不上什么射击精度,但是它们可以在轰炸机机枪射程外的地方完成发射。德军希望火箭弹能够打散轰炸机的紧密编队,因此一发近失弹被看做和直接命中具备同样好的效果。火箭弹携带 40.8 千克炸药,离开刻有膛线的发射管后通过自身旋转而不是尾翼来维持稳定飞行。不过挂装了火箭弹的战斗机性能会有较大下滑,但是这并不是设计该武器时需要考虑的问题,因为这时盟军护航战斗机还不具备抵达德国的航程。

闪电周在 30 日宣告完结,当天美军攻击了卡塞尔的 2 个 Fw 190 工厂。剩余所有可以使用的 186 架 B 17 都参与了这次行动。轰炸机的航线正好要穿过荷兰 – 鲁尔区防空的核心地带,轰炸机奉命组成一个单独的大型编队以便于相互保护和护航机的行动。美军的

▲ 美军照相枪下一架挂载着 WGr 21 火箭弹的 Fw 190 战斗机

意图很早就被看透，德国指挥官能够有时间集中4个战斗机指挥部的力量对付第8轰炸机司令部。德国防空战斗机空前的出动了285架次，其中有40架次属于二次出击。第2战斗机指挥部将JG 2派往东北方，德意志湾战斗机指挥部将JG 11派往西南方，及时聚集在轰炸机可能的撤退路线上，不过最终只有第3大队参与了作战（宣称击落2架B 17，飞行员死伤各1人），JG 11的主力错过了这天的激战。

美国陆航和皇家空军的轻、中型轰炸机在清晨袭击了翁斯德雷赫特和史基浦，使得JG 26第1大队和JG 54第3大队无法对付来袭的重型轰炸机，而在7时50分派出的JG 2第2大队和JG 27第3中队却飞到了美军航线的北方，同样未能攻击美军轰炸机。因此很明显只有里尔的JG 26联队司令部大队和门兴格拉德巴赫的JG 3第1大队在轰炸机抵达卡塞尔前进行拦截。JG 26编队（包括联队指挥部小队，第8、10、11中队）在喷火返航后攻击并声称击落6架B 17，随后降落在安特卫普等地进行补充。这些战果中有3个得到证实，自己则被轰炸机自卫火力击落1架Fw 190（飞行员受伤）。JG 3第1大队进行了半个钟头的战斗，声称击落2架B 17，但自己也损失2架Bf 109。

没能阻止美军轰炸的德军把希望又压在了美军返航的路途上，第2战斗机指挥部将JG 2第1大队从第3战斗机指挥部要了过来，同时德军计划动用之前预备的JG 1联队了发起一次全力攻击。不知是出于意外还是提前商量过，3个P 47大队全部分配到了掩护撤退的任务。所有拥有辅助油箱的飞机都在这天放弃了高空扫荡作战，转而近距离保护美国轰炸机。12个德国战斗机大队追上了撤退中的轰炸机，但是它们对轰炸机的攻击由于美国护航机在博霍尔特上空的出现而被迫提前结束。3个大队（第4、56、78战斗机大队）的107架P 47发现轰炸机正遭到"150至200架德国战斗机"的攻击，其中许多德军战斗机在躲开美军的首轮攻击后将注意力转向这些雷电。结果就是引发了开战以来美德战斗机之间的最大规模战斗。JG 1联队的飞行员们宣称击落了1架喷火，3架雷电和3架空中堡垒，但却损失高达11架战机，7名飞行员阵亡，2人受伤；由加兰德少校带领的JG 1联队的飞行员们宣称击落了3架雷电和2架空中堡垒，并使1架B 17脱队，但却损失高达10架战机，5名飞行员阵亡，1人受伤；由加兰德少校带领的JG 26第2大队宣称击落2架B 17和2架P 47，自己则损失了7架战机，5名飞行员伤亡，联队的第3大队虽然也参与了战斗但因为油料告罄，仅仅战斗了4分钟就被迫返航，最后赶来的第1大队由赫米兴上尉斩落1架空中堡垒，随后便卷入了战斗机战，赫米兴上尉再次击落1架雷电，大队在这轮截击中损失1架飞机及其飞行员。美军的护航机则声称击落德国战斗机24架，可能击落1架，击伤8架，损失7架雷电，

◀ JG 1的王牌飞行员汉斯·劳恩军士长在一架Fw 190A-5中，他的个人总战绩11架，1943年7月30日被美军护航机击落身亡

这其中包括了首次执行作战任务的第 78 战斗机大队大队长。当天帝国防空军共有 14 名飞行员阵亡，12 人负伤，27 架战斗机被摧毁，13 架受损。伤亡者中包括多名中队长（JG 1 联队第 2，第 3 中队长均阵亡），严重打击了部队士气并影响了今后的作战。

德国防空指挥官想必对当天的结果感到十分失望。国防军每日公报声称摧毁 60 架 B 17，然而实际数字要低得多（17 架 B 17 被摧毁或销毁，82 架受损）。这次集中出击的防空战斗机数量比之前都要多，指挥和控制程序运作良好，一切似乎都预示着一场大胜。然而这并没有发生，都是因为雷电的出现和比以往更具攻击性的表现，防空战的未来看起来似乎突然失去了希望，一时间各部队都进行了大范围的检讨和总结，各联队部、师部和军部的高参，指挥官们也赶赴基层对大伙打气，力图重振雄风。

第 8 航空队的指挥官对闪电周的结果十分满意，他们还得到了来自华盛顿和伦敦的贺电。但是作战单位本身则已经精疲力竭。除去对挪威的那次攻击，6 次空袭使第 8 轰炸机司令部损失了 87 架飞机，占出动 B 17 总数的 6.7%，以及实际进行轰炸总数的 10.4%。接下来的 11 天司令部都按兵不动。按照埃克和安德森的说法，这一周的主要教训就是他们需要更多的轰炸机和战斗机。很明显两位先生都没有看清最大的教训，那就是远程护航战斗机的重要性。接下来他们还将继续策划深入内陆的作战任务，那些目标都远远的超出了 P 47 的航程。

帝国伟大防御体系的建立

虽然希特勒通常并不关心平民的死伤情况，汉堡在火焰风暴后的无序状况还是令他感到十分震惊。他告诉自己的军事官员这次空袭对德国人民的意志产生了巨大冲击，需要将绝对重点放在帝国防空上。米尔希立刻召开了一次防御会议（参加会议的有米尔希，加兰德和他们的幕僚）来讨论如何最好的利用国家优先事宜转变的机遇。米尔希等人实际上对昼间空袭的担忧远比夜间空袭要大，希特勒的爆发给了他们机会来增强昼间防空部队。他们经常辩称对汉堡的昼夜反复轰炸才造成了如此大的破坏，严格来说这并不正确。虽然德国防空规划者一直担心美英两国的战略轰炸机会进行密切合作，然而这实际上并未发生。

米尔希作为德国空军的二把手曾经担任过很多重要职务，但是在这里他最重要的角色是德国空军军械部长。他开始计划大量提高 Bf 109、Fw 190 和 Me 410 昼间战斗机的产量，这是仅有的几种可以立刻投入使用的型号。米尔希在梅塞施密特公司浪费了大量资源后于 1942 年取消了 Me 209（Bf 109 的后继机型）项目和 Me 210（Me 410 的前身机型）项目。米尔希试图加快 Me 262 的研发进度，这也得到了加兰德将军的热情支持，但是这种革命性的喷气战斗机距离在前线服役可能还需要一年之久。现在他所能做的就只有加大成熟机型的产量。

有效的加强帝国防空军的实力需要的不仅仅是硬件。更多的飞行员，更多的作战单位和一个更高效的组织同样是必要的。德国空军混乱的结构和柏林方面遍布的内部斗争都给米尔希和加兰德带来很多问题。资源是有限的，增强本土防空就必然要以削弱国防军的其他军种为代价。飞行训练之战已经因为燃料短缺而失败，7 月仅提供了德国空军要求人数的 40%。增加战斗机部队的作战人员

▲ 德国空军在指导新飞行员攻击美军轰炸机时所使用的模型道具

▲ 野猪部队创始人哈约·赫尔曼，这些原本打算用于夜间战斗的部队后来成为了末期昼间防空战主力

数量需要帝国元帅戈林和他的总参谋长耶顺内克进行通力合作，然而这方面的进展很缓慢。帝国防空军的组织依然是分散而低效的，集中指挥的工作正在进行中，但是在秋季到来前不会有什么真正的成果。

增强帝国防空军的力量可以通过3种方式实现：组建新单位，扩充现有的帝国防空军单位，从其他战场抽调单位。在这3条路中，组建新单位是最困难的。德国空军直到1935年才成立，其专业军官团规模极小。优秀的作战指挥官和编队指挥官因为作战损失始终是最为稀缺的资源，但是优秀的参谋军官对于1支作战单位来说同等重要，而他们的数量完全不足。那些掌管多个战斗机联队的师级司令部也缺乏作战经验丰富的校官和将军。1943年第三季度仅有2个新的单发昼间战斗机单位加入帝国防空战中，JG 25和JG 50在捕捉蚊式的作战中并不成功，于是就被添加到帝国防空军的常规作战序列中。虽然挂着战斗机联队的称号，它们实际上仅拥有一个大队，但是队内还是有很多作战经验非常丰富的东线飞行员可以尽力一拼的。

这段时间德国成立的唯一一个全新昼战单位是JG 3第4大队，然而它却并没有参加帝国防空战，而是在希特勒的命令下南下意大利，以鼓励墨索里尼继续战斗。6月底开始组建的一个新夜间战斗机联队最终将在昼间防空战中扮演重要角色，但是在1943年它反而消耗了昼间战斗机的资源。这个联队就是JG 300，源自于原轰炸机飞行员哈约·赫尔曼（Hajo Herrmann）少校的灵感。1943年初夜间战斗机的作战都是在地面人员的紧密控制下进行的，每个地面指挥员一次只能引导1架战斗机，皇家空军通过增加出动轰炸机的密度使这一系统开始失效。赫尔曼主张在夜间使用单发战斗机，它们并不接受地面的指挥，依靠探照灯光和燃烧的火光寻找目标。他获得授权成立一个实验单位，由于皇家空军的铝箔干扰条使德军的雷达无法使用,赫尔曼的单位被迫在还不成熟的条件下匆忙投入作战。它不久后就扩充为完整的联队,并且获得了"野猪"的昵称。JG 300最初没有任何飞机和地勤人员,只有一些飞行员,他们临时住宿在昼间战斗机单位的基地内并向它们借用飞机执行夜间任务。这明显降低了昼战部队的力量(被借调战斗机的主要是JG 11和JG 1,而他们正是本土防空战的核心力量),尤其是随着冬季的到来。野猪飞行员在降落事故中损失的飞机数量远多于作战损失。他们的主力战斗机Bf 109即便在白天降落也是一件很困难的事情,因此许多飞行员实际更希望在夜间作战中使用Fw 190。

加兰德将军早在1943年初就开始要求扩充现有的帝国防空军飞行部队。他希望将每个大队的中队数量从3个增加到4个,每个中队的战斗机数量从12架增加到16架。这样一个满编的战斗机联队战机数量将由124架增至208架。这一简单的权宜之计可以降低对新参谋军官和指挥军官的需求,所需的仅是飞机、飞行员、地勤人员和少数中队级别的作战指挥官,但是即便如此低的要求也因为其他前线的战事而无法立刻得到满足。1943年上半年所有"过量"生产出来的战斗机都被输送给了地中海战场,那里的绝大部分作战单位都被重建了2次。德国在东线的最后一次大规模攻势也消耗掉了第三季度产出的大量飞机。结果仅有第3航空队的2个战斗机联队(JG 2和JG 26)在9月底扩充至12个中队。加兰德的最终希望是给每个帝国防空联队增添一个第四大队,将联队的满编飞机总数提升至276架。但这个目标根本不现实,就以极为精锐的JG 26联队为例,他们在43年中旬虽然一度达到了拥有208架飞

机的庞大规模,但很快实力就因为战斗消耗而大大下滑,在43年晚些时候每个大队的编制数仅仅能达到45架左右,而可出动的数量则只有其中的三分之二,至于到了43年底,情况就更糟糕了,平均每个大队仅拥有30多架飞机,而其中只有20架可供日常出勤,至于基层指挥官的紧缺就更无法估量了,除了战损和外调外,还有相当数量的非战斗性损失,比如第7中队中队长科彻(Kelch)上尉就在7月31日因为试射WGr 210火箭时发生炸膛阵亡。相比JG 26,JG 27等补充优先程度更低的联队状况就可想而知了,JG 27第1大队先是在6月11日损失了他的第3中队长维考中尉(个人战果32架),在7月底的一系列作战中仅仅击落喷火和B 17各1架却有10架飞机和4名飞行员损失,虽然在7月29日他们得到了40架Bf 109G-4和G 6的补充,但半个月后他们才再次具备作战能力。

自从米尔希获得加强本土防空的许可后,从东线和南线抽调战斗机大队的工作进展顺利。拥有4个大队的JG 3成为了德国南部第5战斗机师的核心,但是后来又被转移到第4战斗机师以保卫柏林。JG 27的四个大队都将从他们所在的战线转移,最终将集中在奥地利的东部边区战斗机指挥部(后来更名为第8战斗机师)。JG 53和JG 77的大队也一个接一个的从南方战场返回重建,但是它们未能以一个完整的联队参加帝国防空战,而是作为独立大队加入不同的战斗机师,而且日后的作战表明这2个曾有着辉煌历史的老牌联队已经元气大伤再也打不出往日的战斗力。绝大多数回归的大队都在帝国防空战中经历过一段困难时期,在数周或数月内就失去最初的大部分飞行员。JG 51第2大队的战史则略有不同。它在8月中旬从意大利来到慕尼黑进行重建,10月就

被投入到对抗美军深入空袭的作战中。大队的表现极为优秀，然而不久后还是被送回意大利。它将作为1个独立大队在战争的剩余时间里留在南方和东南方战场。

3支新部队在1943年秋陆续加入帝国防空军，它们是ZG 1、ZG 26和ZG 76。双引擎的Bf 110驱逐机在战争爆发时是戈林偏爱的护航机，但是在不列颠空战中被证明无法胜任这一角色。很多驱逐机单位就成为了早期夜间战斗机部队的基础，失去了它们驱逐机部队的名号，剩下的少数单位则沿用旧名执行为海军护航和对地支援的任务。柏林方面认为Bf 110及其后继机型Me 410（航速超过Bf 110大约80千米每小时，但是灵活性性，可靠性，安全性都更差，机身易损且飞行员逃生困难）的强武备将使它们在没有护航机存在的情况下成为理想的轰炸机猎手。Bf 110夜间战斗机已经在该作战中展现出了潜力，它们的机组甚至都没有得到专门的训练和技术指导。因此在年中，德国空军将分散在东线和地中海前线的驱逐机大队召

回并重组为帝国防空单位。经过一段时间的重组和补充ZG 26成为了1个拥有3个大队的完整联队，它的1个Me 410大队（第2大队）和2个Bf 110大队（其中第3大队使用了GM 1发动机注射剂）驻扎在汉诺威附近。ZG 76的第1大队由装备Bf 110的侦察机中队组成，第2大队由训练单位和夜战部队组成，第3大队则由ZG 1第1大队为基干组建，但直到次年2月之前都严重缺编新飞机和人员，ZG 76两个可用的大队现在都位于德国南部。ZG 1这时拥有3个大队，它的第2大队在加入帝国防空军后依然接受联队直接指挥。原来的第3大队则更名为ZG 26第2大队，新的第3大队在法国完成组建，随后和ZG 1第1大队一起使用Ju 88战斗机在法国西海岸作战。与此同时，新的驱逐机训练单位ZG 101由两所飞行航校为基干在巴伐利亚州的梅明根（Memmingen）组建，ZG 26和ZG 76也各自成立了2个预备训练中队。

在空军领导层里米尔希是Bf 110驱逐机的头号支持者，在获知了驱逐机在对抗重型

▲ 挂载着WGr 210火箭弹和B2油箱进行巡逻的Bf 110G-2，大航程强火力是它的突出特点

◀ ZG 26 的一架 Bf 110G-2，携带火箭弹的双发驱逐机在 1943 年秋季被证明是相当高效的防空武器

轰炸机时的出色表现后他认为："我们必须把所有的赌注都压在 Bf 110 身上，Bf 110 不仅在夜间的战斗中有着极为出色的表现，它同样可以被用于昼间的帝国防空作战，相比于其他类型的战斗机，它有着一个巨大的优势就是它公认的大航程。在 43 年 8 月雷根斯堡的血战后，敌人的轰炸路线改从为南部的地中海战区航线，我们的双发驱逐机仍然可以飞过因斯布鲁克赶来参与作战并给对手造成巨大的损失。这完全不是 Bf 109 和 Fw 190 战斗机可以取得的成绩，因为这些单发战斗机的短腿使得他们只能承担局部地区防空作战，而不具备跨区域远程机动转移的能力。因此 Bf 110 在帝国防空战中的作用显得尤其重要，其装备应该受到特别的重视。"

强火力和远航程的驱逐机是对帝国航空军的有力增援。Bf 110 和 Me 410 都可以携带 4 根 WGr 21 火箭发射管以及各种型号的 20 毫米和 30 毫米机炮。希特勒最希望给 Me 410 安装的是 50 毫米口径 BK 5 机炮，由陆军反坦克炮改装而来。机炮得到了量产并在 44 年初装备了一个完整的大队（ZG 26 第 2 大队），但是它的供弹系统明显不适用于空战，通常在射出一发炮弹后就会卡住。

另一个双发战机单位需要提一下，虽然它呆在帝国防空军的时间很短。5 月，KG 51 第 1 大队（一支常规的 Ju 88 轰炸机部队）从苏联返回德国。它没有任何飞机，将被重新训练为一个 Me 410 驱逐机单位。对于飞行员来说幸运的是当前没有 Me 410 可用，于是他们接受了数月的训练像战斗机飞行员那样驾驶 Bf 110。他们最终收到的是早期的 Me 410A-1（快速轰炸机型），由于只拥有单级增压器，它的最佳作战高度仅为 3000 米，完全不适合执行原定的作战任务。大队长克劳斯·哈伯朗（Klaus Häberlen）上尉（骑士十字勋章获得者，一位老资格的优秀指挥官）写给柏林的抗议信根本无人理会，他的部队在 9 月投入战斗，预计不会取得什么好的战果。

在这里需要列出一个自 1942 年底以来帝国防空军各季度昼间战斗机总数的表格。我们将德国空军中央司令部和第 3 航空队定义为帝国防空部队。中央司令部的实力通过各种手段已经得到迅猛增长，但是需要注意的

帝国防空军各季度昼间战斗机部队实力

日期	指挥部	满编数量	拥有数量	可用数量
1942.12.31	中央司令部	164	179	146
	第 3 航空队	308	291	220
1943.3.31	中央司令部	260	185	138
	第 3 航空队	213	269	209
1943.6.30	中央司令部	512	387	301
	第 3 航空队	404	353	252
1943.9.30	中央司令部	1000	815	533
	第 3 航空队	416	289	179

是可用飞机数量实际很少，在 9 月 30 日仅达到满编总数的 50%。

B 24 大队在 6 月份从第 8 轰炸机司令部的作战序列中消失了。它们飞到北非为低空袭击罗马尼亚普洛耶什蒂的浪潮行动（Operation Tidal Wave）做准备。作战在 8 月 1 日开始，幸存下来的轰炸机又在 13 日袭击了奥地利维也纳新城的 Bf 109 工厂，守卫那里的仅有工厂保卫小队的 4 架 Bf 109。B 24 接下来还轰炸了位于意大利的数个目标，之后返回英格兰。

空袭给 Bf 109 工厂带来极大破坏，使其减产 2 个月之久。战略轰炸的第二战场已经开启。德国空军高层赶紧加强奥地利、匈牙利和捷克斯洛伐克的防空力量。东部边区战斗机指挥部是指挥战斗机作战的组织，它的下属单位之一，JG 27 第 1 大队后来从法国前线调离至明斯特，后进驻马尔克斯多夫（Markersdorf）。JG 27 第 3 大队在维也纳进行重建，将被尽快恢复到作战状态，不过因为在北非的战斗中损失了太多的骨干核心，这 2 个大队已经不可能恢复到往昔的强盛状态了，2 个 JG 27 大队都装备的是 Bf 109。类似的紧急调令也传给了装备 Bf 110 的 ZG 1 第 2 大队，它这时正在洛里昂休整。

留在英格兰的 B 17 部队在闪电周后获得了一段时间来休息和补充。它们在 8 月 12 日集中起了 330 架空中堡垒和 131 架雷电重返德国，对波恩和波鸿进行了一次不成功的空袭，因为轰炸机与护航机的配合出现了失误，8 时 45 分最先出发的是 JG 27 第 1 大队的十余架 Bf 109，他们的攻击似乎结果不错：宣称击落 5 架轰炸机并重创 1 架，只损失 2 架 Bf 109。随后赶到的 JG 1 联队第 1、2 大队轻松地发起了攻击并打下了 7 架轰炸机，重创另 1 架，但也付出 8 架战机毁伤并损失 2 名飞行员的代价，与此同时 JG 26 联队司令部大队和美军第 56 战斗机大队的雷电发生了交火，以被击落 1 架福克 - 沃尔夫战斗机的代价击落了 1 架轰炸机，JG 26 第 2 大队则乘着美军护航机不在的机会发起了长达半个小时的无阻碍攻击，宣称击落 4 架轰炸机，1 架福克 - 沃尔夫战斗机受损报废。当天美军共损失了 28 架轰炸机（拥有 133 架轰炸机的第 1 轰炸机联队因为返航较迟而蒙受了惨重损失，25 架轰炸机被击落，103 架被击伤；返航较早的第4轰炸机联队仅损失3架轰炸机）。15日和16日的作战都是短途的，轰炸机在全程护航下攻击了法国、比利时和荷兰的德国空军基地。B 17轰炸了弗利辛恩、亚眠、普瓦、里尔－旺德维尔、维特里、勒布尔歇和阿布维尔。B 26中型轰炸机则前往圣奥莫尔、翁斯德雷赫特、阿布维尔、伯奈、博蒙和康切斯。轰炸机机组并不知道，这些作战的目的是削弱德国空军的外围防线，为另一次深入空袭做铺垫，那将是空战开始以来最具野心的行动。

15日和16日遇袭的机场中仅有半数驻有战斗机。JG 2的基地受损严重，JG 2的3个大队全部奋起反击，然而美军第4战斗机大队的雷电护航地很好，只有4架轰炸机被击落，美军以3架战斗机的代价宣称击落18架德机，可能击落2架，击伤7架，JG 2联队有14名飞行员死伤，宣称击落4架B 17和3架P 47。JG 26只有位于里尔－旺德维尔的联队部遭到攻击，它通过简单地转移到附近的里尔－诺德机场就重新投入到战斗中。德国空军防空指挥官已经对一些部队进行调动，准备应对可能到来的对帝国工业心脏（特别是鲁尔区）的昼间空袭。JG 26第3大队从诺德霍尔茨转移到阿姆斯特丹－史基浦，这虽然也是个靠近海边的基地，却处在美机前往鲁尔区的直接航线下方。

▲ 1943年夏，JG 2第9中队长约瑟夫·沃姆海勒少尉在他的Fw 190A-6前

美军的秋季危机
第一次施韦因富特－雷根斯堡空战

施韦因富特拥有德国的许多家滚珠轴承厂，雷根斯堡则是梅塞施密特战斗机的一个主要生产基地，它们都是联合轰炸名单中的高优先级目标。两个城市都远远超出了美军护航机的航程范围，但是第8航空队此时承受着巨大的压力，急于立刻取得较大的战绩，这样安德森将军的参谋部就设计出了这个在8月17日一天里轰炸2个目标的大胆计划。在计划的最终版本中，较小的第4轰炸机联队（146架B 17）将首先起飞，以最近路线前往雷根斯堡，所有可用的P 47掩护它至德国边境为止。完成轰炸后它将继续向南越过阿尔卑斯山脉并降落在北非。更大更有经验的第1轰炸机联队（230架B 17）将在15分钟后出动，轰炸施韦因富特后返回英格兰。全部P 47将二次出动，掩护第1轰炸机联队。美军希望这一新颖复杂的联合作战任务会迷惑德国指挥官并消耗他们的飞行员。计划的最大缺陷（除了依赖绝佳天气和精确的时间安排外）是第1轰炸机联队的轰炸机航程有限，出动和返航时都必须采用最直接的航线。而德军方面在之前的几个月就已经计划将防空战斗机集中部署在任何美军深入空袭可能采取的路线上。德国飞行员现在都获得了标注机场位置的地图，这样那些从最遥远基地赶到战场的战斗机也可以在完成一次作战后找到它们，快速补充并立刻执行第二次作战。

英国的天气将这一本来就问题重重的作战转变为一场灾难。当天早晨西欧上空的天气绝佳，除了B 17基地，那里被雾气所笼罩。计划被匆忙修改。第4轰炸机联队需要日光来降落在不熟悉的北非机场，因此只能等待1个小时后就必须起飞。护航计划得到了明显

▲ 瓦尔特·格拉布曼上校（戴墨镜者）搭乘一架 Bf 110 视察位于荷兰的空军基地

修改，仅有 2 个 P 47 大队随第 4 轰炸机联队出动，另外两个则留下来等待第 1 轰炸机联队。第 1 轰炸机联队缺乏在恶劣天气下起飞的经验，将它的作战时间推迟了 3 个半小时。然而这段时间还不足以让 P 47 护航机从它们的第一次作战任务中返回、加油和补充弹药，这样掩护施韦因富特大部队出击的只有 2 个 P 47 大队和短程的皇家空军喷火战机。另外 2 个 P 47 大队（第 56 大队和新来的第 353 大队）需要执行两次任务，支援雷根斯堡部队的出击和施韦因富特部队的返回。绝大部分德国战斗机大队在一天执行两至三次任务时都没有困难。

B 17 基地在黎明前进行的无线电调试给了德国指挥中心足够的时间警惕一次深入空袭的到来。荷兰-鲁尔区战斗机指挥部指挥官沃尔特·格拉布曼上校在 8 时要求他的 7 个战斗机大队进入一级战备状态。当雷根斯堡部队越过英国海岸线后，他在 10 时 48 分出动卡尔·博里斯上尉的 JG 26 第 1 大队（驻翁斯德雷赫特基地）。5 分钟后 B 17 笔直奔向荷兰沿岸的意图就明显暴露出来，于是克劳斯·米特乌施上尉的 JG 26 第 3 大队（史基浦基地）奉命起飞。NJG 1 第 1、2 大队也出动数架夜间战斗机，准备猎杀任何因伤落单的轰炸机。JG 1 第 2 大队在轰炸机越过头顶时依然按兵不动，可能是因为德军仅定位到了不到半数的轰炸机。博里斯开始向东方爬升以获得一个良好的攻击位置，米特乌施的飞行员则在发现轰炸机时已经处在背对太阳的理想状态。

来袭的轰炸机部队有 146 架 B 17，形成 3 个作战编队，旁边是由第 353 战斗机大队 2 个中队组成的小护航队。博里斯接近到轰炸机稍上方的迎面攻击绝佳位置。数量不足的护航机很明显都集中在第一个编队附近,因此没有一名 P 47 飞行员注意到了 Fw 190 对后方编队的攻击。德机袭击了拖尾编队,博里斯个人的目标是第 94 轰炸机大队的最后一架 B 17。它燃烧起来,脱离编队后坠毁,这是双方当天损失的第一架飞机。尾部编队还有数架轰炸机受损的发动机冒出黑烟,一架 Fw 190 被击中后迫降在芬洛(飞行员受伤)。这次攻击中没有其他德国战斗机受到严重损伤。博里斯没有试图重组大队进行第二轮攻击,而是满意的让手下自由猎杀脱离编队的轰炸机,等待战斗机指挥部下达降落的命令。

下一个攻击的是米特乌施的大队,它也选择了完全不受战斗机保护的轰炸机后方编队。梅塞施密特战机组队、转向并发起迎面攻击。第一轮攻击结束后仅有一架轰炸机被科迈斯穆勒(Kemethmüller)军士长击伤脱离编队,但是德国飞行员在接下来超过 15 分钟时间里一直进行反复攻击。米特乌施的作战方式不像谨慎的博里斯,他命令自己的飞行员持续攻击直到因受伤或燃料和弹药不足才能退出战斗。他们集中攻击靠后的两个战斗编队,又迫使 3 架飞行堡垒因伤退出战斗。轰炸机自卫火力击毙一名梅塞施密特飞行员,还使另一名飞行员负伤迫降。第三名飞行员——第 7 中队中队长迪佩尔(Dippel)中尉试图从后方攻击美军的领航轰炸机大队,结果他的 Bf 109 孤零零的暴露在多达 60 挺以上的机枪枪口下,他随后被击落但却在第 385 轰炸机大队的机群中完成了一个惊人的后空翻跳伞,毫发未损地着陆。

4 架脱离第 4 轰炸机联队编队的 B 17 中有一架被第9中队的维尔纳·克拉夫特(Werner Kraft)技术军士击落。克拉夫特随着轰炸机一起下降,想看到它的最终坠毁,结果被轰炸机右侧的机枪手威廉·比纳博斯(William Binnebose)击落,他们俩当天晚上戏剧性的在一所比利时医院相会。

剩下的 3 架受损 B 17 都被 JG 26 和潜伏着的 NJG 1 击落。仔细检查存有战果记录的微缩胶卷,我们发现即便是这样一个相对较简单的战斗也能在账面上变得如此复杂。8 架 B 17 在抵达德国边境前离开所在编队,其中一架根据幸存机组的描述很明显是被高炮击落的。其余的 7 架中,JG 26 第 1 大队赢得了 3 个单独击落的空战胜利(战果属于赫米兴上尉、贝斯中尉和基夫纳少尉),JG 26 第 3 大队获得 1 个,还有 2 个与 NJG 1 "共享",虽然理论上德国空军并不接受战果共享。NJG 1 机组有 3 个宣称战果被官方认可为单独击落,尽管他们的所有猎物都是已经离开编队的轰炸机,因此按照标准来说应该仅被认作是"击

▲ 被雷电战斗机锁定的 Bf 109,胜者和亡者的距离可能只有十几米,但却是完全不同的命运

落脱离编队的敌机"。

在护航中表现糟糕的第353战斗机大队在返航途中却捞了个战果，大队长罗伦麦克科姆（Loren McCollom）少校发现有一群Bf 109战斗机飞在它的编队下方，他当机立断立刻进行了一轮俯冲攻击并成了第353大队第一个击落敌机的飞行员，JG 26科迈斯穆勒军士长的战机被击落，军士长头部受了轻伤，但很快就从医院回到了战斗岗位。

第56战斗机大队按照预定时间接替了第353大队，它的飞行员们只发现了一架德国战斗机。德国指挥部已经看到了新护航机的到来，于是命令自己的战斗机返回基地。当最后一架P 47在奥伊彭（Eupen）离开后，荷兰-鲁尔区战斗机指挥部的作战单位继续在没有干扰的情况下发起攻击。11时50分，JG 1第1、3大队在阿沙芬堡（Aschaffenburg）附近与轰炸机接触。JG 1第1大队声称击落3架敌机并迫使另外3架离开编队，自身没有损失。JG 1第3大队声称摧毁一架脱离编队的敌机，损失一架Bf 109，飞行员身负重伤。下一个到来的是JG 3第1大队的Bf 109，它们以损失两架战斗机的代价声称击落3架B 17。格拉布曼上校的另外两支部队JG 1第2大队和JG 3第3大队未能发现敌机，于是降落在翁斯德雷赫特等待轰炸机的返回。

当格拉布曼发现轰炸机的目标位于德国西部或南部地区后，他立刻向德意志湾战斗机指挥部、第2和第3战斗机指挥部请求支援。虽然这时还没有正式建立起协同作战体系，然而这样的相互帮助还是经常发生的。JG 11奉命从德国北部基地前往西南方的荷兰，JG 2也从法国西部基地飞向东方。它们的到达时间都太晚，无法拦截到来袭的轰炸机，于是就降落在轰炸机可能采取的返航路线周边机场上补充燃料，美军采用的返航路线一般都很接近出发路线。

轰炸机进入了南德意志战斗机指挥部的防区，该指挥部仅拥有一个昼间战斗机单位，即赫尔曼·格拉夫少校的JG 50。当轰炸机来到距离其威斯巴登-埃本海姆（Wiesbaden-Erbenheim）基地不到32公里的地方时，联队出动了全部26架Bf 109，加入它们的还有附近训练单位的作战小队。它们在中午发起迎面攻击，一直到12时50分轰炸机完成向雷根斯堡的最终转向。现在德军已经弄清楚轰炸机的目标了，雷根斯堡工厂保卫中队迅速出动12架Bf 109，并在轰炸机投弹前击落一架B 17。格拉夫的手下和训练部队飞行员共击落8架轰炸机，它们自身在这次作战中的损失数据没有留下来。最后一批起飞的战斗机来自夜间战斗机训练部队NJG 101。它们得到的命令是搜寻离群的轰炸机，也确实成功击落两架，还有一个击坠未获承认。

第4轰炸机联队在13时07分完成轰炸，随后出乎德军意料的掉头向南飞去，那里完全没有任何守军。美机现在正飞往北非，它们共损失了24架B 17，其中14架在大陆上

▲ JG 50第1中队长阿尔弗雷德·格里斯拉夫斯基中尉和恩斯特·聚斯军士长在1架Bf 109G-6前休息，这架飞机的方向舵上标记着格里斯拉夫斯基的112次空战胜利，1943年9月摄于威斯巴登-埃本海姆

被重型高射炮弹或是210毫米火箭弹直接命中的B 24！机组人员很有可能全部阵亡

空被击落，2架迫降在瑞士，4架迫降在南欧，还有四架迫降在突尼斯外地中海，50架飞机受损。李梅上校的全部轰炸机大队都因此战获得杰出单位奖章，它们的作战被认定为成功的，侦察照片显示梅塞施密特工厂遭到了严重破坏。

另一批更大规模的B 17部队迟迟不出现令第2战斗机指挥部和荷兰－鲁尔区战斗机指挥部感到困惑不解，以往美军总是会派出两个轰炸机联队进行协同攻击以分散守军兵力，而且早些时间的无线电调试也显示还有其他的轰炸机要来。但是现在他们可以不用担心这个问题了，通常会在重型轰炸机之前进行伴攻的B 26和皇家空军飞机经过漫长的等待后终于出现。5个盟军编队飞向加莱，等待它们的是JG 26联队部大队的3个中队。拦截并不成功，仅击落1架台风战机，有1架Bf 109和1架Fw 190被新式的喷火IXB护航机击落。喷火还遭遇了JG 2第2大队一部，它们可能正在前往下午作战基地的路上，有一名飞行员被"里希特霍芬"联队击落。

加兰德少校的JG 26第2大队驻扎在博韦（Beauvais）周围的数个机场。大队在午前出动，可能仅仅是为了防止B 26对他们的机场发动攻击。大队并没有特别飞向哪个目标，

45分钟后着陆为未来的作战做准备。JG 26第2大队接下来收到了飞往里尔-诺德的命令，这次转移的原因未知。里尔-诺德机场更接近下一批轰炸机（正在英格兰上空组队）的攻击线路，但是规模较小，通常仅驻扎一个中队，而且JG 26联队部大队已经在那里了。第2大队在14时20分着陆，这时B 17机群才刚刚开始越过英国沿海地区，但是时间依然不够它完成加油并拦截来袭的施韦因富特部队。

即便少了这个大队，格拉布曼上校还是能够以极佳的状态迎战迟到的第二批B 17，它们的航线与第一批轰炸机完全相同。13个战斗机大队已经沿着施韦因富特部队可能的返航路线就位。欧洲上空第一次聚集起如此庞大的防空力量，它们的努力将不会白费。

关于施韦因富特部队230架B 17的第一份雷达报告在14时26分送抵战斗机指挥中心。这批轰炸机拥有更大规模的护航队。8个中队的喷火将伴随轰炸机飞到安特卫普，在那里与2个P 47大队交接，P 47则会一直护航到靠近德国边境的奥伊彭。翁斯德雷赫特再次处在轰炸机的航线上。JG 26第1大队和JG 1第2大队的Fw 190得到了JG 3第3大队Bf 109的增援，后者是第一次参加帝国防空战。Bf 109在14时30分开始升空，第一个

发现轰炸机。战斗机指挥部命令它们飞到北海上空，结果正好处在第 222 中队的喷火下方。英机立刻发起攻击，击落 3 架 Bf 109 并将德机编队彻底打散。大队长沃尔瑟·达尔（Walther Dahl）上尉事后责怪战斗机指挥部，但是这一失败至少部分归咎于部队自身缺乏在西线作战的经验。

JG 26 第 1 大队的约尔格·基夫纳（Jörg Kiefner）少尉对他当天的第二次作战任务充满期待，他回忆道："机场被战斗机装满了，Bf 109G-6 第一个起飞，接下来是 Fw 190。我们是最后一个。过了一会儿，我们（JG 26 第 3 中队的 3 架飞机）成为了由 75 架战斗机组成的庞大机群的高空掩护队。我从未发现我们如此强大，心中充满了自信和安全感。"带领第 3 中队这 3 架飞机的是彼得·阿伦斯（Peter Ahrens）技术军士，他试图在喷火返回前发现轰炸机。基夫纳继续回忆："当我们看到重型轰炸机时位于 5000 米高空，就在它们的下方，那不是发起攻击的位置。我们的右边就是约 180 架轰炸机，看起来像 3 串紧紧堆在一起的葡萄。这时无线电里有人大喊：'小心！周围有护航机！'彼得向右转向，试图飞到另一边以在不受干扰的情况下攻击轰炸机群。我们此时就飞在这些波音飞机身旁，那是一段非常让人头疼的经历。我向左边瞄了一眼后通过无线电大喊：'小心，敌机！'3 架喷火正向我们飞来。我再次大喊：'彼得，它们来了！'他闪电般快速的滚向左边，明希也照着做了。我转向左边，但是太慢了，我的飞机很快就被分割出来。我几乎没有注意到一道闪光打向我的左膝。我的机翼被打开花，两片副翼上下翻动。我发现自己处在水平滚转状态，飞机已经不受操纵杆的控制。离开飞机！如果有这么简单就好了……我靠在座舱右侧，几乎无法移动自己的手臂。我设法打开座舱盖并解去安全带。我仍然处在该死的旋转中。现在的高度是 1500 米。我用力一推离开了飞机，几秒后就看到美丽的白色云朵出现在我上方……"

基夫纳的膝盖被一枚机枪子弹击中，他还在跳伞时被自己的飞机尾翼打到头部。着陆后，他被两个比利时农民送到安特卫普的一所医院。经过疗养后基夫纳获得了一个回家探亲的简短假期，在战斗机飞行员疗养地和一个作战训练单位先后呆了一段时间后，他于 12 月末返回原来的大队。

喷火在安特卫普掉头返回。2 个 P 47 大队之一的第 4 战斗机大队错过了会合地点，未能占据领飞轰炸机编队上方的预定位置。另一个第 78 战斗机大队则准确的按照命令开始对 B 17 后方编队进行护航。它基本没有参与任何战斗，因为 2 个 Fw 190 大队已经发现了轰炸机编队中未受保护的部分，这样它们就可以在不受干扰的情况下发起迎面攻击。一旦领飞作战编队被打散，按照德国空军通常的标准，它就会被视为最薄弱的部分而受到反复攻击。德

▲ 第 91 轰炸机大队的一对 B 17F，前景中的这架轰炸机在 1943 年 8 月 17 日的施韦因富特之战中被击落

机偏好的其他目标还有一个盒子编队中位于最上方和最下方的轰炸机,它们都无法得到友邻机枪手的掩护。美军机组也将一个最低盒子编队下方的位置称为"棺材位"。

博里斯的 JG 26 第 1 大队这次呆在轰炸机堆里的时间远长于他们的上一次作战,在燃料不足前声称击落 4 架轰炸机,其中 2 架得到确认。他们仅有的损失是基夫纳和另一名第一参战的新飞行员,他飞到科布伦茨时燃料耗尽,滑翔着陆失败身亡。14 时 45 分到位的 JG 1 第 2 大队按照中队顺序依次完成小队规模的迎面攻击,随后又进行反复攻击。它声称使 6 架轰炸机坠毁或因伤脱离编队,其中 3 个战果得到确认。大队有 4 架 Fw 190 被击落或在迫降时损毁,1 名飞行员重伤。

格拉布曼上校对时间的计算十分精确,因此他的绝大部分战斗机部队接近轰炸机时正好赶上 P 47 在德国边境掉头返航。接下来的 2 个小时内,轰炸机遭到了 10 个战斗机大队的痛击,它们的攻击强度之大远超以往的任何一次。米特乌施的 JG 26 第 3 大队就是典型。它于 14 时 39 分从史基浦出动,奉命飞向东南方。他们在亚琛附近发现轰炸机编队并与之交战半个小时,取得 4 个获确认的战果。1 架 Bf 109 被击落,3 架受损,但是没有飞行员受伤。其他声称取得战果的还有 JG 1 第 1、3 大队(宣称击落、重创 B 17 各 9 架),JG 3 第 1 大队,JG 11 联队部和第 1、2、3 大队,JG 50 和 NJG 101。最成功的是 JG 11 第 1 大队和 JG 50,各获得 6 个得到确认的空战胜利。一些中队在翼下携带了 WGr 21 火箭弹,特别适用于进行简短的迎面攻击时使用。海因茨·诺克中尉率领 JG 11 第 5 中队首次配备火箭弹向一个低飞的盒子编队发起迎面攻击,那可能是第 92 轰炸机大队。诺克的机翼被防御火力击中,导致一枚火箭提前发射。他在另一枚火箭也错失目标后俯冲脱离查看损伤。他的中队其他飞行员声称有两发火箭弹直接命中敌机,但是他们的目标没有脱离编队,因此这些战果没有被计入档案。即便如此 JG 11 凭借 11 架 B 17 击坠战果和 1 架重创脱队战果跻身进了出彩部队行列。

那些降落在自己基地外部机场补充燃料的编队指挥官接到命令,要求将他们身边能找到的飞行员全部集中起来组成临时的攻击单位,不管这些飞行员是否属于他原来指挥的部队。诺克中尉将他受损的 Bf 109 降落在波恩 – 杭格拉尔(Bonn-Hangelar)机场,经过检查发现飞机的主翼梁破损。他召集了周围的一小批 Bf 109 和 Fw 190 飞行员,在受伤的战斗机上带领他们起飞寻找轰炸机。他将注意力放在落单的轰炸机上,诺克的受伤座机谨慎的动作被他的目标(1 架第 305 轰炸机大队的 B 17)注意到。他击落了那架轰炸机,但是自己也被击中。引擎在低空停转,他被迫进行紧急降落,用诺克自己的话来说"除了尾轮外没一块完整的。"他的一只袖子沾满了鲜血,但还是在第二天搭乘大队的飞机返回耶弗尔。

指挥部继续将该区域的最后一个大队

▲ 海因茨·诺克几乎完整的参与了帝国保卫战,他从 JG 52 来到 JG 1,最终成为第 3 大队长

投入攻击中。加兰德少校在 16 时 50 分率领 JG 26 第 2 大队的 3 个中队从里尔－诺德出动，随后沿着轰炸机的返航路线向东南方飞去。普里勒中校也带着 JG 26 联队部小队和第 8 中队起飞，但是指挥更大编队的加兰德可能才是战术指挥权的实际拥有者。他们在比利时边境东部迎面碰上轰炸机，随后攻击了 3 个作战编队中的第三个。普里勒的目标开始燃烧。加兰德随后又尽可能的集结起他的大队，率领它发起第二次迎面攻击。

这时德机突然遭到了来自它们身后的攻击，那是德国本土的方向。休伯特·泽姆克（Hubert Zemke）上校的第 56 战斗机大队第一次向东飞这么远，已经越过德国边界 24 公里。他准确的按时抵达会合点，随后在未被德机发现的情况下越过轰炸机编队发起突然袭击。加兰德在雷电的第一轮攻击后就消失了，僚机海因茨·戈曼（Heinz Gomann）中士大声发出的警告也未能拯救他。戈曼的战斗机同样被击中，他试图跳出飞机，却被飞机的尾翼挂住了。他直到快要落地时才脱离飞机，被巨大的冲击力撞晕。恢复意识后戈曼发现自己只"受了轻伤"，但还是获得了 3 个礼拜回家休息的假期。加兰德小队的第 3 架飞机也在那轮攻击中受损，降落在布鲁塞尔－埃弗尔机场。还有两名 JG 26 第 2 大队的飞行员在飞机受伤后进行了迫降，其中一名飞行员受伤。加兰德的遗体在 2 个月后被找到，和他的飞机残骸一起掩埋在马斯特里赫特（Maastricht）附近 3.5 米深的松软土地内。

这时 JG 2 的 3 个大队中有一个赶上了轰炸机并完成一次成功的攻击。这就是库尔特·布利根（Kurt Bühligen）上尉的 JG 2 第 2 大队，它声称击落 4 架 B 17，其中 1 架属于共同击落。然而泽姆克的突然出现打乱了其

▲ 休伯特·泽姆克上校，他率领的第 56 战斗机大队是最成功的的雷电大队

他数个德机编队的攻击阵型，它们被迫转而与雷电战斗。经过长时间的空战后，第 56 战斗机大队带着声称击落各型敌机 16 架，可能击落一架，击伤 9 架的骄人战绩返回英格兰，自身损失 3 架 P 47 及其飞行员。被击落的 Fw 190 来自 JG 1 第 1 大队和 JG 26 第 2 大队，还有 1 架 JG 50 的 Bf 109，双发战斗机全部是 NJG 1 第 1 大队的 Bf 110 夜间战斗机，此战中大队有 4 架飞机被雷电击落，1 架被喷火击落。损失的 P 47 中有 2 架是在攻击 Bf 110 时被 JG 3 第 3 大队的 Bf 109 击落的。达尔上尉的飞行员声称击落 3 架雷电，算是出了一口恶气。第 3 架损失掉的 P 47 当时负责提供高空掩护，被俯冲下来的 2 架德国战斗机击落。

当第 353 战斗机大队再次接替第 56 战斗机大队时，空中已经没有大规模的德机编队了。剩下的德国战斗机四散开来，搜寻离队的轰炸机。JG 26 第 2 大队的阿道夫·格隆茨

▲ JG 26 第 5 中队长阿道夫·格隆茨军士长正在与他的机械师们聊天，机尾方向舵展示着他的 54 次空战胜利

（Adolf Glunz）军士长是护航机出现后最后一名对轰炸机编队进行成功拦截的飞行员。虽然周围的战况混乱，他还是冷静的坚持按命令攻击轰炸机，最终在迪斯特（Diest）西北方击落一架第 305 轰炸机大队的 B 17。根据一名 B 17 机组的描述，格隆茨"孤身一人发起迎面攻击，屁股后面就跟着一架 P 47"。JG 26 第 2 大队和 JG 3 第 3 大队的 2 名飞行员还在沿海地区击落了几架脱离编队的轰炸机，结束了当天的全部战斗。

侦察照片在 17 日晚上送到埃克将军和安德森将军手中，他们很快就知道对施韦因富特的攻击失败了。在雷根斯堡取得的出色战绩也无法抵消掉 60 架 B 17 的损失，占出动轰炸机总数的 16%，占抵达投弹区轰炸机总数的 19%。损失数据无法瞒过美国陆航司令部和美国国内新闻社，但是轰炸的战果被夸大了，导致高损失出现的糟糕作战计划也在

之后提交的作战报告中得到了很好的掩饰。没有一位将军因为施韦因富特－雷根斯堡之战被免职。对于这次作战的认识也有分歧。每一个亲身参加行动的机组都强调护航机对减少损失的重要性，而计划设计者则仅认为需要在短期内再次轰炸施韦因富特，依旧是一次深入敌境而没有护航的作战。

防御者对作战的认识也各不相同。纯粹依靠数量，帝国防空军的战斗机取得了一次大胜。国防军每日公报声称击落 101 架重型轰炸机和 5 架战斗机。最终获得确认的战果为 87 架轰炸机和 7 架战斗机，稍微高出了美军的实际损失，但是这种程度并不会导致误判战局的情况发生。和往常一样，不同的帝国防空军单位表现差异很大。JG 26 迎来了美妙的一天，确认击落 15 架 B 17 和 2 架战斗机，损失为 5 名飞行员阵亡，6 人负伤。JG 50 的飞行员数量虽然还不到 JG 26 的三分之一，却几乎做的同样出色，确认击落 12 架 B 17，损失为 2 名飞行员阵亡（当然，格拉夫的部队拥有攻击轰炸机时无护航机干扰的优势）。其他单位被远远甩在后面。JG 2 第 1 大队和第 3 大队主力抵达了作战区域，但是随后就不见踪影。普里勒和 NJG 1 的福斯特上尉甚至还给战斗机总监的办公室递交了一份正式的投诉书，指责 JG 1 第 3 大队的飞行员在到达战场后就分散开来，只顾着到处追杀落单的轰炸机，没有组织起一次编队攻击。不同部队的表现好坏差异取决于指挥官和作战经验。对于帝国防空军来说不幸的是，这两个它都缺。

帝国防空军在 17 日损失了约 40 架战斗机，其中 9 架是夜间战斗机，它们很快就将离开昼间空战的作战序列，由装备 Me 410 和 Bf 110 昼间战斗机的驱逐机联队取而代之。这

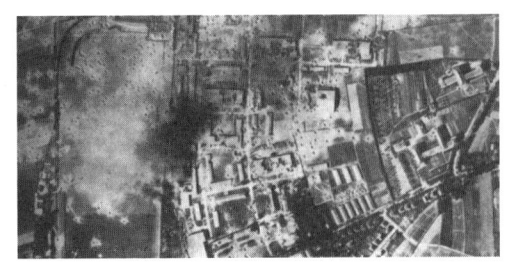
▲ 遭受轰炸后的雷根斯堡

些飞机拥有威力巨大的武器，将有效提高帝国防空军的杀伤力。它们的成功取决于美国战斗机是否存在。它们只能在 P 47 的航程外或在得到德国单发战斗机保护的情况下行动。加入帝国防空军的 Bf 109 和 Fw 190 部队都以击落轰炸机为目的，执行护航任务违背了现有的作战教条。对帝国防空战胜利的预测是建立在认为美军护航机已经达到航程极限的假设上的。当加兰德试图告诉戈林雷电已经在 17 日越过德国边界时（证据是坠落在亚琛附近的数架敌机残骸），戈林称这是腐朽失败主义者的夸夸其谈，坚决拒绝承认这一事实。在这样一位司令的指挥下想建立起任何合理的防御战略都是不可能的。

施韦因富特－雷根斯堡之战后的那个夜晚，皇家空军轰炸机司令部对佩内明德（Peenemünde）的火箭测试基地进行了一次特别成功的空袭，将 V-2 项目进度拖延了数月之久。第二天早上希特勒因为这一次的防御失败严厉斥责了空军领导层，同时耶顺内克在空军内部也受到了不少人的职责，毕竟相比于空军决策层里的另两个大佬戈林和米尔希，耶顺内克的资历太浅了，很多声名远扬的前线将领都将对空军总部的不满通通发泄到了他的身上。然而事实上希特勒本人对于耶顺内克仍旧相当器重，在 1942 年之后希特勒已经越来越多地发现了戈林的迂腐堕落，因而元首往往都是越过戈林直接与耶顺内克会谈交流，不止一次的发生希特勒在大骂整个空军无能之后，会对耶顺内克说一句"当然，这并不包括你在内"，以至于在 1943 年他曾要求外放到航空队任司令的请求都被希特勒以"帝国空军无法离开你"的理由驳回。不过这次，这位年轻的空军总长最终没能走出自己的心理阴影，他在与帝国元帅大吵了一架后骑马去湖边看野鸭，之后还和副官喝了一瓶香槟，晚上回家庆祝女儿的生日。这一天，他虽然面无表情，但是举止仍然正常。第 2 天上午，他还听取空军作战部长迈斯特（Meister）对昨日空袭伤亡的汇报，作战部长出去之后不久，耶顺内克举枪自杀。他留下了两个字条，一个写着"我无法与帝国元帅一起工作。元首万岁，帝国万岁"，另一个写着 "迪尔辛和勃劳希契不准来参加我的葬礼"。迪尔辛少将（Diesing，骑士勋章获得者，曾任 ZG1 联队长，时任航空部作战参谋）和勃劳希契上校 (Brauchitsch，前陆军总司令的儿子) 是戈林的亲信。他死后埋葬在拉斯滕堡大本营附近，当局对外宣称的死因是胃病复发。耶顺内克对进攻战略的信仰是热情而无需置疑的，他曾帮助阻碍任何将德国空

▲ 耶顺内克葬礼上的戈林，他的死很大程度上就是因为与戈林的不和

军优先级转向本土防空的尝试。而在耶顺内克自杀后没多久米尔希就以此为契机再次向戈林要求提升本土防空作战的优先级别。

科滕掌权

随着耶顺内克的自杀，德国空军需要一位新的参谋长来带领它越过开战以来最大的难关。一个很明显的人选是里希特霍芬元帅，他是极少数依然获得希特勒无条件支持的德国空军高级野战指挥官。但戈林可不会容忍如此高威望的人呆在这么重要的位置上，于是选项最终落在了一位更具亲和力、能力优秀而不显得突出的航空队司令官京特·科滕（Günther Korten）航空兵上将身上，他在夏天刚刚接任了第1航空队司令，能在一群格外资深的"总长预备员"中脱颖而出自然和他的能力有着极大的关系。科滕虽然在资历上难比帝国空军的几位"封疆大吏"，但他自开战以来历任奥地利空军指挥部、第2航空军、第2、4航空队的参谋长，之后还在东线的空军北方指挥部、第1航空军任一把手，拥有着丰富的参谋和指挥经验。当然，这位老派将领为人处世上的圆滑也不是耶顺内克能比的，他和米尔希私交不错，希特勒对他也颇有期待青睐。因此在上任时并没有受到什么阻力。

然而科滕的处境和他的前任一样危险。他十分赞同米尔希和加兰德的观点，认为本土防空是头等大事。科滕和"防御派"意外的获得了纳粹地方长官的支持，后者希望能够在盟军空袭下保护他们的城市。然而与此同时，科滕还需要满足帝国元帅的愿望，戈林向希特勒保证"新的德国空军"将有能力再次处在技术领先的位置上与敌军交战。

科滕尽力面对他的挑战。他开始完全重组德国空军的指挥系统以更好的迎接全球战争的需要，试图将德国空军的定位更改为仅需要执行少数最关键的任务。不顾陆军的反对，他命令从东线和南线转移单发和双发战斗机部队，将它们并入帝国防空军。他本人是一位战略轰炸的信徒，于是下令将德国空军的轰炸机集中起来，在每个主要战场上建立一个强大的航空军（分别是东线的第4航空军和西线的第9航空军），同时成立一些执行特殊任务的轰炸机单位（反舰、鱼雷轰炸、导航）并且他还是继空军首任总参谋长韦弗尔之后第一个支持建立战略空军的总长。最后，他极大的扩充了东线的对地攻击机部队，还新设立了对地攻击机总监一职。

科滕和他能干的作战参谋长卡尔·科勒（Karl Koller）将军都意识到时间是他们的敌人。然而科滕坚定的认为空中力量是解决第三帝国面临难题的答案。加强并重组本土昼夜间防御系统可以使美国陆航和皇家空军轰炸机司令部放弃对德国城市和生产中心的攻击，让施佩尔能快速进行他的工业奇迹。对苏联战争工业的有力攻击能够减轻德国陆军的压力，新生的对地攻击机部队也会让陆军重新拾回对空军的信心。戈林在九月初对科

◀ 耶顺内克死后继任空军参谋长一职的京特·科滕

滕的战略表示大力支持。时间将会告诉我们科滕的计划比起他的前任来更具有可行性。

优先权，生产，训练

戈林和科滕的"新德国空军"计划野心勃勃，它的实现极度依赖德国航空工业。耶顺内克在他的最后几个月任期内同意增加昼间战斗机的产量，米尔希则积极的追求这一目标。然而与此同时轰炸机部队正在重建，也需要像 Ju 188 和 He 177 这样的新机型来执行新战略中的攻击任务。特别是在 7 月底的汉堡灾难后，一些声名显赫的轰炸机指挥官前去游说戈林，希望扩张他们的部队力量。轰炸机产量在整个 1943 年依然保持高位，并一直延续到 1944 年，占用了宝贵的原材料、工厂空间和熟练工人。然而虽然存在着这些干扰，"防御派"依然取得了进展。在 1943 年，共有 29132 架作战飞机从工厂和维修厂运抵前线，其中 13854 架是单发战斗机和双发昼／夜间战斗机，占总出厂量的 47.6%。要知道在 1942 年，战斗机仅占总出厂量的 31.7%。这是德国空军作战理念改变的标志，过去强大的进攻性空军已经迫不得已转变为防御性空军。

使生产能够跟上损失的速度是德国航空工业面临的一个巨大挑战。1943 年的战斗机总损失数为 8286 架单发战斗机、1363 架双发昼间战斗机和 1012 架夜间战斗机。7 月至 9 月间的单发昼间战斗机部队损失特别严重，达到了 2804 架。地中海的一些战斗机单位在战役期间 2 次损失了它们的全部补充飞机，越发强大的苏联空军以及东线的恶劣作战环境也使德国空军在那里的损失从未降低过。

虽然经常进行修改和升级，德国空军领导层还是日渐意识到现有的单发战斗机型号（Bf 109 和 Fw 190）已经有些过时了。但是米尔希在 8 月 25 日的飞机生产会议上明确表示，现在需要考虑的问题是飞机数量而不是技术优势："如果我们出动 2 倍数量的战斗机，取得战果的数量将会提高至少 2 倍。如果我们有 4 倍数量的战斗机，取得战果的数量将会提高至少 4 倍。但是如果我们真的击落了现有战果数至少 4 倍那么多的轰炸机的话——而且这还不是一个很惊人的数字——就需要约 700 架战斗机，这还不到一个月的产量，那么我可以发誓昼间空袭将会停止。"

加兰德虽然在后来将成为一个坚定的先进航空技术主义者，此时还是赞同米尔希的观点。在回答希特勒关于如何阻止美国陆航昼间轰炸的问题时，加兰德这么回答："为了保卫德国，我们必须拥有达到敌军轰炸机

◀ 1943 年秋刚出厂的一批 Bf 109G-6 战机，Bf 109 在 1943 年面对盟军战斗机时已经失去了往日的技术优势，而一旦没有了技术优势，生产能力远不及同盟国的德国将不可能赢得帝国防空战

数量三倍至四倍的战斗机。如果敌人的护航力量继续增长，德军必须至少完成同等程度的力量增长以争取制空权并完成对抗轰炸机的作战。"

米尔希继续指出："我们必须明确的决定优先权。那属于 Bf 109、Fw 190 和 Bf 110 战机。"其他诸如喷气机在内的更先进机型将处于较低的优先级。答案很明确，在短期内至少质量要让位于数量。

在8月24日的会议中，米尔希阐述了自己的观点和计划："敌人绝对禁不起25%到30%的损失，这就意味着如果我们可以持续给敌军造成如此的损失的话他们就不得不放弃他们的战略轰炸。"

米尔希和施佩尔在取得产量增长方面的成就广为人知，而且这也是二战中最了不起的经济和工业成就之一。1943年，德国的工厂和维修厂共向德国空军输送了11241架单发战斗机和2613架双发战斗机。这些数字包括8497架 Bf 109，2744架 Fw 190 和 1687架 Bf 110（其中926架是昼战型号）。他们的工作再加上科滕的政策很明显是使中央司令部战斗机力量在1943年下半年取得稳定增长的原因。1942年12月31日，德国空军作战部队的战斗机总数为1348架，到9月30日已经增至2042架，其中916架属于威斯的司令部，372架在施佩勒手中。表面上来看，生产数字甚至应该可以极大的扩充一线部队力量，但是1943年下半年的作战损耗依然巨大，许多新飞机都被送往前线补充作战损失。还有一些出厂战斗机则进入了训练部队或用来装备德国在东线的仆从国空中力量。其他因素，比如缺乏零备件、低出动率和补充飞行员数量，也使帝国防空军战斗机部队的扩充遭遇瓶颈。尽管如此，米尔希和施佩尔设想在1944年取得更大的产量增长。

德国空军战斗机部队的训练情况几乎与飞机生产完全相同：数量上的急剧增长掩盖了在质量和持续性上的不足。德国在1943年的人员损失中包括2967名单发战斗机飞行员和446名双发昼间战斗机飞行员。不出所料地，单发战斗机飞行员的最严重损失（1006人）与飞机的最严重损失均发生在1943年第三季度。这些都归因于库尔斯克战役、西西里战役和日渐升温的本土防空战。

虽然面对着巨大困难（包括燃料短缺和教练机不足），训练机构还是准备接受挑战。德国空军训练主管维尔纳·克莱佩将军指出虽然战斗机学校在1943年10月仅拥有178架 Bf 109（满编应有480架），飞行员输出数量还是增加了。1942年仅有1662名单发战斗机飞行员完成训练，到了1943年则变为3276名。371名驱逐机飞行员同样完成训练，同期还有1358名夜间战斗机飞行员。作为代价，飞行员在飞机上接受训练的时间纪录又被打破了。

就像我们已经看到的那样，1943年初的油料短缺导致战斗机飞行员的训练时间缩短了。1943年，单发战斗机学员的飞行训练时

▲ 1943年夏，第25试飞队队长霍尔斯特·盖耶上尉（右）正在为一次作战任务做准备，注意背景中的这架 Fw 190A-5携带了21厘米火箭弹发射管

▲ 有一架因起飞事故而损失的训练用 Fw 190，两人在事故中丧生

间为 138 个小时（88 个小时在基础的 A、B 级航校，50 个小时在战斗机学校），其中 47 个小时为仪表飞行训练。驱逐机飞行员接受 204 个小时的飞行训练，几乎等同于夜间战斗机飞行员（218 个小时）。成功的学员随后将在 3 个高级战斗机训练大队（东线训练大队、西线训练大队和南线训练大队）中的一个呆上 2 至 4 个月的时间。通过对比，这还不到美国陆航和皇家空军飞行员接受训练时长的一半。美国陆航战斗机飞行学员在 1943 年可以得到至少 200 个小时的初级、基础和高级飞行训练时间，接下来还有大量更为严格的转飞、射击和作战训练项目。

飞行员的输出数量足以弥补损失，但是它无法满足科滕、米尔希和加兰德关于增强本土防空战斗机力量的愿望。就像格拉布曼总结的那样："从数字上来看，训练输出量足以填补单发和双发昼间战斗机部队，以及双发夜间战斗机部队的损失。然而，训练输出量无法满足日渐增长的对提升现有部队力量和组建新部队的任务要求。"

克莱佩和他的团队在 1943 年对战斗机飞行员训练数量的大幅提升很好的弥补了在突尼斯、库尔斯克、西西里和帝国防空战中的损失，这几乎与米尔希在飞机生产上的功绩同等重要。克莱佩声明在 1943 年"采取了预防措施，可以根据战局变化需要进行立刻修改"。然而这一成功无法掩盖德国空军的训练仅能够刚好跟得上损失的事实。他们有限的训练输出量使帝国防空军的扩充无法成行，提供的机组人员质量也值得怀疑。德国空军战斗机部队的工业基地和它的人员补充都建立在不稳定的基础上。1944 年春季的战斗将会使这些不足变得尤为明显。

集中防御

遭受打击的第 8 航空队在施韦因富特 – 雷根斯堡之战后的 19 天内仅执行了 6 次作战任务，目标全部在法国和低地国家。8 月 19 日第 8 航空队有 170 架空中堡垒在 175 架护航机的严密护航下（10 个喷火中队负责前卫扫荡，2 个雷电大队负责护送至目标区，另 2 个负责返航途中的掩护）对荷兰的 3 座德军机场进行了大规模轰炸，JG 1 联队第 1 和第 3 大队参与了反击，第 1 大队没有遇到护航战斗机的太大阻挠，他们成功取得了 4 个得到确认的重型轰炸机击落战果，自身则没有受到任何人员和装备上的损失；第 3 大队则在喷火还未离开之前就贸然进攻，5 架德军战机带着 3 名飞行员被报销，另有一名飞行员重伤，而他们仅仅宣称击落 1 架喷火；JG 26 的两个大队连同 JG 3 第 1 大队组成了另一个攻击波，米特乌施上尉虽然成功带着他的部下躲开了雷电接近了轰炸机群，而他的大队这次发挥严重失常，2 名飞行员被 B 17 自卫火力击落受重伤，维尔纳·格鲁普（Werner Grupe）少尉被一架雷电战斗机击落身亡，仅有一名被击落飞行员未受伤；普里勒的联队司令部大队（参战的仅有指挥部小队和经验丰富的第 8 中队）是当天表现最好的部队，他们成功地从第56战斗机大队和领头的轰炸机编队之间穿过并对轰炸机主力机群发起了一次毁灭性的迎头攻击,普里勒和僚机飞行员各取得了一架确认战果,第8中队的一名飞行员还在北海上空击落了一架落单受损轰炸机。这天的轰炸因为云层太厚太低,轰炸机只对其中的两座机场进行了不成功的轰炸,效果显然很糟糕但却误杀了大量荷兰平民。有五架轰炸机未能返航,50架被击伤。

8月27日美军以224架空中堡垒组成四个任务组轰炸了西欧沿海地区的德军V1远程火箭发射基地,不过因为轰炸范围广,轰炸机群多,护航力量强(23个喷火中队和4个雷电大队)。德国人的拦截显得有些手忙脚乱,第2,3战斗机指挥部的部队显然应付不过来,不得已从荷兰-鲁尔区战斗机指挥部借来了JG 26第1大队,即便如此德军仍然只拦截到了2个轰炸任务组,一番断断续续的交火后美军总计有4架轰炸机没能返航,其中只有1或2架是被战斗机击落。而德军却损失了7架战斗机和3名飞行员。

9月3日的空袭是这一阶段的最高峰,233架B 17在4个雷电大队的全程护航下轰炸了巴黎地区,第2战斗机指挥部很早就派出了它的全部三个大队在罗米伊上空待命,他们很准确地预测出了美军的轰炸区域,JG 26的两个大队在罗米伊和美军第1轰炸机联队发生了战斗,经验丰富的第2大队大胆地发起了迎头攻击,第5中队的霍普中尉率先成功击落第92轰炸机大队的一架空中堡垒,之后尽管雷电战斗机进行了阻击,德军的进攻仍坚持了半个小时并宣称击落两架空中堡垒(都未得到证实),第4中队的卡尔-海因茨·施密德特(Karl-Heniz Schimidt)中尉的战机被自卫火力击落,中尉虽然成功跃出机舱但却因为降落伞没能打开而摔成了一滩肉泥。几分钟之后赶来的是JG 26联队部大队,他们抢在第56战斗机大队阻击前发起了一轮攻击(值得一提的是JG 26第8中队这次破天荒地爬到了11000米高空进行了俯冲攻击),遗憾的是并没有取得战果反而被自卫火力击伤2架战斗机(飞行员均受伤),而之后的战斗机战可就更不令人满意了,美军仅仅战损一架雷电却击落了2架德军战斗机(飞行员全损),另有至少2架战机因受损而迫降,阵亡者中包括了第8中队中队长恩斯特·雅达少尉(Enrst Janda)。在一整天的作战中美军最终有9架轰炸机没有返航。防御者的表现很一般,他们出动了手头所有的精锐部队(两个老牌的海峡联队),对美军轰炸部队的情报工作也很出色,但实际的战损比很令人失望。以至于这次失败的拦截引起了空军总司令部的高度关注,在加兰德将军详细调查了自己老部队的情况后得出了至关重要的一点结论:德军目前对于护航机没有任何的解决办法。但很显然,希特勒和戈林都不会去承认这一点的,这也意味着无论怎样地检讨总结,德军都不可能找出根本性的对策。

第8航空队对德国本土的下一次攻击发

◀1943年9月初,JG 1第1中队长格奥尔格·肖特少尉在他的Fw 190A-6中留影

生在 9 月 6 日，这是一次对斯图加特德军航空工厂的深入作战。第 1、第 4 轰炸机联队聚集了他们单次行动的最大规模机群——338 架空中堡垒，因为目标较远，所以美军的航线呈直线，这也就给了德军更好的预测和拦截机会，不过第 2 第 3 战斗机指挥部因为距离航线太近仍然没有足够的时间放出部队进行防御，只有新抵达的 JG 27 第 2 大队仓促派出了 20 架 Bf 109 在 10 时 45 分和美军接触，这支部队的处子秀上演地很出色，他们取得了 6 个轰炸机击坠战果和 2 个脱离编队战果，大队副官阵亡。德军更多地把力量集聚在盟军返航的途中，JG 26 第 1,2 大队成功地展开了攻势并各宣称击落 3 架 B 17（只有 1 架得到证实），只有 1 名飞行员被自卫火力击伤。这次超远程轰炸行动的结果是灾难性的，因为天气，拦截，油料等问题损失 45 架重型轰炸机，还有 10 架返回后被销毁。这使得德国防空指挥官变得更为乐观，相信他们持续提升装备、数量、战术和组织的努力已经沉重打击了美国人，即便是到目前为止对昼间防御系统的基本重组依然迟迟未进行。这一工作始于 9 月初，约瑟夫·施密特少将取代卡姆胡贝尔航空兵上将成为第 12 航空军长，该军自 1941 年成立起就在名义上负责指挥德国境内的全部防空战斗机。实际上指挥昼间战斗机作战的都是那些战斗机指挥部，卡姆胡贝尔的第 12 航空军则通过各航空师的司令部进行夜间防空战。施密特一到任就立刻开始主张对昼间战斗机实行类似的集中指挥。

对帝国防空军战斗机指挥的正式集中化于 9 月 15 日开始，这是德国空军在战争期间最重要的一次重组。施密特成为新组建于宰斯特（Zeist）的第 1 战斗机军军长。他的任务是"指挥德国北部、荷兰和比利

◀约瑟夫·施密德少将，他在帝国防空战中为本土防空体系的发展完善做出了巨大贡献

时北部昼间和夜间战斗机部队的行动"。这支新军成为中央司令部的主要航空作战指挥部，控制德国北部和西部的 3 个战斗机师。数个战斗机师在此时更改编号，很明显是为了在地理上具有连续性。柏林的第 4 战斗机师成为了第 1 战斗机师，汉堡 - 施塔德的第 2 战斗机师不变，代伦的第 1 战斗机师成为第 3 战斗机师。在南方，依然直属于中央司令部的第 5 战斗机师成为第 7 战斗机师。之前负责战术指挥的战斗机指挥部现在将权力转交给各战斗机师，并在战争结束前逐渐全部消失。在 9 月 6 日帝国防空军再次得到了支援：JG 27 第 2 大队正式加入了他们并在当日就投入了战斗。

第 3 航空队的施佩勒元帅成功的抵制了集中防御的趋势。他向戈林表示航空队是个不能被分割的整体，于是继续保有对他的战斗机的全部控制权。9 月 15 日，它们被置于新成立的第 2 战斗机军（在巴黎附近的尚蒂伊）管辖下，拥有两个战斗机师：司令部在梅斯的第 4 战斗机师（原第 3 战斗机师）和巴黎的第 5 战斗机师（原西线战斗机指挥部）。中央司令部能向施佩勒争取来的只有第 7 空军军区（慕尼黑）和第 12/13 空军军

区（威斯巴登）的空情报告所和高炮部队。1943 年 11 月 1 日，这些空军军区由第 3 航空队被调给威斯。第 3 航空队和中央司令部的分界线穿过比利时中部，然后大致沿着法德边境划到瑞士为止。第 8 航空队对德国（特别是对德国中部和南部）的空袭基本都要穿越两个司令部的边界，这样防空指挥的问题依然存在。这一局面直到国防军在 1944 年被逐出西欧占领区时才宣告结束。

一些在 1943 年夏末和秋季发行的文件显示出帝国防空军在防御战术方面的发展。加兰德在 8 月向各个战斗机指挥部下发了关于迎击昼间轰炸机编队的简要备注：

1. 只需要攻击飞行编队中的轰炸机，不管它们是在来袭途中还是返航途中。

2. 只有在整个编队被打散后或没有其他攻击的可能时才允许攻击单独的轰炸机。

3. 携带 WGr 21 的飞机可以在成功发射火箭弹后攻击脱队轰炸机，不允许出现其他的例外。

4. 违背这些命令的编队指挥官和飞行员将被以违抗军令和对帝国安全造成严重后果的罪名送上军事法庭。

随着战斗经验的积累，德国飞行员在进行迎头攻击时开始采用纵列队形或将整个部队散开，排成并排的交战队形。德国人推荐采取的脱离步骤是拉起飞机越过轰炸机群，这样德军战斗机可以从上方占据优势的位置迅速发起另一轮攻击。空中堡垒巨大的尾翼对德军飞行员来说是一个会导致碰撞的危险，（因此完成攻击后）许多德国飞行员还是喜欢从轰炸机下方脱离。德国飞行员要么压下座机机头从（轰炸机）下方近距离穿过，要么驾驶飞机滚转后用破 S 机动（Abschwung）改出。（不过完成机动后）这将使德军战斗机处于轰炸机下方比较低的高度上，在重新爬升到足够的高度发起攻击前，这将耗费德国人宝贵的几分钟时间。

JG 27 联队的弗兰茨·斯蒂格勒（Franz Stigler）少尉，一位执行过 500 次任务的老手描述了在 1944 年一次攻击美军轰炸机的战例：

"那是在 1944 年初，一支由约 100 架 B 17 组成的无护航编队从地中海方向飞来轰炸德国。我们大队 36 架飞机被命令起飞拦截。我的中队则担任高空掩护以抵挡任何敌方护航战机，而另两个中队则负责攻击敌方轰炸机群。我们在阿尔卑斯山脉以北与敌机遭遇，离慕尼黑就几英里远。

（当时）我们有绝好的机会可以给予在我们下方的空中堡垒编队以沉重打击，于是我率领我的由 12 架飞机组成的中队呼啸着俯冲而下。从敌机机首方向进入后，我们风驰电掣般穿过上方的箱式战斗编队，脱离后继续飞行，随后爬升准备再次进行攻击。通过俯冲积累的高速，我的飞机在敌军视野内只是一个稍纵即逝的目标，另外我的俯冲坡度越接近垂直，敌军顶部炮塔的射手则越难以瞄准我。我的瞄准目标是敌机的驾驶舱、发动机及机翼的燃油箱。采用这种接近方式，开火时间极为有限，我只能进行一次短点射。不过由于我的通过速度足够快，这可以使我难以被敌军击中，作战中真正的危险是（俯冲接近时）我可能会与自己的猎物相撞。（战斗中）我甚至在敌人发现我之前就已经穿越了敌机编队并重新爬升准备下一次攻击。"

从上方发起攻击的优势在于可以直接打击飞机脆弱的滑油箱（在内侧发动机罩壳内）及机翼燃料箱。

第 12 航空军在 8 月的月度报告留存了下来，里面包含一系列关于对抗大规模昼间入

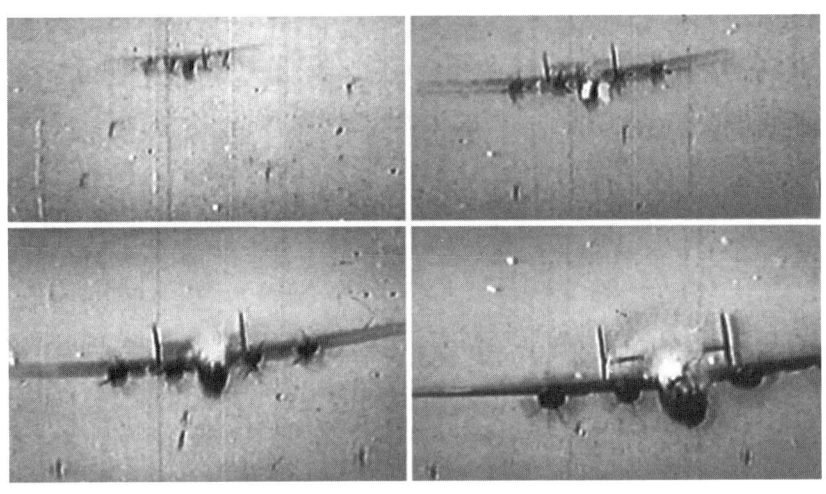

▲ 一架被典型的 12 点方向迎头攻击击落的 B-24 轰炸机

侵的重要战术经验教训。报告由卡姆胡贝尔签署，但是它看起来更像是由施密德完成的。其中的要点包括：

1. 敌人在 8 月很明显的将昼间空袭的重点转移到德国南部和西南部地区，护航会持续到内陆 200 公里处。

2. 以数波密集的编队进行空袭，每个编队有 70 至 80 架轰炸机。

3. 我们的意图是用驱逐机打散领飞的编队（仅是理论上的意图，驱逐机联队直到 9 月才加入帝国防空军）。

4. 从正面对四发飞机进行攻击再次被证明是最成功且损失最小的。在 8 月 17 日：

a. 一个大队从正面发起的攻击击落了 18 架在编队中的轰炸机，损失 2 架。

b. 另一个大队从后方发起的攻击仅使一架敌机脱离编队。

5. 防御对德国的空袭需要远程、得到集中控制的战斗机。

6. 像夜间的战斗一样，昼间战斗机必须将攻击集中在一个选定的点上。

7. 必须通过加快生产辅助油箱来改进防御战斗机航程的不足。

8. 引入跟随机的速度必须加快。需要拥有受到最佳导航训练和完整通讯设备（FuG 16Y）的 Me 210 和 Ju 88 及其机组。现在使用装备 FuGX 和 Piel G-V 的 Bf 110 仅是紧急情况下采取的措施。

9. 重型轰炸机入侵深度的增加和他们的战斗机航程的增加使得我们需要将包括西欧占领区在内的整个帝国看做一个单独的防区。

10. 防御战的效率必须提高。在 8 月 17 日，一波轰炸机后又跟着第二波。500 架飞机中有 80 架被击落，但是这还不足以阻止目标遭受轰炸。

11. 由一名联队长率领的联队级别攻击需要能消灭单独的一个敌机编队，只有这样才能使它们打消攻击的意图。

12. 地面机构服务到来战斗机的能力必须得到提高。很难在所有的机场进行弹药补充，人手同样不足。重要的机场将被设为战斗机补给点，其他的机场将至少能提供飞到下一个战斗机补给点的燃料。

13. 又大又慢的 Bf 110 仅是权宜之计。Bf 110 仅能在白天对抗被分散的轰炸机时取得成功。

14. 对机场日益增强的攻势（现在由重型轰炸机、中型轰炸机和战斗机完成）需要我们在所有机场周围建造疏散区，这使得从沿海机场展开作战变得尤为困难，因为使大队起飞并爬升到作战高度的时间不足。

15. 敌机编队在穿越海岸线时得到严密护航的事实，以及缺乏集结强有力编队的时间，使我们需要将防空战斗机的主力转移到敌军战斗机航程外的深远内陆。对抗沿海地区纯粹由战斗机进行的扫荡很多时候在战术上并不是正确的。

16. 关于指挥和控制的 Y 计划（使用 FuG 16ZY）进展顺利，但是每个大队至少要有 12 架飞机安装此装置。

这份报告还对昼间战斗机的装备进行如下评估：

1. Bf 109 和 Fw 190 需要尽快装备 WGr 21 火箭弹。

2. Bf 109G-6/U4 上的 3 厘米口径 MK 108 机炮证明了它的价值，它具有无与伦比的破坏力。

3. Fw 190 和 Bf 110 已经拥有了可用的外挂油箱，装备给 Bf 109 的工作则因为补给问题而被拖延。

4. 安装在新型 Bf 109G-6 上的 Revi 16B 瞄准镜无法让人接受，飞机已经开始重新安装 Revi 12D 瞄准镜。

5. Bf 109G-5/U2（安装 GM-1 装置的高空战斗机）已经被证明并不成功：它在所有飞行高度都不稳定；在 10000 米高度会拖着一股轻烟；它的挡风玻璃（特别是钢化玻璃）在俯冲时会结冰；它的压力设备，尤其是压缩机非常不可靠，也特别难获得零备件；维护特别耗费时间；紧急起飞时每架飞机需要 3 名地勤人员。

▲ 德国空军地勤人员正在为 JG 26 第 2 大队的一架 Fw 190 战机装填 21 厘米火箭弹，单发战斗机携带这么重的火箭弹实在是有些吃力，到 1944 年已经很少再这样做

加兰德将军很明显参加了第 12 航空军司令部的这次重要会议，他吸收了其中的一些结论，并在 9 月 3 日发布一道战术规章。虽然这仅是一个建议性文件，它还是显示出这段时间领导层对帝国防空军的期望。其中的要点是：

1. 组建一个最大强度的单一攻击波很关键，及时与相邻和后方的战斗机师进行合作非常重要。

2. 攻击至少要由两个大队完成，由一名指挥官使用统一无线电频率指挥。

3. 双发跟随机需要随时报告敌机编队的力量、位置、高度和航向。

4. 所有未安装 FuG 16ZY 装置的飞机将听从新的帝国战斗机无线电系统（Reichsjägerwelle）发出的飞行路径指示。

4. 降落在一个陌生机场的高级指挥官应该立刻将飞到这里的全部战斗机组成一个作战大队（Gefechtsgruppe），并使它尽快处于战备状态。

　　a. 在获知部队力量后，起飞命令由该地区的战斗机指挥部下达。

　　b. 如果无法与战斗机指挥部获得联系，

作战大队的指挥官可以自行下达起飞命令。

  c. 起飞后他将使用起飞基地的名称作为他的（电台）呼号。

  d. 可以在与帝国战斗机无线电系统的清晰通讯中获得敌机编队的位置信息。

  e. 作战大队根据作战指挥官的命令解散，每位飞行员随后要自行找到他的母队。

  6. 帝国境内提供物资补给的机场将被标注在飞行员的地图上，这样可以从高空辨认出它们。

  7. 战斗机指挥官需要牢记不同战区的天气情况以及它们对敌机活动的影响。

  8. 每个单位（大队或中队）都要主攻一个轰炸机编队。如果它投下了炸弹或被打散，则需要攻击视线内的下一个编队。

  9. 从小队长开始的所有编队指挥官都要使用白色的方向舵作为识别标志。脱离母队的单机或双机都要立刻集结在这些飞机周围。

  10. 第一轮攻击的目标是打散敌机编队。攻击应该从最有利的位置发起，每个小队之间的距离尽可能缩小。

  11. 应该提前决定撤出攻击的方向，撤出后的飞机应该尽可能快的重新组队。

  12. 考虑到作战效率，现在只有那些被证明很优秀的大队在特别有利的情况下才可以采取迎面攻击。

  13. 常规的攻击将从后方使用一个较小的偏转角发起。

  14. 所有的指挥官都要监视接近到有效射程的飞行过程。

  15. 没有充分理由而在未进入射程时就离开的飞行员将以面对敌人表现懦弱的罪名被送上军事法庭。

  16. 考虑到作战效率，现在只需要攻击编队中的轰炸机（无论是在来袭途中还是返航途中）。

  17. 只有在整个编队被打散后或没有其他攻击的可能时才允许攻击单独的轰炸机。

  18. 携带WGr 21的飞机可以在成功发射它们的火箭弹后攻击脱离编队的轰炸机。

  19. 工厂保卫队、夜间战斗机和训练联队的小型作战分队只有在不可能组成更大编队（无论在地上还是空中）的情况下才可以攻击脱离编队的轰炸机。

  20. 没有其他的例外。违背这些指示的指挥官和飞行员将以抗命和对帝国安全造成严重后果的罪名被送上军事法庭。

  21. 迎面攻击的开火距离不应该超过800米，从后方或其他方向攻击的距离不超过400米。

  22. 每次攻击的目标应该仅是一架飞机——向整个编队倾泻弹药从来无法获得成功。

  23. 一个确定的瞄准点将使你获得成功。

  24. 所有大于30度的偏转角攻击都是低效的。

  25. 哪怕是在最密集的高炮防区和防空气球区都应该继续进行战斗。

  26. 要采取任何可用的手段阻止轰炸机向它们的预定目标完成投弹。

  值得一提的是加兰德对迎面攻击的消极态度与第1战斗机军司令部完全相反。另外需要注意的是他的26条指示中没有一条提到盟军护航战斗机，这表示它的重要性依然被德国空军高层所低估。对于加兰德来说极具讽刺意味的是，他的弟弟在两周前刚死于美军护航战斗机之手。

  驻英格兰美军轰炸机部队的快速扩张也需要引入新的指挥体系。9月13日，3个轰炸机师成立。第1、2轰炸机师分别吸收了第1、2

轰炸机联队，第 3 轰炸机师则吸收了第 4 轰炸机联队。新到来的轰炸机大队将被分配到各师下新成立的轰炸机联队。在经受 9 月 6 日对斯图加特空袭的惨重损失后，接下来 3 周第 8 航空队仅攻击了西欧占领区内的目标，德军这一段时间的防御也相当无力，例如对 9 月 23 日美军的轰炸行动，精锐的 JG 2 全队集体出击，结果损失了至少 16 架战机，3 名飞行员阵亡，7 人受伤，而他们仅仅打下了 3 架轰炸机和 1 架雷电。9 月 14 日，米尔希召开了一次大会来讨论一位知名滑翔机飞行员海因里希·兰格（Heinrich Lange）中尉提出的自杀式攻击计划。兰格提议使用安装重装甲的 BV 40 滑翔机撞击轰炸机和舰船。当天的讨论还涉及到了携带炸弹的战斗机，安装新型弹射座椅的 Me 410 鱼雷轰炸机，以及由战斗机控制的无人驾驶机。大部分人都对兰格的自杀式攻击建议没有兴趣，加兰德则负责起草一份反对意见书。它在 9 月 22 日发布，引发了帝国防空军昼间战斗机战术的最后一次重大创新。加兰德指出如果一架战斗机能够靠近到可以撞击的距离时，它仅靠机载武器就很有机会摧毁这架轰炸机，之后它还可以返回准备下一次作战。撞击应该是当武器故障时采取的最后手段。他提议成立一支特殊的部队来测试装备和战术，这就是第 1 突击中队。中队获得了成功，并促成德国空军组建了 3 个突击大队（JG 4 联队第 2 大队，JG 3 联队第 4 大队，JG 300 联队第 2 大队），它们将是帝国防空军在 1944 年末最重要的昼战力量。

美机直到 9 月 27 日才重返德国上空，新的领航机部队（Pathfinder Force，简称 PFF）出动 4 架 B 17F 率领轰炸机群空袭埃姆登。领航机装备了英国的 H2S 雷达设备，可以透过云层识别地貌。领航机部队将在即将到来的冬天扮演越来越重要的作用，

▲ 1943 年 9 月的阿赫玛空军基地，两位第 25 试飞队的飞行员在一架 Bf 109G-5 前合影

它使得美军可以继续保持轰炸机作战数量的增长，虽然透过云层进行轰炸的精度与区域轰炸没什么区别，与官方要求的精确轰炸战略相反。

美军为埃姆登空袭部队提供了 6 个 P 47 护航大队，比 8 月 17 日多 2 个。全部装备 75 加仑或 108 加仑外挂油箱，首次为空袭德国的一个目标进行全程护航，虽然埃姆登距离英格兰相对较近。提升护航机的航程是第 8 航空队的一件紧要事宜。在华盛顿的阿诺德将军希望让威廉·凯普纳（William Kepner）少将出任第 8 战斗机司令部长官，他在美国西海岸担任第 4 航空队司令时的表现引起了阿诺德的注意。凯普纳和位于加利福尼亚的战斗机制造厂紧密合作，努力提升战斗机的航程。凯普纳是个具有创新性，精力充沛而进取心强烈的人，被证明极为适合他的新工作。战斗机在沿海地区执行低效扫荡作战的时代结

束了。德国防御者很快就会注意到美军战斗机展现出从未有过的攻击性。

对埃姆登的空袭效果不佳，仅有 1 台 H2S 雷达顺利运作，出动的 308 架 B 17 中有 246 架完成投弹，但是投弹密度并不理想。P 47 护航机表现良好，仅有 7 架 B 17 被击落，但是德国防空部队也受到了坏天气的干扰，出动的部队数量很有限，JG 11 第 2 大队在 11 时出动，其第 5 中队再次挂装了 WGr 21 火箭弹并成功击落 2 架空中堡垒，不过之后他们就和雷电战斗机发生了混战，这天对于他们而言是个值得铭记的日子，多达 9 名飞行员阵亡或失踪，2 人受伤。即便是取得了 7 架 B 17 和 1 架雷电的宣称战果仍然不能抵消如此巨大伤亡带来的消极影响。

10 月的第一次空袭就发生在 10 月 1 日，方向却是来自南方。第 8 航空队的 3 个 B 24 大队已经在 9 月返回北非支援盟军登陆意大利的作战，并在这天前去轰炸位于维也纳新城的梅塞施密特工厂，地中海战场上第 12 航空队的 B 17 则将目标锁定为奥格斯堡。这一地区的防御者依然力量不足且缺乏经验，但还是足以对付无护航的轰炸机。JG 3 第 3 大队取得 5 个重轰战果，JG 27 第 1 大队出动的 39 架 Bf 109 声称取得 6 个重轰战果。KG 51 第 1 大队出动了它的 Me 410，一些航校的 Bf 110 同样升空，但是它们都没有取得战果。美军的全部损失为 7 架 B 24 和 3 架 B 17。德国空军指挥官预测来自南方的攻击将会继续，位于奥地利的战斗机部队需要得到加强。

第二天埃姆登再次遭到多达 349 架 B 17 的攻击，领航机部队的装备再次被证明不可靠，坏天气也再次干扰了守军的作战。不过因为有多达 227 架雷电的护航，德国空军飞行员声称击落 9 架轰炸机，最终至少有 3 架得到官方确认。但实际仅有 1 架轰炸机被战斗机击落另有 1 架被高炮击落，34 架受损，

▲ 摄于 1943 年 9 月 27 日埃姆登之战中的一张著名照片，中央的这架 B 17 属于第 390 轰炸机大队，轰炸机上方是为其护航的 P 47 战斗机

▲ 一架第 93 轰炸机大队的 B 24 在完成地中海地区的作战后返回英格兰，它于 1943 年 10 月 1 日在奥地利上空被击落

◀ 1943 年 10 月 4 日，JG 1 第 2 中队的安东·皮费军士长在击落一架 B 17 后接受地勤人员的祝贺

防御主力这次是 JG 11，他们在这天再次蒙受了惨重的损失，9 架战斗机被击落，飞行员 6 死 3 伤，上报了 2 架轰炸机和 1 架雷电的战果。

阿诺德将军一直在给埃克将军施加压力，要求他的第 8 航空队展现出更多的成果。到现在为止联合轰炸的目标中只有少数得到了重击。漫长的欧洲冬季很快就要到来，这将进一步妨碍作战。埃克和他的轰炸机司令官安德森少将决定使用全部兵力展开一系列对高优先级目标的攻击行动，它们大都在深远的德国内陆，远超现有护航机的航程范围。

埃克的首轮试战在 10 月 4 日，是一次对美因河畔法兰克福的成功空袭。第 1 轰炸机师派出的 155 架 B 17 中有约 130 架攻击了它们的主要目标，同时第 3 轰炸机师的 168 架 B 17 中有 152 架轰炸了萨尔的数个工业目标和 JG 27 第 2 大队的圣迪济耶（St.Dizier）基地，该大队刚刚加入帝国防空军，结果还没来得及一展威风就在跑道上被炸的四分五裂。德军的拦截并不得力，JG 1 联队第 1、2 大队在中午于蒙塔鲍尔（Montabaur）截住了美军编队，不过 2 大队的战报显示这次拦截异常艰难："像往常一样，首轮攻击从轰炸机群的右后方和右上方展开，不过很快我方便有 4 架 190 战斗机被敌方自卫火力击伤而退出战斗，之后又有更多的战斗机脱队，美军的轰炸机自卫火力超乎寻常的猛烈密集和准确，我们几乎不可能再按照惯用的战术进行攻击了"，战斗结束后 JG 1 的这两个大队共宣称击落 4 架轰炸机，己方 2 架战斗机被毁，一名飞行员阵亡。在当天的战斗中美军损失 12 架 B 17，还有 2 架在返回后被销毁。

美军的成功就代表德国空军遭遇失败。JG 1 第 1、2、3 大队，JG 3 第 1、2 大队，JG 27 第 2 大队和 ZG 76 第 1、2 大队被导向来袭的轰炸机编队。不知道德国空军是否做出了为 ZG 76 提供单发战斗机护航的计划，但是可以确定的是 Bf 110 单独执行了这次作战，声称击落 4 架 B 17 后不幸在迪伦（Düren）附近碰到第 56 战斗机大队的 P 47。在接下来的屠杀中新成立的联队损失了 9 架 Bf 110，11 名机组人员阵亡（包括 2 个大队的队长），7 人负伤，这个打击几乎是毁灭性的，此后这个联队无论是进攻积极性还是技战术水平都低到了一个让人无法忍受的程度。

第 2 轰炸机师两个刚从北非返回的 B 24 大队共 38 架解放者在 4 日越过北海，完成了一次成功的佯攻作战。它们吸引了那个方向上的大部分防御部队。第 2 战斗机师出动 JG 11 全队和赫尔格兰战斗机中队对抗解放者轰炸机。JG 11 第 1 大队声称击落 5 架 B 24，

▲ 橡叶骑士勋章获得者欧文·克劳森中尉（中央）正在享受一次久违的休假，他在1943年6月20日出任JG 11第1大队长，击落12架重型轰炸机后于1943年10月4日在一次空战中失踪

但是第1中队长海因茨·萨瓦德特（Heinz Sahnwaldt）中尉和大队长埃尔温·克劳森（Erwin Clausen）少校（拥有132架战果的橡叶骑士勋章得主）都阵亡（此后赫米兴上尉从JG 26第3中队长职务上调来接任了JG 11第1大队长）。施佩希特上尉率领了一个由JG 11第2、3大队和赫尔格兰战斗机中队组成的大部队，这个纯粹由Bf 109组成的编队声称击落6架B 24。实际损失为4架B 24，还有19架带伤返回英格兰。返航后施佩希特对标准Bf 109的孱弱火力大为不满，这使得很多受损的B 24得以逃脱。所有对B 24的攻击都在轰炸机抵达目标前结束。没有部队进行二次出击，轰炸机在撤退过程中没有遭到攻击。

1943年10月的防空会议

就在秋季昼间空战这一关键阶段，戈林在10月7至8日召开了一次大会，会议地点是上萨尔茨堡。它的主要目的是"处理德国空军防空系统各方面的问题。"的确，会议最终探讨了从高炮部队的作战效率到防空火箭弹的发展等一切和本土防空有关的内容。出席的重要人物包括米尔希、威斯、卡姆胡贝尔、科勒、马蒂尼和加兰德。戈林刚刚从一个战斗机基地返回，他收到了法兰克福地方长官发来的一份信件，信中愤怒的指责昼间战斗机在美军10月4日对该市的空袭中表现极差。地方长官抱怨加兰德的战斗机部队的糟糕表现使得美机可以不受干扰的飞临城市上空，造成了极大破坏。

戈林在这次会议中严厉批评了战斗机飞行员的训练、战术、技术和士气。他当众声称："我不能让德国人民这样对我说：'我们给了你数十亿元，而你却无法阻止这一切的发生，300架轰炸机中仅有20架被击落'。"他将这次空袭事件称为一起"丑闻"。戈林着重强调了德国战斗机在技术方面处于劣势，而仅在数月前他还声称它们远比美机优秀。他指出伟大战术家维尔纳·莫尔德斯设计出来的复杂而个人主义的战斗机战术"适用于精英，但被证明对于绝大多数飞行员来说是糟糕而有害的。"但是戈林批评最多的还是德国空军飞行员士气和作战精神的衰落。帝国元帅宣布他将不再佩戴他的作战勋章，直到德国战斗机部队重新恢复它的锐气。米尔希站出来表示帝国元帅的批评是不公平的，大多数部队都在战斗中拼尽了全力，但在武器性能和数量对比上差距实在太大。戈林轻蔑的回复："他们只需要靠近到距离敌机400米的位置而不是1000米，他们只需要击落80架轰炸机而不是20架。然后他们就将摆脱低迷的士气，而我也将会向他们脱帽致敬，德国人民也会重新对帝国空军们树立起信心。"

米尔希拒绝承认德国空军的问题源于懦弱心态，戈林对此表示同意。他坚称那些老兵已经毒害了有理想的年轻人的思想，其中

▲ 一次关于帝国防空战会议上受到希特勒接见的加兰德将军，在他身旁着空军制服者就是耶顺内克大将，照片中的另两人分别是米尔希元帅和凯特尔元帅

就包括一些获得过最高级勋章的王牌飞行员。"这些年轻人刚完成训练，他们相对来说是充满热情的。进入被分配到的大队后他们在那里被告知：'这里的战术是什么？逃跑保命吧。'他给出这样的建议是想要干什么？"帝国元帅在视察过德国空军作战指挥官的表现后得出结论，他"更喜欢一个没有任何勋章但却勇敢好斗的年轻人，而不是一个获得了骑士勋章却不热心战斗的中队长……"

戈林试图找出1943年秋季德国防空的一些主要问题，但却还要掩饰自己对造成当前局势所要承担的责任。和戈林对战斗机飞行员的怀疑一样，即便是他们最坚定的支持者也承认德国空军战斗指挥官和飞行员的士气并非无可指责。加兰德在回应上司的质问时保证："联队和更高级别指挥官将接受重新检查，以判定他们的指挥能力和决心程度。我也在心中构思一个系统，它可以由联队长或我本人负责运作。这个系统将派人到有问题的大队去和他们一起执行任务，并确定这个大队到底做了些什么，它是怎样战斗的。这些人也许可以被称作飞行政委……另一种确定一名飞行员是否真的完成了一次果断突击的可能方式是安装一台自动照相机，这个东西我在超过一年前就已经请求安装了。这样一台照相机拍下的相片可以在作战结束后立刻获得并证明：这名飞行员以某某角度或某某距离接近敌机，或是这名飞行员将他的弹药胡乱射到无人区……"

这次会议得出了若干特别提议。一份写于10月7日的命令对战斗机部队提出如下要求，它们很明显没有被强制执行：

1. 部队将接受政治军官的监督。
2. 自动照相机将被用来确认战斗机部队的作战过程。
3. 自动记录式气压计将被用来确认（战斗机）抵达的飞行高度。
4. 大队长需要向战斗机指挥部汇报每名飞行员的表现。

帝国元帅还发布了一系列命令，由各作战单位指挥官向飞行员宣读。这些命令不幸的未能以书面形式保存下来，但是一位原JG 1飞行员在战争结束很久以后回忆出以下内容：

1. 战斗机部队必须在任何天气条件下起飞并参加作战。
2. 任何一名战斗机飞行员在没有取得战果或没有遭受作战损伤的情况下返回基地将接受军事法庭审判。
3. 希望任何一名战斗机飞行员在武器故障时撞击敌机。

我们只能够猜测作战指挥官和飞行员对于这些侮辱性指令的反应。但是据JG 1联队长汉斯·菲利普的手下军官所说，这位优秀而广受尊敬的中校对此十分愤怒，他声称自己将不会被这些指令所约束，还说"我知道我需要做的是什么！"

戈林的另一个要求是德国战斗机需要通过补充弹药和燃料来对进行深入渗透的美军

轰炸机完成2次或3次拦截，这同样成为了日后标准的作战准则，即便加兰德也承认它带来了短期的成效。这次冗长的会议推出了大量新的技战术和作战理念，今天的人们回想起它时却主要都将目光放在戈林糟糕的领袖作风和他与前线指挥官（尤其是战斗机飞行员）之间越来越恶化的关系。然而除了激烈的冲突外，此次会议还反映出了第三帝国领导层内部的不和以及纳粹主义对德国军事文化的侵蚀。这与一战结束后德国空军早期规划者对问题和失败的总结把握做法形成鲜明对比。

就在会议还在吵吵闹闹的进行过程中，美军的下一次空袭已经在8日到来。目标是不莱梅和附近费格萨克的造船厂和工厂。3个轰炸机师总计55架B 24和334架B 17采取不同的航线，在目标地区完成会合。德国空军指挥部对来袭的编队展开了较有协同性的拦截作战。第3战斗机师的战斗机负责攻击向东穿越荷兰的第1轰炸机师，第2战斗机师的战斗机则进攻第2轰炸机师的B 24和第3轰炸机师的B 17，后者采用一条更迂回的路线，越过北海后在格罗宁根附近进入荷兰。

第4战斗机大队的45架P 47负责保护第1轰炸机师。编队在须德海上空就遭到了JG 3的攻击，它们分别是来自伯宁哈特（Bönninghardt）的第1大队和来自史基浦的第2大队，全部装备Bf 109。梅塞施密特战机成功的将雷电从轰炸机群身边引开，给JG 1第2大队的14架Fw 190和3架Bf 109创造出了绝佳的攻击机会，但是它们却莫名其妙的迟到了。即便如此B 17的劫难只不过稍微推迟了一会儿，它们在目标上空遭到携带火箭弹的Bf 110（属于ZG 26）和JG 1第2

▲ JG 1联队长汉斯·菲利普中校在迈森的葬礼仪式，送葬队列正在缓步走向墓地

大队的痛击。这支驱逐机部队驻扎在不莱梅附近，远在护航机的航程范围之外。JG 1第2大队以2架飞机的损失和1名飞行员失踪的代价击落1架轰炸机并重创另外7架。稍后赶来的JG 1联队部小队和第1中队在B 17掉头向西撤退时才发起攻击，在菲利普中校的指挥下组成了一个相对紧密的编队并持续攻击轰炸机直到45架第56战斗机大队的P 47赶来救援。以1架P 47为代价，泽姆克上校的飞行员声称击落5架Fw 190，其中一架就是联队长菲利普中校的座机。这位人类空战史上第二位击落200架敌机的双剑橡叶骑士在刚刚取得他的首个重轰战果后就此毙命，成为到目前为止帝国防空军战绩最高的阵亡者。不过在战斗中JG 1也取得了不俗的战果，他们共打下了7架轰炸机并将1架轰炸机重创使其脱队，而己方阵亡了4名飞行员。

第353战斗机大队带着第3轰炸机师越过荷兰海岸线，但是它不能在此久留。当战斗机转身离开时，轰炸机编队遭到了JG 11全队的攻击，一直持续到抵达不莱梅上空，JJG 11宣称击落了7架轰炸机，但代价也异常惨重：飞行员4死6伤，其中第9中队长弗兰茨·斯多布（Franz Strobl）中尉阵亡，第2中队长埃里希·洪特（Erich Hondt）少尉受伤。其他该地区的作战部队也与轰炸机群发生交火，包括第25试飞队、JG 54第3大队、NJG 3、不莱梅和朗根哈根的福克-沃尔夫工厂保卫小队。B 17沿着第1轰炸机师的线路向西撤退，获得了第56战斗机大队的保护，德机的攻击也就此停止。

施密特认为当天的防御战取得了一定成功。美军损失了30架重型轰炸机（2架在返回英格兰后报废）和3架P 47，德军损失24架战斗机，21人阵亡，12人负伤。虽然驱逐机部队做的不错，兵力不足还是使他无法取得更大的胜利（ZG26联队当天宣称击落9架B 17，损失2架飞机，还有1架受损，4名机组阵亡，3人负伤）。此战中前所未有的出现了3起空中撞击事件，埃勒斯少尉、洪特少尉和汉斯·京特·莱因哈特（Hans-Günther Reinhardt）技术军士都通过撞击击落了B 17，他们3人虽然受了伤却还是得以幸存。这些撞击攻击都是自发或意外造成的，并非有预谋的计划，但是也有可能是受到了戈林训话的刺激。直到帝国濒临灭亡之前的易北河特攻战，德国空军再也没有重复如此规模的空中撞击。

接替菲利普担任JG 1联队长的是帝国防空军中唯一一名拥有更高个人战绩的飞行员，这就是大名鼎鼎的钻石双剑橡叶骑士勋章得主赫尔曼·格拉夫中校，他的JG 50正要被解散。格拉夫是第一名击落200架敌机的德国空军飞行员，因此赢得了国防军最高荣誉钻石双剑橡叶骑士勋章。他拥有大量原职业足球运动员负责处理个人杂务，并将这支队伍带到他的每个新岗位上。格拉夫声称自己这么做是为了拯救战后的德国足球，但是他的这番作派并不受JG 1的新下属欢迎。

埃克和安德森在10月9日进行了一次豪赌，将他们所有可出动的246架轰炸机派出轰炸德国东部的目标，完全没有战斗机护航，仅仅是出动了4个雷电大队对荷兰的机场进行了扫荡并派出B 26中型轰炸机轰炸了翁斯德雷赫特机场。B 17轰炸机越过北海和挪威，然后分别攻击安克拉姆（Anklam）、格丁尼亚（Gdynia）、但泽和马尔堡（Marienburg）。施密德的Bf 109和Fw 190都因航程问题无法拦截来袭的轰炸机，但是准备在它们返航时发起攻击。Bf 110可以在天上呆更长时间，但是接近轰炸机的速度太慢。此时在德国东部没有部署任何昼间战斗机。轰炸机于是可以安心执行轰炸任务，也取得了较大成功，航拍照片显示马尔堡的福克-沃尔夫工厂遭到了极为准确的攻击。

轰炸机的返航路线分为多条，这使得JG 26联队被导向了错误的地区而错过了拦截，但第1战斗机军的所有昼间战斗机和夜间战斗机单位都成功与敌机接触。依靠无云的绝佳天气帮助，哪怕是刚刚经历了损失联队长之痛的JG 1联队都表现出色，他们全体出动并打下了3架轰炸机，而己方仅战损战伤飞机各1架，无人员伤亡。在当天的战斗中共有28架轰炸机被击落，2架返回后被销毁。

▲ 德国西北部是1943年下半年第8航空队经常光顾的地区，此图显示的是1943年10月8日对不莱梅的空袭

▲ 1943年10月9日，第94轰炸机大队的一架B17正在轰炸马尔堡，这架飞行堡垒将在1943年11月29日对不莱梅的空袭中被德国空军战斗机击落

德军损失10架战斗机，11名机组阵亡或失踪，一人负伤。JG 11相比前一天的攻击也有了很大的进步，宣称击落11架B17，已方3名飞行员身亡，两人受伤，交换比大大降低。

加兰德将军当天作为一名督查军官亲自起飞视察作战。他和一名僚机飞行员先是驾驶一架联络机到斯塔肯（Staaken），然后爬上等在那里的Fw 190，升空寻找攻击安克拉姆的入侵者。这2架飞机是第一批找到它们的德国战斗机。他们与重型轰炸机并列飞行，直到其他德国战斗机赶来开始攻击。加兰德不高兴的发现21厘米火箭弹的发射距离太远了，对轰炸机的攻击混乱且过早结束。根据他的回忆，加兰德在德国战斗机离开后亲自发起攻击，在第二轮攻击中击落1架B 17。他不能上报这一战果，因为他的飞行计划中不包括作战。在返航途中进行思考后，加兰德总结德国飞行员在执行第二次长时间的作战任务后都会筋疲力尽，现在通过亲自观察他知道提出什么样的要求是合理的，与戈林的争论也可能会更有分量。然而，他不得不承认戈林在很多方面是正确的——对重型轰炸机的恐惧是一个问题。很多首次参与截击

作战的飞行员们，哪怕是来自东线，南线的老手们在遭遇轰炸机群后都未能大胆地冲入轰炸机群，而那些刚刚从航校走出来的新丁们就更不用提了，这也就意味着虽然作战计划上是有大量战斗机部队集结起来用于拦截行动的，但真正参与攻击作战的战斗机数量却远远少于派出数量。

指挥与控制

一份1943年底的战术备忘录指出："成功对抗盟军轰炸机编队的首要条件就是集中可观数量的战斗机，以及按照一个单独的作战计划行动。"达到这个"首要条件"是德国空军战斗机防空指挥与控制系统的目标。就像我们之前看到的那样，防御系统在一支追求进攻的空军中的存在地位如同私生子一般。尽管如此，施密德和他的参谋部还是在短时间内建立起了一个有效的防御体系，虽然它远称不上完美。

虽然由德国空军中央司令部提出总体防空策略和指导，指挥战斗机实际作战的还是第1战斗机军。它的司令部负责："根据空中形势，及时而适当的动用战斗机部队，并决定主要的防御重点。它要指挥下属战斗机师在每个不同情况下的行动，并确保及时将控制权交给相邻的指挥地区。"

概括地说，德国空军战斗机指挥系统首先需要构建出一个整体的空中态势图。负责绘制该图的是第1战斗机军的作战室。根据施密德的意见，军作战室被缩减到一个易于管理的规模。他公开对战斗机师那大型作战室内如同"瓦格纳歌剧厅"般的景象表示不屑。在这个小作战室内，测绘员收集从战斗机师和其他下属指挥部发来的报告，得出覆盖帝国整体的全景图。在场的还有来自高炮、

◀ JG 27 第 4 中队的 Bf 109G-6，1943 年秋摄于威斯巴登－埃本海姆

无线电拦截、情报和气象部门的联络军官。战斗机作战室通过电话线路与所有下属指挥部相连，和战斗机师交流作战指示。

战斗机师负责"集中指挥和控制区域内的防空部队。"它的主要任务是：

1. 收集、评估并上报防区内的空中态势图。
2. 对下属编队进行战术指挥和控制，这包括为了确保防空计划执行和与其他作战部队协作而在战斗前和战斗中需要采取的一切措施。

战斗机军与师的司令部有多个信息来源。4 个主要信息来源是掌管雷达设备的飞机报告部门，地面观察员和与他们相关的联络通讯站，无线电拦截部门，以及伴随轰炸机飞行的跟随机。

雷达

昼间战斗机极大地受益于前几年为了对抗皇家空军夜间入侵而建立的复杂雷达网络。至 1943 年，芙蕾雅早期预警雷达（通常与提供高度信息的维尔茨堡雷达成对使用）已经得到了新一代精密雷达设备的辅助，特别是被称作"双方在二战期间生产出的最好早期预警雷达"的猛犸象雷达和瓦塞尔曼雷达。最后，支援高炮部队的炮瞄雷达（基本是维尔茨堡雷达）也与战斗机军、师分享它们的信息，这样很好的扩大了雷达的覆盖范围。

皇家空军轰炸机司令部在 7 月的汉堡战役中极为成功的实施了电子干扰，使德国的雷达系统陷入混乱。美国陆航轰炸机编队也适时地开始干扰德国早期预警系统。美军第一次有记载的使用锡箔是 1943 年 11 月 26 日对不莱梅的昼间空袭。一架飞机上的无线电干扰发射器也在同时运作，这样维尔茨堡雷达同时经受两种不同类型的干扰，完全无法进行高度测量。

地面观察员

对于一战时还处于婴儿期的德国防空部队来说，配备钢盔、双筒望远镜和电话的地面观察员是飞机警报部门的核心。虽然"电子眼"在 1943 年已经得到大规模运用，这些观察员还是扮演着非常重要的角色。他们是无法被干扰的，观察员网络呈递了很多宝贵的信息。除了填补雷达站空缺的地点外，观察员还可以辨认飞机型号，报告低飞的入侵者、坠毁飞机和跳伞飞行员。总之，他们为帝国防空增添了重要的深度。

Y 部门（无线电拦截部门）

虽然雷达得到了特别多的注意，但真正进行"早期预警"的其实是德国空军的监听与拦截部门（通常被称作 Y 部门）。该部门依然由德国空军信号部门主管沃尔夫冈·马蒂尼将军负责指挥，但是它与战斗机作战中心紧密相连。盟军在 1943 至 45 年的空袭行动规模庞大，无可避免的会发出大量无线电和雷达信号，其中很多都被德国监听部门拦截和分析评估。它为战斗机军提供了重要的细节情报，例如盟军轰炸机的起飞时间、英伦上空的天气状况、参加作战的部队和入侵航向等信息。这些信息可以比早期预警雷达系统更早获得，用于澄清并加速完成一幅准确空中态势图的绘制。

跟随机

德国空军指挥与控制系统依赖"空中观察所"跟随机提供的信息。就像我们已经看到的那样，使用远程飞机在暗处进行侦察在战前就是德国空军作战理念的一部分。1943年，战斗机师维持着拥有这些飞机的特别中队。跟随机仅在所属战斗机师负责范围内活动，通常在各师边界处由类似飞机交接巡逻任务。对这些飞机的命令由师作战室发出。起飞后，跟随机就按照Y系统（见下文）的指示飞行。它们的任务是隐藏在轰炸机编队附近，通过无线电向地面指挥中心发去敌军规模、航线、高度和护航机是否存在等信息。所有战斗机师的跟随机都使用同一个频率，这样可以同时在各师间交换敌机编队的信息。至1943年夏末，那些深入德国境内进行空袭的美国陆航轰炸机机组经常能看到跟随机的存在。

这些跟随机对美军轰炸机机组产生了巨大的心理作用。盟军认为这些飞机在空中直接向编队指挥官发布命令，但是这并不是正确。虽然是指挥和控制系统的重要一环，它们的数量却很少，每个战斗机师只分配到不超过8至10架跟随机。现存的记录中很少有关于这些飞机的内容，然而第1战斗机军确实有收到过一条相关的命令，它在11月由中央司令部下达。要求每个战斗机师组建一个

"混编中队"，由一个跟随机（Fühlungshaltern）小队和一个侦察机（Luftbeobachtern）小队组成，后者在夜间防空中起到类似的作用。这些飞机要携带一位高炮军官作为第三名机组。最常用的Ju 88C和Bf 110夜间战斗机无法为此人提供足够的视野，所以推荐使用Ju 88A-4轰炸机作为夜间侦察机，直到Ju 88H-2或Ju 188服役。飞机配备最顶级的无线电设施，第3战斗机师甚至给它们安装了缴获的美军无线电。

一旦完成整个空中态势图，就需要出动战斗机并引导它们进行拦截了。这一至关重要的任务由战斗机军下一级的战斗机师完成。每个战斗机师都有辅助自己的空情警报（雷达和地面观察员）团、营、连，它们向战斗机师的作战中心提供最新的情报。1943年，德国空军地面人员通过Y-战斗机路由系统（Y-Jägerleit）或帝国战斗机无线电系统（Reichsjägerwelle）指挥拦截机。后者是一个复杂的即时战局报道广播，由第1战斗机军使用统一的频率播报，所有的作战、训练和工厂保卫部队都使用它。这是关于整体空中态势的报告，通过帝国境内的数台无线电广播发射机发送。战斗机师地面指挥员发送的内容仅有作战编队指挥官能接收到，但是任何一名飞行员（甚至是使用合适收音机的平民）都可以收听帝国战斗机无线电广播并获得基本信息。

Y系统（贝尼托）

在1944年"欧根"雷达导航系统出现前，Y系统（Y-Führung）是昼间战斗机部队地面拦截指挥部使用的标准战斗机指挥系统。盟军给该系统起的代号是"贝尼托"，它由一个战斗机指挥所操作，与师属战斗编队（见

后文）交换局势信息和指示。一个典型的Y-指挥所由一个测绘室、一个木制方位测定塔和一台发射机/天线组成。战斗机指挥所发出一个载波频率为3000的信号，由安装FuG 16ZY VHF设备的战斗机接收，FuG 16ZY然后再将信号（以一个不同的预定频率）传回战斗机指挥所，方位测定塔上的操作员就可以知道战斗机的位置和行动。测绘室内的人员在测绘桌上汇总友机和最新的敌机（主要由维尔茨堡和芙蕾雅雷达获取）动态信息。战斗机指挥所按照师部发出的指示行事，将航线和航程命令发给战斗机指挥官。在一个大型编队中，仅有一架飞机作为目标机，否则测绘所需数据的精确度会受到影响。如果这架飞机无法战斗，另一架之前确定好的候补飞机将接替它的工作。其他装备Y系统的飞机不允许开启他们的装置。由于Y-指挥所收集到的信息与师部共享，战斗机师指挥员也可以直接向战斗机下达命令。由于需要设立分散的指挥部和目标机，Y系统天生就是复杂笨重，但是FuG 16ZY无线电收发器使系统很快就开始运行起来。

在1943年下半年，德国空军向着构建一个现代化战斗机指挥系统这一目标大幅前进。还有许多工作需要完成，对高炮、战斗机和空袭预警部队更大程度的结合将在1944年发生，对于一个真正的联合防空军的探索仍将继续进行。

10月10日，明斯特

第8航空队计划在10月10日继续向德国空军施压。天气预报显示德国上空晴朗无云，美军选择的目标是较近的明斯特，这样护航机可以进行全程护航。2个B 17轰炸机师（第1、第3轰炸机师）共274架B 17将合成一股兵力攻击市中心，他们会得到216架雷电的护航，较弱的B 24师则要飞到北海上空引诱第2战斗机师的战机。B 17的投弹瞄准点是明斯特市中心标志性的大教堂，这是第8航空队第一次明确地将平民作为目标。尽管如此，轰炸机机组被告知他们的目标具有战略价值，他们将攻击的是为鲁尔区服务的大型铁路调车场内的员工。

好天气对于德国空军的作战来说同样重要。由于已经猜到第8航空队将在10日重返德国，第3航空队的3个战斗机大队在9日转移到荷兰基地过夜。10日清晨，来自美国轰炸机基地的大量电台通讯预示着一次大规模空袭即将开始。当发现轰炸机没有在进行深入空袭所需的最迟时刻起飞后，位于代伦的第3轰炸机师师长格拉布曼上校判定轰炸机将攻击德国西北部，并开始相应地部署自己的部队。在轰炸机起飞前，JG 26第1、2大队就离开了吕伐登，第1大队前往代伦，第2大队则来到位于赖讷的德国空军大型永备基地。不知道是不是归功于运气，第2大队所处的位置距离第8轰炸机司令部当天的目标仅有40公里。而且这次转移在执行时保持了严格的无线电沉默，盟军情报人员一直未能定位这两个大队，第8轰炸机司令部的

▲ 表现帝国防空战中驱逐机部队作战的一张著名照片，图中ZG 1第2大队的一批Bf 110G-2正在寻找美军重型轰炸机

作战报告中完全没有提到它们。JG 26第3大队被留在了小小的荷兰埃尔德（Eelde）基地，美军也完全不知道它的存在。

第3轰炸机师在下午早些时候开始越过英国海岸线。第1轰炸机师在15分钟后跟来，它获得了绝大部分的P 47护航，美军希望第3轰炸机师能够达成战斗的突然性，然而他么不知道德军对于他们的到来已经做好了充足的准备。14时5分，JG 26第3大队的Bf 109从荷兰北部的埃尔德起飞，JG 3第2大队在3分钟后从史基浦出动。这时距离第3轰炸机师抵达荷兰海岸还有5分钟。轰炸机群的飞行方向已经被确定，JG 1第1大队和JG 26第1大队的Fw 190奉命从代伦起飞，JG 1第2大队和JG 26第2大队也在数分钟后驶离赖讷跑道。这4个Fw 190大队组成了一个单独的战斗编队。按照JG 26老兵海因茨·戈曼的说法，这是他的大队第一次也是唯一一次成为一支强大到足以执行那句军事格言"只准集中，不许分散"的部队的一份子。

第2轰炸机师的佯攻战术没有取得任何收效。领飞的B 24因为设备故障而掉头返航，整个编队也跟着一起放弃了作战任务。第2战斗机师的飞机因此可以放手加入南方的战斗。美军主力将面对的是至少13个战斗机和驱逐机大队，约350架战斗机的庞大拦截部队。

第3战斗机师放飞的战斗机继续沿着轰炸机的航线集结，这条航线笔直地向东穿越荷兰。美军下令采取最直接的道路前往明斯特，这样P 47可以全程伴随轰炸机抵达目标。JG 3第2大队是第一个来到轰炸机附近的大队，它遵循了加兰德将军从后方攻击轰炸机的战术准则，不过被位于第1轰炸机师末尾的新来的美军第352战斗机大队轻松化解，双方均没有损伤。然而这些P 47很快就不得

不返航，使轰炸机处于完全没有保护的状态。原定的交接护航单位是第355战斗机大队，但是这个同样是新加入战斗的大队被雾气困在了英格兰。美军精心打造的计划又一次被英国的天气给毁了。JG 1和JG 26的六位战斗机大队指挥官耐心的等到了他们的机会并立刻展开攻击。屠杀开始了。领飞的第14轰炸机联队（包括第390、95和100大队）的机组发现约200架德国战斗机组队从正面发起突击——第3战斗机师的指挥官很明显认为这些部队有能力完成迎面攻击，可以不受加兰德在9月3日发布指示的影响。

第14轰炸机联队越过哈尔滕（Haltern）后距离明斯特只有9分钟路途了，在JG 1第6中队中队长科赫上尉领导下的第2大队的Fw 190首先发起了攻击，德军迎面攻击了处于较低位置的第100轰炸机大队，福克-沃尔夫战机一直开火直到离敌机仅40至60米的距离才俯冲脱离，首轮打击过后JG 1第2大队就打下了4架轰炸机并重创了另1架，自身损失4架飞机。用时短短7分钟，整个"热血一百"编队就不复存在。6架飞行堡垒被摧毁，另外6架则带着冒烟的发动机掉头返航。这些轰炸机全部都被击落，大队出动的13架B 17中仅有1架返回英格兰。

第2战斗机师的战斗机现在也抵达了作战区域，它们被引导向轰炸机群的前方。海因茨·诺克中尉的JG 11第5中队的一个小队攻击了一些失散的P 47，并宣称击落两架。这些飞机明显来自第352战斗机大队，它承受了护航机部队仅有的2个损失。1架P 47未能返回，另一架则迫降在英格兰，JG 11还在空战中宣称击落2架B 17，自身损失2架Bf 109战机，没有飞行员伤亡。ZG 26联队长卡尔·勃姆·泰特尔巴赫（Karl Boehm-

▲ ZG 1 第 9 中队的一架 Me 410A 驱逐机

Tettelbach）少校率领 ZG 1 第 3 大队的 Me 410 和 ZG 26 第 3 大队的 Bf 110 从后方用火箭弹攻击了支离破碎的第 14 联队。像第 25 试飞队这样更小的部队同样攻击了第 3 轰炸机师。唯一的目标掩护部队第 4 战斗机大队伴随在第 1 轰炸机师身边。唐·布莱克斯利（Don Blakeslee）中校和他的 P 47 飞行员们准确按预定时间抵达哈尔滕，大队在为第 1 师的护航途中发现自己无事可干，此次任务仅损失 1 架飞机。主要空战发生在距离他们遥远的前方。

当轰炸机进入到明斯特的高炮防区后，绝大部分德国战斗机退出了战斗，这就使得轰炸机可以列队进行这个星期天的作战任务（共有 236 架 B 17 在目标区上空完成了投弹）。然而还是有少数战斗机飞行员沉迷于战斗，继续在城市上空攻击轰炸机。2 架 JG 26 第 4 中队的 Fw 190 在飞向攻击位置的途中甚至还不得不躲避领飞的第 95 轰炸机大队投下的炸弹，不过他们的冒险也确实取得了收获，盖尔德·维甘德（Gerd Wiegand）技术军士回忆道："我和僚机罗斯纳（Rösner）中士组成一个双机编队从左后方攻击了领航轰炸机编队，我的首次攻击成功击中了 1 架空中堡垒的一号发动机，一些大块的发动机碎片四散并开始冒烟，这架轰炸机越飞越慢，很快就和机群脱离，我又从它的右边再一次开火，这次射击显然打中了它的油箱，它的右翼立刻燃起了大火并拖起了长长的一条白色油雾，我和罗斯纳看到有 8 名飞行员从下坠的轰炸机中跳伞逃生，而轰炸机最终坠毁在明斯特以北大约 12 英里的地方。"这架倒霉的轰炸机属于第 95 轰炸机大队，它"有幸"成为维甘德的第 7 架确认的重轰战果。（维甘德幸运地活过了战争，并在战后成为了一名极为著名的建筑设计师，在巴伐利亚州的建筑史上享有盛誉）

第 3 轰炸机师离开高炮战区后德机的大规模攻击再次开始。全队出动的 JG 1 联队当天最终共计击落 9 架轰炸机并重创了 1 架，不过拼尽全力开火的美军机枪手们也给 JG 1 联队造成了 4 名飞行员阵亡的损失。第 95 轰炸机大队最终又损失了 4 架 B 17。结果在整个领飞联队将要被消灭的时候，第 56 战斗机大队的 P 47 赶来进行返航掩护。它们驶入敌机群的中央，分散为 4 个小队攻击尽可能多的德国战斗机。罗伯特·约翰逊（Robert Johnson）少尉的雷电被 1 架 Fw 190 重创，但是他已经在这次战斗中击落了 2 架敌机，使得个人战绩达到王牌的标准。第 56 大队代理

▲ 美军第 379 轰炸机大队 1 架被空对空火箭弹击中严重受损的 B 17

指挥官大卫·希林（David Schilling）少校也在这次任务中击落第 5 架德国战斗机。最后一批抵达的 P 47 大队是第 78 和第 353 大队，它们发现大规模攻击已经结束了，但是第 353 大队的瓦尔特·贝克汉姆（Walter Beckham）上尉还是击落了第 5 架战斗机，成为一名王牌飞行员。最后赶来的 JG 26 第 3 大队追上了美军轰炸机群的尾巴，在一番激烈的交锋中他们击落 2 架轰炸机但两名获得战果的飞行员也均被自卫火力击落受伤，这其中就包括了经验丰富的骑士十字勋章得主——第 12 中队中队长赫尔曼·斯泰格（Hermann Staiger）上尉。

德国防空军进行了一次出色的战斗，他们共摧毁 30 架 B 17 和 1 架 P 47，另有两架轰炸机返航报废，102 架轰炸机受创，自己损失 25 架战斗机和 12 名机组。德军损失的飞机中有 9 架是双发驱逐机。很明显这些高效的轰炸机猎手必须要远离美国护航机，否则它们无法成为一种有效的拦截武器。而且德国空军的努力似乎永远无法达到阻止敌机完成精确轰炸的终极目标。集中攻击轰炸机编队的一部分是一种有效的战术，也将被继续重复使用，但是在这一天，即便被选作攻击的是领飞编队，而且几乎完全摧毁了它，剩余的轰炸机还是对它们的目标完成了一次有效攻击。

第二次施韦因富特空战——"黑色星期四"

经过明斯特一战，美军指挥官应该能够得出以下几点教训：

1. 德国空军防空部队的实力和作战效率正在继续提升中。

2. 在佯攻未能取得很好收效的情况下，轰炸机群选择笔直的航线将使得防御者集中聚集在它们的飞行路线上，更有利于德国人发起大规模攻击。

3. 发射火箭弹并拥有重火力的双发重型战斗机很快成为了德国空军的最高效武器。

4. 为了减少轰炸机损失，必须要有一个现实可行的战斗机护航计划和充足数量的战斗机。

5. 为了阻止灾难性的轰炸机损失，战斗机必须全程保护轰炸机到达攻击目标。

然而，第 8 航空队的下一次作战任务无视了所有这些血的教训。根据天气预报的信息，安德森少将计划重返施韦因富特，尽管他很清楚护航战斗机的实力和航程比起 8 月 17 日强不到哪里去。新来的远程 P 38 闪电还无法投入作战，P 47 大队则用光了手头的 108 加仑外挂油箱（这些油箱在英格兰的生产速度很慢），被迫重新用起 75 加仑油箱。所有 3 个轰炸机师的 291 架空中堡垒都预定要参加这次任务，每个师仅会在出发时和撤退时各得到一个 P 47 大队的护航。第 8 航空队没有安排任何佯攻作战，但是 3 个师的航线会略有不同。

10 月 14 日破晓，美军机场被秋季寒冷的雾气所笼罩，但是在收到欧洲大陆天气晴朗的气象侦查报告后，第 8 航空队还是命令机组上机准备作战。当第一批291架B 17起飞时,在代伦的格拉布曼上校根据无线电通信量和起飞时间判断美军这次要进行一次深入空袭。他立刻向下属战斗机部队发出警报,并在轰炸机开始越过英国海岸线前50分钟请求相邻的战斗机师让它们的战斗机做好作战准备。B 17的组队受到英格兰上空糟糕天气的影响,第1轰炸机师由一个错误的轰炸机联队打头,形成了一个极易遭受攻击的编队。第305轰炸机大队找不到自己所属的联队,被迫加入另一个联队作为它的第四个大队。一个糟糕的转向使它的编队延展开数英里长,成为绝佳的攻击目标。

小规模的B 24联队根本无法完成组队,最终被派到北海执行佯攻作战,这就浪费掉了一个已经起飞了的P 47大队,因为它要与这些B 24同行。B 17和它们的护航P 47最后还是选择了一条向东南方笔直前往施韦因富特的航线。第1轰炸机师的位置比第3师稍微靠前些,这使得它将要承受来自航线右边第3战斗机师的绝大部分攻击。

第一批抵达轰炸机群附近的战斗机是JG 3第1、2大队的Bf 109,它们在翁斯德雷赫特和安特卫普之间攻击了P 47护航机。我们不知道这是施密德下达了攻击护航机的命令,还是格拉布曼自主做出了判断,因为此做法有违本土防空作战准则。加兰德一直在努力说服上级让部属在前方基地的部队担负起将护航机勾引开的特别任务,但是之前始终无法在柏林取得认同。尽管如此,第353战斗机大队很好的迎接了这一挑战,在没有远离轰炸机的情况下击落了7架Bf 109。当天损失的唯一一架P 47也属于第353大队,JG 3第1大队的一位Bf 109飞行员和JG 26第2大队(第一批与敌机群接触的Fw 190大

▲1943年10月的阿姆斯特丹－史基浦机场,JG 3第5中队的王牌飞行员利奥波德·明斯特少尉在他的Bf 109G-5前留影

队之一)的一位Fw 190飞行员都声称击落了这架敌机。

格拉布曼命令手头剩余的战斗机集中在迪伦上空,那里接近护航机航程的极限。这批部队包括JG 1的全部3个大队和JG 26的第1、2大队,约150架单发战斗机。当护航机在亚琛附近转头返航时,由施诺尔上尉带领的JG 1第1、2大队的Fw 190和Bf 109开始向轰炸机靠过来并进行了最初的试探性攻击。随后4个Fw 190大队从12点钟方向发起攻击,它们的攻击目标和往常一样,是由编队指挥官判断出最易造成伤害的轰炸机。这些轰炸机通常飞在战斗盒子靠边的位置上。今天第305轰炸机大队从一开始就因为糟糕的阵型引起了德机的注意,它很快就崩溃了:16架B 17中有13架在投弹前就被击落。德军在一阵疯狂猎杀后取得了很不错的成绩,之前一向表现优秀的JG 1第1大队以1架飞机受损的低微损失换来宣称击落4架,重创2架轰炸机的出色战绩,第2大队也宣称击落1架轰炸机,付出了2架战机受损飞行员均受伤的代价。战力最差的第3大队依旧表现得很不令人满意,以3名飞行员阵亡,5架战机损毁的代价仅打下了2架轰炸机。而JG

26 的第 2 大队有 3 名飞行员取得战果，只有一架飞机被自卫火力击落（飞行员未受伤），第 1 大队则取得了另 2 架战果，分别属于黑克曼（Heckmann）和埃兴格（Eichinger）这两位经验丰富的军士长，自己则有一架战机被自卫火力击落（飞行员身亡），另有 1 架战机被雷电击落（飞行员未受伤）。

第 3 战斗机师没有直属驱逐机部队，但是格拉布曼要求增援的请求很快就得到了回应，德国的所有 Bf 110 和 Me 410 部队都奉命起飞，绝大部分昼战单位都在轰炸机抵达施韦因富特前进行了拦截，绝大部分夜战单位则对撤退中的轰炸机群进行了骚扰。最终有 7 个驱逐机大队和 11 个夜间战斗机大队声称取得了战果。其中表现最好的是 ZG 26，他们宣称以 3 架飞机为代价击落 9 架 B 17 轰炸机，ZG 76 则宣称击落了 7 架 B 17 轰炸机，损失为 7 架 Bf 110。

德军重演了 10 日所采用的成功战术。双发战斗机首先从后方发起攻击，在距离敌机一千米远的地方发射 21 厘米火箭弹，这超出了自卫机枪的射程。火箭弹击毁击伤了一些轰炸机，但是它们的主要目的是打散盒子编队。一些单发战斗机也携带了火箭弹，通常每个大队有一个火箭弹中队。这些混装大队

▲ 正在遭到 Me 410 咬尾攻击的 1 架第 100 轰炸机大队的 B 17G

采取的战术取决于盟军护航机是否存在。今天在没有护航机的情况下，火箭弹中队从后方发起攻击，绝大部分单发战斗机则从前方以小队为单位攻击，孤立开轰炸机群中队形最糟糕的部分。所有德国飞行员都接到命令，持续攻击直到因伤或燃料弹药不足才可以撤离。更优秀的战斗机大队可以反复发起迎面攻击，绝大多数编队指挥官则对侧向攻击就感到满足了，这对德国飞行员来说更为安全，但是效果较差。对一架脱离编队的受损轰炸机完成最后一击本应被留给双发战斗机，但是单发战斗机飞行员经常反复攻击已经受损轰炸机，有时还会跟着飞行很久，直到亲眼看到它们坠毁。其他单发飞行员还会在完成第一轮受到严格监督的迎面攻击后就消失不见，到处搜寻落单的轰炸机。戈林和加兰德都曾咒骂这些飞行员缺乏勇敢献身精神的做法，但这实在是人类的求生本能使然。

当第 3 战斗机师的战斗机们返回基地时，其他德国战斗机部队也相继赶来接替它们，包括第 2 战斗机师的 JG 11 第 2、3 大队，第 3 航空队的 JG 27 第 2 大队和第 7 战斗机师的 JG 3 第 3 大队。JG 11 的飞行员们已经抵达了航程极限，在一轮攻击宣称击落 4 架轰炸机后就离开以寻找降落的地点。JG 27 第 2 大队这次表现的也不差，他们先进行了迎头攻击，在 20 分钟的战斗中声称击落 3 架 B 17 轰炸机，自己损失了 4 架 Bf 109。达尔少校的 JG 3 第 3 大队一直跟着 B 17 飞到施韦因富特，取得了比其他任何大队都优秀的战果：使 17 架 B 17 坠落或脱离编队。

第 7 战斗机师的其他两个战斗机单位也表现不错。随着格拉夫的离开，JG 50 的指挥权暂时交给了同样来自 JG 52 联队卡拉亚中队的阿尔弗雷德·格里斯拉夫斯基中尉，他

取得了这支部队 4 个战果中的 2 个。在 8 月中旬从意大利来到慕尼黑进行重建的 JG 51 第 2 大队此前一直被禁止参与帝国防空战，它的大队长卡尔·拉梅尔特（Karl Rammelt）少校坚持进行严格的编队战术训练，甚至还进行了对轰炸机的模拟攻击训练，直到一名学员在模拟攻击时与 1 架充当目标的 He 111 在空中发生撞击。今天大队执行了它的首次帝国防空作战，13 时他们起飞，在法兰克福西北和轰炸机群进行了长达 80 分钟的激战，在 B 17 投弹前和投弹后的攻击中共宣称击落 3 架敌机并重创 1 架，虽然有 5 架新装备的 Bf 109G-6 被击落，1 架迫降受损，但只有 1 名飞行员轻伤，处子秀表现的并不差。

JG 27 第 1 大队从奥地利向西方飞来，中途还紧急降落下来补充了一次燃料。大队在轰炸机完成最后转向的地点附近发现敌机，取得 6 个重轰战果，其中 2 个战果属于大队长路德维希·弗兰齐斯克特（Ludwig Franzisket）上尉，德军有 3 架 Bf 109 被击落，1 位飞行员受伤。来自全部 6 个夜间战斗机联队的 Bf 110 和 Ju 88 加入了战斗，此外还有一些夜间战斗机训练单位。其结果是造就了双发战斗机最成功的一次昼间作战行动。第 2 战斗机师的另外 2 个昼间战斗机单位 JG 54 第 3 大队和 JG 25 在轰炸机投弹后赶来，声称击落 3 架 B 17。

帝国防空军中的唯一一个轰炸机大队 KG 51 第 1 大队没有取得战果。大队长克劳斯·哈伯朗少校已经因为在帝国元帅戈林视察部队时与之发生争执而在三天前被解职。它的 Me 410A-1 从赫尔兴（Hörsching）起飞，报告在投弹后与重型轰炸机接触，发射火箭弹并靠近敌机编队，但是未能取得战果。这是这个大队的最后一次帝国防空任务，它随后就被调走用来对英格兰执行轰炸任务。

在早晨给美军起飞造成麻烦的云层现在变得越来越厚了。没有一架美国陆航或皇家空军的战斗机可以起飞掩护轰炸机完成撤离。但是第 3 战斗机师也没有任何一支部队有能力完成二次作战，这至少部分归咎于恶化的天气。JG 26 第 3 大队被留在里尔作为预备队，当它最终接到起飞命令时却没有得到导航指引，这就无法找到轰炸机。轰炸机沿着索姆河向海峡飞去，该区域的大量 JG 2 战斗机应该很容易对付这些无护航且混乱的轰炸机编队，但是它却仅声称击落 9 架 B 17。另外值得一提的是，当天德国空军还出动了大量训练部队的战机参与了拦截战，比如 JG 104 出动的 Bf 109F 就击落 1 架 B 17，JG 106 的 Bf 109E 更是击落 2 架轰炸机。

第 1 战斗军在这天的作战报告提供了很多值得注意的战斗细节，有助于我们理清一下美德双方航空部队的整体动向。根据第 1 战斗机军军部的记录，他们从 10 时 30 分就发现盟军轰炸机从伦敦东北起飞，定位了 200—300 架轰炸机。德国人只发现了有大约 200 架盟军战斗机出现在轰炸机编队附近，护航时间从 12 时 50 分到 14 时 10 分，在亚琛上空返航。美军在施韦因富特的轰炸从 14 时 35 分开始持续到 14 时 46 分，施韦因富特有 100 栋建筑物被炸毁，150 栋建筑物严重损伤，当地军民有 180 人身亡，220 人受伤，上万人流离失所、无家可归。滚珠轴承厂临时停产，市中心和中央火车站是重点受灾区。14 时 45 分美军开始返航，17 时 15 分最后一支轰炸机编队离开欧洲大陆。第 1 战斗军的第 1、2、3 战斗机师所有适合作战的昼间战斗机和夜间战斗机共 567 架都被派了出去，绝大多数战机与美军轰炸机进行了交手，他们共上报了

▲ 1943年10月14日的空袭后拍摄的一张关于施韦因富特滚珠轴承厂的俯视图

44架空中堡垒和4架雷电战机的确认击落记录，另有2架空中堡垒被重创脱离编队。战果分布的范围很广，几乎每一支参战的联队都交出了击落重型轰炸机的成绩，最高的是ZG 26的9架B 17击坠。全军有31架战机损毁，15架受到不同程度损伤，22名飞行员及机组成员身亡，1名飞行员失踪，15人受伤。军部气象站记录荷兰上空的天气多雾，午后雾云消散，德国上空晴朗。高射炮友军宣称击落了42架敌军战机。

总之，德国空军在3小时14分钟的持续攻击中摧毁60架B 17和1架护航的雷电战斗机，还有7架轰炸机在返回英格兰后被销毁，高达605名机组人员的损失让整个第8航空队为之震惊。西欧所有德国空军战斗机单位都被动用，它们共出动882架战机，损失为53架战斗机，29名飞行员阵亡或失踪，20人受伤。OKW宣称击落121架美军飞机。实际的损失虽然仅有一半，但是很明显守军取得了一次漂亮的胜利。虽然它们未能阻止轰炸（精度比8月17日更高），滚珠轴承工

业的疏散工作却已经在进行中，并将在美军再次把注意力转向施韦因富特前全部完成。阿尔伯特·施佩尔在战后宣称德国没有一种武器的生产因为滚珠轴承不足而受到影响。也正是这次空袭大大加快了在10月1日米尔希制定的雄心勃勃的第224号工程项目（绰号"帝国防御工程"），这个项目旨在大幅度提高战斗机的产量和最大程度避免空袭对航空工业的影响，主要内容是将单发战斗机月产量提高到4150架，双发战斗机月产量提高到1750架，同时保持轰炸机和对地攻击机的月产量稳定，虽然这个项目本身没有得到希特勒的批准，但是其中的部分命令和要求却被秘密地下发到各部门，这对维持、提升德国的航空工业产能做出了巨大的促进作用。

十月的第二周是昼间轰炸战役的转折点。这7天内的4次大规模作战任务（分别前往不莱梅，马尔堡，明斯特和施韦因富特）使第8航空队损失了148架重型轰炸机，占其日均作战总兵力的50%。美军无护航的昼间轰炸时代宣告终结。在轰炸机可以得到全程护航前，它们将再也不会执行对德国的深入空袭作战。第一批使用P 38附带2个150加仑副油箱的远程战斗机大队迅速完成了作战训练，洛克希德公司的这款战机在时隔一年后重返欧洲战场。

帝国防空军的组织结构在十月下半月继续进行微调。第12航空军被解散，施密德获得了对第1战斗机军管辖区域内所有昼间战斗机和夜间战斗机单位的指挥权，但是该军的管辖区域依然不包括德国南部和奥地利。施密德的3个战斗机师、第7战斗机师和西欧第3航空队的界线被重新划分。ZG 1第3大队更名为ZG 26第2大队，使第2战斗机师的ZG 26成为一个完整的三大队制联队。

第7战斗机师的 ZG 76 仅有两个可用大队。留在奥地利的 ZG 1 第 2 大队成为该联队在帝国防空军中的唯一代表。

至 11 月,战斗机指挥部中的最优秀指挥官已经开始接管战斗机师。在第 1 航空军中他们分别是:第 1 战斗机师的京特·吕佐(Günther Lützow)上校,第 2 战斗机师的马克思·伊贝尔(Max Ibel)少将,第 3 战斗机师的瓦尔特·格拉布曼(Walther Grabmann)上校。这样,就像格拉布曼所说,"所有战斗机师和战斗机指挥部的指挥人员在两个月的时间里完成全部变动。"约阿希姆·弗雷德里希-胡斯(Joachim Friedrich-Huth)少将的第 7 战斗机师直属于于柏林的威斯,维也纳的东部边区战斗机指挥部则直属于胡斯。东部边区战斗机指挥部最终成为第 8 战斗机师,而施密德则在 1944 年春获得了对它和第 7 师的指挥权。对于施密德来说另一件麻烦事是帝国境内的飞机报告部门(包括高炮雷达站)依然属于各空军军区,因此中央司令部仅能控制那些直属于战斗机军或战斗机师的雷达和报告站。

一所帝国防空军编队指挥官培训学校在十月底建立,依附于位于奥地利的 JG 27 第 1 大队。它为那些优秀的年轻作战飞行员提供一份为期 6 周的课程,学习如何率领战斗机编队攻击重型轰炸机。课业内容和编队飞行仅强调在中速条件下对航线和高度做温和的改变。战场局势意识和判断,这对于一名成功领导来说最关键的要素则无法被教导。学员由东部边区战斗机指挥部调遣迎击对奥地利的空袭,但是很明显他们在飞行时没有教官陪同,而且不和 JG 27 第 1 大队一起行动。一些幸存者抱怨这样他们的训练更偏于理论而缺乏实践。

赫尔曼上校的单发夜间战斗机单位 JG 300 已经获得了足够的成功,获准扩充为一个完整的战斗机师,包含 JG 301 和 JG 302 这两个新联队。3 个野猪联队并没有立刻获得自己的飞机,只能借用所在基地昼间部队的战斗机,降低了这些单位的飞机可用率。尤其是 JG 1 和 JG 11 这两个联队的人对此非常不满,本来就训练不足的 JG 1 联队第 3 大队甚至一度因为油料问题暂停了训练。

加兰德实验性的突击战斗机部队第 1 突击中队在阿赫玛(Achmer)成立,由霍尔斯特·盖耶上尉的第 25 试飞队管辖。中队在 12 月做好战斗准备,之后进行了 6 个月的实验。指挥官汉斯·京特·冯·考纳茨基(Hans-Günter von Kornatzki)少校是一名作战经历普通的职业军官,但是他因与戈林一位秘书的婚姻获得了完美的政治背景。考纳茨基在加兰德手下短暂的工作期间内曾坦率地提出采用撞击战术。他现在开始走访各昼间战斗机作战和训练部队,解释新单位的成立目的并寻求志愿者。虽然考纳茨基要求每一位志愿者都签署一份誓言,保证在使用常规手段无法击落一架轰炸机时进行撞击,他还是为他的中队找到了足够多的飞行员。所有飞行员都对于本土防空作战充满热情,也有一些人是希望

▲ 第 1 战斗机军军长约瑟夫·施密德将军正在与 JG 11 和 JG 27 的飞行员交流

▲ 汉斯·京特·冯·考纳茨基少校，突击部队之父

▲ 1943年11月，战斗机总监加兰德将军驾驶一架Fw 190A-6视察位于阿赫玛的第25试飞队

在新部队中的良好表现可以洗刷以前的一些违纪的不良记录。

第25试飞队是战斗机总监加兰德少将能够指挥的唯一一支作战单位，他密切关注着它的发展。除了突击中队外，它还拥有一个专门为单发战斗机开发武器的中队，一个为双发战斗机建立的类似中队，和为革命性的火箭战斗机Me 163而成立的测试单位第16试飞队。

元气大伤的第8航空队在十月下半月仅执行了一次作战任务。迪伦作为鲁尔区的一个重要工业目标距离英格兰足够近，可以实施全程护航，而且它们还得到了英国Oboe导航系统的辅助。空袭在20日展开，目标被云层覆盖，Oboe系统失效，轰炸的效果很糟糕，212架轰炸机中仅有114架完成了投弹任务，对目标的伤害极为轻微。然而在防空战术家的眼里，美军赢得了一次胜利。首个P 38大队执行了它们的首次任务，是很轻松的撤退掩护作战。7个P 47大队为短途目标提供了充足的护航。当他们飞越海峡上空时就被德军锁定了航线，普里勒的3个大队组成了第一道防线，普里勒中校和他的指挥部小队是第一支发起进攻的部队，在一个快速的迎头攻击后中校本人打下了第96轰炸机大队的一架空中堡垒，米特乌施上尉带队的JG 26第3大队稍后到达却没有立刻展开攻击，他们一直尾随轰炸机直到接近目标区时护航的喷火返航而接替的雷电还未赶来时才发动了攻击，同样是一个经典的迎头攻击，米特乌施和第11中队中队长斯塔顿（Steindl）上尉各取得了一个战果（然而按照美军的记录，他们仅仅是发现有6架德军战斗机跟随着轰炸机而未发起迎头攻击，己方没有轰炸机战损）米特乌施的部队根据记录死伤飞行员各一人。不过局势很快逆转了，随着雷电战斗机的驾到一切企图攻击轰炸机的梦想都破灭了，美军第78战斗机大队的雷电成功打下了2架战机（飞行员一死一伤），而德军仅仅由第9中队长迪佩尔中尉斩落一架雷电（得到了德国官方的证实但并未被美军证实），JG 26的第1大队的战场表现更不怎么样，他们毫无战绩可言，反而被护航的355战斗机大队与轰炸机的自卫火力解决了2名飞行员。第2

大队的行动也是场惨败，阵亡两名飞行员后空空而归。里希特霍芬联队的出场也是一塌糊涂，他们的编队很早就被装备喷火 XII 新式战斗机的皇家空军冲散（这伙英军表现的很出色，他们在这天打出了 10：0 的漂亮战绩），JG 2 有 12 架战机损毁，飞行员 5 死 3 伤。这天第 3 战斗机师的战斗机受到恶劣天气的严重影响，损失 16 架飞机（损失的所有飞行员都是当年才补充进来的菜鸟），美军仅有 9 架 B 17 未能返回英格兰。3 天后，第 3 战斗机师的飞行员奉命飞往代伦接受戈林的检阅。在为飞行员颁发过勋章后（JG 26 有 3 名飞行员获得金质德意志十字勋章，分别是霍普中尉，25 架战果；斯滕贝格中尉，22 架战果；斯塔格尔上尉，34 架），戈林进行了一次长时间的演讲，严厉批评了他们的糟糕表现，并再一次指责他们在敌人面前表现懦弱。这距离他们刚刚取得的战争期间最佳表现仅过了 9 天。在场的米尔希对此感到十分震惊，他记录下了这次演讲。米尔希可能打算在日后用此对抗戈林，但是这仅停留在他的日记层面上。

一种美军新型战斗机开始陆续抵达英格兰。P 51 野马是北美航空公司的优秀单发战斗机，之前受制于引擎仅能在低空作战。现在量产的 P 51B 型使用一台罗尔斯·罗伊斯莫林引擎，使它拥有了出色的高空性能。这种新飞机将被证明在很多方面成为战争期间的最佳战斗机，而且很明显是在欧洲战场的最远程战斗机。但是美国陆航还是有一些家伙认为它是一款低空战斗机，第一批接收它的单位预定在抵达英格兰后加入战术性的第 9 航空队。埃克少将答应第 9 航空队的指挥官，"为了简化维护和修理"所有新建的 P 51 单位都将加入第 9 航空队，第 8 航空队则将接

▲ 一架被美军野马战斗机击中的 Fw 190 的最后遗影

收新建的 P 47 单位。脾气不好的阿诺德将军在得知这一协议后的第一反应无从获知，但是他确实成功阻止了协议的达成。阿诺德在 10 月 29 日做出了一个大胆的决定，他看出第 8 航空队对远程护航机的需求，命令将接下来 3 个月生产出来的全部 P 38 和 P 51 都送往第 8 航空队。

美国陆航在 11 月开始了一次大规模的战略转移。一个新的第 15 航空队在意大利建立，

▲ JG27 第 1 大队的一处前线机场，照片中的所有 Bf 109 都处于待命状态，随时可以起飞投入战斗

吸收了地中海战场上的少数重型轰炸机单位。之前由这些轰炸机对轴心国工业的空袭已经取得了成功，对普洛耶什蒂的那次灾难性低空入侵除外，很明显德军在南德和奥地利的防御还很薄弱。在意大利建立一支战略轰炸机部队可以进一步分散帝国防空军的力量，而且利用意大利更好的天气条件（仅是推测），它们可以在第 8 航空队被困在地面无法出动时继续在昼间执行任务。另外一个可能的原因是为在美国新组建的 B 24 大队寻找一个更适宜的基地。B 24 在英格兰与 B 17 相比有些相形见绌，但是在南方战场则总是被和那些英勇的战斗联系起来。在英格兰修建的空军基地仅够满足现有需求，第 8 航空队的指挥和控制结构也已经过于庞杂。这样，一些原定加入第 8 航空队的新 B 24 大队就被送往第 15 航空队。

第 15 航空队在 11 月 2 日执行了它的第一次作战任务。总共 112 架 B 17 和 B 24 对维也纳新城的梅塞施密特综合工业基地进行了一次非常成功的攻击，11 架轰炸机未能返回意大利。3 个战斗机大队（JG 27 第 1 大队，JG 51 第 2 大队和 JG 53 第 2 大队）以及工厂保卫小队声称取得战果，JG 27 第 1 大队宣称取得了击落 1 架 B 17 和 6 架 B 24 的战果，损失了 4 架战斗机（飞行员全部受伤），JG 51 第 2 大队直到美军空袭任务完成后才投入战斗，宣称击落 4 架 B 17，5 架 Bf 109 被击落或击伤，一名飞行员受伤。戈林和加兰德对防御者的工作并不满意，并在几天后飞到奥地利训斥了这些大队指挥官。

第 8 航空队在 11 月 3 日重返德国，对威廉港实施空袭。它的唯一一个可用 P 38 单位第 55 战斗机大队提供了全程护航，因为高效的工作获得了轰炸机机组们的赞扬，当天共有 566 架轰炸机在 378 架护航战机（45 架 P 38，333 架 P 47）的保护下出发。绝大部分守军都受到了恶劣天气的妨碍。从史基浦起飞的 JG 3 第 2 大队再次对护航机进行了早期拦截。这些梅塞施密特战机在须得海上空攻击了第 4 战斗机大队并成功地以零损失打下了 2 架雷电，用美军作战报告中的话来说，雷电编队被"无可救药的打散了"，在没有与轰炸机会合的情况下就返回了英格兰。第 3 战斗机师频繁命令它的"轻型"Bf 109 大队（JG 3 第 1、2 大队，JG 1 第 3 大队）集中对付护航机，不顾柏林方面对这一战术的怀疑心态。德军的最重要问题是数量不足，在 3 日有一个美军战斗机大队退出战斗，但是另外 7 个护航大队按计划完成了它们肩负的任务。他们面对随后而来的整个 JG 1 联队表现得非常不错，有 18 架德机被击落，飞行员 9 死 3 伤，而德军虽然在拦截计划，行动组织上均无可厚非，但拼尽整个联队之力也仅仅击落了 3 架轰炸机和 4 架战斗机。这再次证明了在有力护航下的轰炸行动完全具备防御德军战斗机集群式拦截的能力。

JG 3 第 2 大队是第 3 战斗机师 3 个对抗盟军战斗机的轻型大队中最成功的一个，但是它付出了沉重的代价。大队频繁地被迫升空保卫它的史基浦基地，这是盟军中型轰炸机的一个主要目标。3 日下午的另一次任务中它就不得不起飞对抗这样的一次空袭，结果橡叶饰获得者，大队长库尔特·布兰德尔（Kurt Brändle）少校被喷火击落身亡。大队的累积伤亡人数已经太高，它被迫从邻近的第 3 航空队 JG 26 第 3 大队借用有经验的 Bf 109 飞行员来填补自己的空缺，施密德和他的参谋则在讨论何时将其撤走重建。

老牌的 JG 26 第 3 大队则被分到了拦截返航的轰炸机的任务，不过他们的运气欠佳，

在还未展开攻击前就被第 56 战斗机大队的雷电冲散，结果 3 架梅赛施密特被击落，一架被击伤，飞行员 1 死 2 伤（第 11 中队长斯塔顿上尉受伤，这已经是继 10 月 24 日阵亡的第 4 中队长库尔特·埃贝斯伯格（Kurt Ebersberger）上尉后 JG 26 伤亡的又一位中队指挥官了），德军损失的飞机均为 Bf 109G6/U4。这天的拦截行动同样甚为失败，美军这次行动只损失了 7 架 B 17（占出击总数的 1.2%），2 架返航后报废，47 架损伤，相比之前的几次轰炸行动损失明显降低。

第 8 航空队在 11 月执行了八次对较近德国目标的全程护航轰炸：11 月 5 日对盖尔森基兴的轰炸得到了 140 架护航机的保护，在飞行途中有 18 架来自 JG 1 第 2 大队的福克－沃尔夫战斗机的先头部队偷偷从云层里贴近轰炸机群进行攻击并在遭遇美军护航机后及时撤退，虽然没有损失但也只击落、重创各 1 架轰炸机，随后赶来的大队主力在杜塞尔多夫与护航的闪电战斗机发生了火拼，德军在被击落 2 架战斗机（飞行员均阵亡）后即被打散，仅仅击落了 1 架空中堡垒（之后有 2 架雷电战斗机跟随返航的第 2 大队一路追到了他们的机场，结果在击落 1 架德机后遭到了整整一个中队的围攻，2 架雷电均被凌空打爆），最后抵达的第 3 大队以被击落 1 架战斗机的代价也只击落了 1 架轰炸机。JG 11 在德荷边境投入了战斗，2 架 B 24 和 1 架雷电被击落，付出的代价不小：7 架战机，飞行员 1 死 3 伤。美军在目标区上空则遭受了 JG 26 第 1 大队的攻击，他们对第 1 轰炸机师发起了一次不怎么成功的迎头攻击，1 架属于第 92 轰炸机大队的空中堡垒被击落，但接下来德军所有的有组织攻击都被雷电粉碎，1 架德机被击落，2 架被严重击伤被迫迫降。

▲ JG3 联队的优秀指挥官布兰德尔少校（左）

JG 26第3大队也试图攻击第3轰炸机师的轰炸机编队，但也被护航的353战斗机大队的雷电打散，仅仅由斯泰格上尉击落了1架B 17（未通过审核承认），3大队则被击落战机2架，击伤1架，飞行员1死1伤，他们和雷电的交换比很不理想，第353大队仅有1架雷电损失。根据JG 1和JG 26的战报，这次美军的护航可以说非常出色，没有出现轰炸机和战斗机互相脱离的情况，所有的护航大队都紧紧围绕在轰炸机群四周，他们的反应也非常迅速，以至于当天德军没能发起一次大规模的编队攻击。美军全天只损失了占374架B 17总数2.1%的8架轰炸机。这样极低的损失比例远远低于德军的期望。

11月11日，信心十足的第8航空队又远征明斯特，不过因为天气原因，最终只有不足60架第3轰炸机师的B 17被派了出去，久经沙场的JG 1出动的3个大队没能对轰炸机部队造成损失，它被卷入了与美军护航战斗机的战斗中。以4名飞行员阵亡，2人受伤，7架战机全损的代价，联队宣称击落3架美军战斗机，返航的路途对于美军而言却并不容易，虽然因为德军的导航组成问题，仅有JG 26第2大队攻击了美军，但他们的攻击仍然颇为凶悍，飞在编队最下方的第94轰炸机大队被德军反复从6点钟和12点钟方向攻击，3架轰炸机很快坠地，第四架轰炸机被打爆了2个发动机但仍坚持开回了在英格兰的基地，3个得到确认的重轰战果分别属于格隆茨军士长，瑙曼上尉（第7中队长）和劳舍尔中尉（第8中队长），此时德军的重轰战绩已经基本上只有这些老鸟级飞行员可以获得了，这是一种很可怕的情况，战果的取得越来越依靠于少数老手而这些老手一旦损失将是不可弥补得巨大损失。11日这天德军西线战斗机部队也进行了一次重要的调动，将原JG 2联队长奥绍中校（此时已升任布列塔尼战斗机指挥部司令）调任JG 1联队任联队长，这位早在41年7月底就是JG 2联队长的元老人物本来已经可以坐在指挥部的办公室中免

▲ 43-44年冬季正在保养的一架Bf 109G- 6，隶属JG3第3大队，44年4月12日这架战机在攻击一架B 24轰炸机时被击伤，迫降失败，飞行员身亡

于升空作战了,但还是被重新调回一线联队,显然表明了此时本土防空到了最关键的时刻,尤其是作为防御主力军的JG 1联队更是迫切需要优秀指挥官的补充。

13日,美军在经过了短暂的休整后又前去轰炸了不莱梅海港,不过糟糕的天气使得完成投弹任务的轰炸机只有143架,厚重的云层使得这次轰炸效果很糟糕,领航机没能透过云层锁定目标区,以至于几乎全部的炸弹都炸偏了,不过天气问题也极大地影响了德军的拦截效率,JG 26仅有联队司令部和第4中队配合JG 3第1大队完成了攻击任务,他们面对的美军护航力量甚为单薄,JG 26成功击落1架第355战斗机大队的雷电和1架第96轰炸机大队的空中堡垒,己方被击落1架Fw 190,飞行员未受伤,晚些时候他们又再次击落了1架第2轰炸机师第392轰炸机大队的B 24。初次带领JG 1参与拦截作战的奥绍表现出色,JG 1以负伤1名飞行员的代价宣称击落了3架闪电战斗机和2架重型轰炸机。当天美军共有3架B 17(总出击数163架)和13架B 24(总出击数109架)未能返航,损失并不大,B 24再次因为其较差的防护性蒙受了较大的损失。

26日,经过了较长时间重组的第8航空队再度来袭,7个B 17轰炸机联队(404架轰炸机)和2个B 24联队(101架轰炸机)于十时起飞,再次前去摧毁不莱梅,之后有2个B 17联队(128架轰炸机)从主编队中脱离转飞向巴黎以诱导德军,诱导部队起到了作用,第2战斗军将注意力集中到了他们身上,JG 26第1、2大队和JG 3第1大队全部被派出拦截前往巴黎的2个联队,有意思的是美军抵达巴黎上空后因为没发现计划中的目标,在未投弹的情况下转向西北方返航,而为他们护航的第78战斗机大队被JG 2缠住没能及时跟随,JG 26的所有战机得以被集中起来攻击无护航的空中堡垒,他们先从6点钟反向快速攻击了编队最下方的第100轰炸机大队并击落1架轰炸机(战果属于格隆

▲ 1943年11月13日,第8航空队的B 17F轰炸机正在穿过云层轰炸德国不莱梅

茨军士长），紧接着德军又被组织起来攻击以编队形式攻击了第 94 轰炸机大队并击落 3 架轰炸机，不过这 3 个战果只有一个记在了 JG 26 头上，其他的两个则被 JG 2 第 2 大队领取，JG 26 在战斗中被自卫火力击落 1 架战机（飞行员身亡），6 架战机受损。虽然交换比不错，但第 2 战斗机军没能在拦截轰炸不莱梅的盟军轰炸机部队上做出任何贡献，显然在战略上是失败的。不莱梅方向美军的主要对手还是 JG 1 和 JG 11 联队。奥绍带领联队再次以仅仅 1 名飞行员的损失击落 7 架轰炸机，战斗中 JG 1 第 3 大队的 Bf 109 第一次作为攻击护航机的身份出场，他们不仅没有损失，反而上报了 3 个大队中最高的 3 架重轰战果。最后抵达的 JG 1 第 2 大队击落了 2 架轰炸机但也被随后赶来的雷电打掉了 2 架飞机，1 名飞行员丧生。JG 11 则先派出了第 3 大队的 Bf 109 以牵制护航机，他们赢得了一次巨大的成功，宣称击落 7 架轰炸机和 1 架护航机，仅有 1 名飞行员受伤。19 架第 1 大队的 Fw 190 稍后出发，他们在荷兰边境投入了战斗，取得了 3 个战果，但 3 架战机和 2 名飞行员阵亡的代价也不容忽略，最后投入的第 2 大队只有大队长本人击落了 1 架空中堡垒，但却付出了一个巨大的代价——第 5 中队的埃里希·弗赫曼（Erich Fuehrmann）军士长阵亡，他是第 5 中队最优秀、最有经验的飞行员。作为对 JG 1、JG 11 出色表现的印证，这天美军对不莱梅的轰炸造成了高达 22 架 B 17 和 3 架 B 24 的损失，创下了 11 月的最高损失。

显然是对不莱梅的轰炸结果极不满意，第 8 航空队在 29 日又以 6 个轰炸机联队前去终结不莱梅港，但天公不作美，"The fucking weather" 再次使得两个联队无法编队而被迫放弃了轰炸任务。最终在 360 架轰炸机中只有 154 架在目标区上空丢下了炸弹，因为不莱梅地区的高炮部队得到了重点加强，总计有多达 14 架轰炸机损失。因为天气缘故防御者们没有集中起太多的兵力，JG 1 联队第 3 大队的梅赛施密特第一个参与了拦截作战，他们在和护航机的战斗机战中宣称击落了 6 架敌机，代价是 3 名飞行员的生命。50 分钟后第 2 大队也加入了战斗，尽管受到了护航战机的阻击他们还是击落 2 架轰炸机，2 架德机被击落（飞行员均阵亡）。JG 26 第 3 大队在美军轰炸期间抵达展开了攻击，大队长米特乌施上尉击落 1 架空中堡垒，然而德军也有 3 架战机被击落，2 名飞行员受伤，另有 2 架因为燃料不足迫降报废。一同在不莱梅上空作战的 JG 1 第 1 大队由格里斯拉夫斯基上尉和埃勒斯少尉各击落 1 架轰炸机，但也被猛烈的自卫火力击落了 4 架战机，2 名飞行员阵亡。JG 11 在这天再次和护航机发生了交火，击落了 2 架雷电和 1 架 B 17，但自己也损失了 3 名飞行员，另外还有 3 人负伤。总的而言美军还是未能完成摧毁不莱梅港口的任务，反倒又付出了一定的损失。值得一提的是就在 29 日这天德军对西线的战斗机指挥部进行了完全重组，原德意志湾战斗机指挥部成为新的第 2 战斗机指挥部，而原第 2 战斗机指挥部则成了新的第 4 战斗机指挥部；原荷兰 - 鲁尔区战斗机指挥部成了新的第 3 战斗机指挥部，原第 3 战斗机指挥部则成了新的第 5 战斗机指挥部。这次调整主要是为了使得战斗机指挥部更好的被纳入战斗机师而设置的，全部采用了数字番号而不是原先的区域代号。

11 月的最后一天美军将注意力转到了索林根（Solingen），但由于云层过高过厚使得轰炸机群几乎无法完成集结、编队，所以 381

架轰炸机中有 301 架轰炸机放弃了空袭任务，剩余的轰炸机遭到了 JG 1 第 1 大队的拦截，这次护航的雷电很好地完成了他们的职责，不但成功分散了德军的攻击阵列还打下了 3 架德机并击毙 2 名飞行员而自身毫发未损，这天因为多达 314 架雷电和 20 架闪电的护航，美军只有 3 架轰炸机未能返航，而其中仅有 1 架是被德军战斗机击落（战果属于 JG 26 第 3 大队），闪电战斗机也有 1 架被 JG 26 第 3 大队击落，不过这架属于米特乌施的战果并不怎么名正言顺，根据美军第 20 战斗机大队的记录显示闪电战斗机已经在之前的战斗中损毁了 1 个发动机，仅仅依靠 1 个发动机飞行的战机显然和活靶子一样。米特乌施的大队整体表现欠佳，它们再次和老对手第 78 战斗机大队的雷电交手并被击落两架战机，还有一名菜鸟在攻击 B 17 时被机枪手击落，飞行员 2 死 1 伤，虽然只是一些新手的损失，但对于一个主力部队而言这就意味着它的发展潜力正在一点点丧失，飞行员的断层正在越来越快地扩大。更何况就在当月的 25 日，JG 26 损失了它的第 2 大队大队长约翰内斯·希佛特（Johannes Seifert），这位曾获得过联队第 1 大队二战中首个战果、42 年间联队唯一的一个骑士勋章获得者、拥有 57 架战果的出色指挥官的损失极大影响了联队的士气，空军总司令部特地追晋他中校军衔。

11 月的作战对于美军而言损失数量都处在第 8 轰炸机司令部的承受范围内，但直到 11 月底第 8 航空队平均每次作战的轰炸机也仅增至 380 架而已，战斗机大队数量仍然只有八个。帝国防空军继续使用以前的战术对付敌军，它的指挥官们则在计划未来行动的路线。威斯大将在他的柏林 – 达勒姆司令部主持了一次重要的会议，与会者包括施密

▲ JG 26 联队长约瑟夫·普里勒中校（左）和他手下的得力干将第 3 大队长克劳斯·米特乌施少校（右）

特中将、各师师长和加兰德办公室的代表。美军护航机成为了他们心中最大的问题。威斯指出护航机已经出现在了威廉港港上空，这样可以画出一个连接不莱梅 – 比勒菲尔德 – 科布伦茨的弧形。"重型"战斗机（所有的驱逐机、所有的 Fw 190 和安装机炮吊舱或火箭弹的 Bf 109）很难穿越护航机屏障攻击轰炸机。该怎么做？他得到的答案主要包括两方面：增加轻型大队的数量和在所有攻击中动用尽可能的最大兵力。作为镇守第一道防线的第 3 战斗机师师长，格拉布曼上校为他自己的师提出了下述建议：

1. 他的全部 5 个 Bf 109 大队都应该负责牵制护航机。（这就意味着所有 Bf 109 都要移除炮舱和火箭弹以转为轻型战斗机。）

2. 两个部署在最前沿的大队（JG 3 第 1、2 大队）应该采取最短的路线接近敌人并发

起攻击；其余的 Bf 109 大队则将在攻击护航机前集结为一支尽可能大规模的部队。

3. 他的全部 Fw 190 大队将被用于对付重型轰炸机，要将它们引导向被轻型战斗机吸引走护航机而缺乏保护的轰炸机编队。

最后的决定是将格拉布曼的沿海大队撤往内陆，第 2 战斗机师 ZG 26 的两个大队应该留在"护航机航程范围外的"汉诺威附近，它的其他大队则将转移到丹麦格罗夫（Grove）攻击那些越过日德兰半岛的无护航轰炸机编队。

威斯以两条命令结束了这次会议：

1. 战斗机师要想办法以最强大的部队攻击护航机，这样驱逐机将有机会攻击无护航的轰炸机。

2. 如果重型轰炸机越过了它们的护航机的航程，就采取沿用至今的战术。

但是坦率而悲观的施密德最后插了一句，无比准确的指出威斯所要求的大型编队无法准时集结，昼间战斗机部队的规模太小，不管怎样都无法同时攻击重型轰炸机和战斗机。

帝国防空军的另一个主力战斗机联队也在月中迎来了新指挥官。JG 11 的安东·马德尔少校因为与第 2 战斗机师长伊贝尔少将的公开争吵被派去指挥位于俄国的 JG 54，不过但就能力而言的话他确实是一位非常优秀的指挥官，一手锻造了 JG 11。替换他的是最近刚接管 JG 1 的赫尔曼·格拉夫中校。格拉夫获得了将他的足球队带往 JG 11 的许可，同样带走的还有大量曾与他并肩奋战的 JG 52、JG 50 和 JG 1 飞行员。但是顶替他在 JG 1 位置的瓦尔特·奥绍中校拒绝放行这批人中最优秀的阿尔弗雷德·格里斯拉夫斯基（Alfred Grislawski）上尉，格里斯拉夫斯基将继续担任 JG 1 第 1 中队长。

整个 12 月帝国上空的战事断断续续。因

▲ 阿尔弗雷德·格里斯拉夫斯基上尉靠在自己的 Fw 190A-7 上，机身后部可见红色的 JG 1 专属帝国防空战识别带

为在之前几个月的高强度作战与地中海战区的支援请求，第 8 航空队总计 32 个轰炸机大队中只有 22 个仍然具备战斗力，编制表上的轰炸机中只有 65% 实际可用。

12 月 1 日美军首先光顾了索林根（出动 221 架 B 17 和 78 架 B 24），最初由 JG 1 第 2 大队的 7 架 Fw 190 发起的攻击被几架雷电挡住了，大队不仅没有取得战果，反而有 3 架飞机被毁，飞行员身亡和负伤各一人。之后抵达的第 1 大队则再现老牌劲旅本色，以仅仅 1 架飞机和 1 人负伤的代价打下了 3 架轰炸机和 1 架护航机。一同进攻的 JG 26 则宣称击落 6 架 B 17（他们在战斗中被护航雷电击落了第 5 中队长霍普上尉的战机，上尉本人身亡），JG 11 则在 11 时 50 分在亚琛上空和一群受到雷电护航的 B 24 机群接触，第 2 大队的 Bf 109 成功缠住了雷电战机，联队的其他飞行员立刻发起了密集阵型攻击，3 架 B 24 和 3 架雷电被击落，只有一名第 4 中队的中士菜鸟被击落身亡。12 时 15 架 JG 27 第 2 大队的 Bf 109 也加入到了空中的混战中，他们攻击了一个由 30 架雷电护航的 B 17 编队，第 4 中队被命令攻击护航战斗机，第 6 中队则对 50 架 B 17 发起了攻击，但在一番乱战后他们只击落了 1 架空中堡垒，第 4

中队虽然击落了 2 架雷电，但没能阻止雷电冲散德军的进攻编队，3 架 Bf 109 被击落，2 名飞行员阵亡，这其中包括第 5 中队长赫伯特·施拉姆（Herbert Schramm）中尉，这位拥有 42 架战果的骑士勋章王牌后追晋上尉并在 45 年 2 月 11 日追授第 736 号橡叶饰。

美军在返航路上则被迈尔少校带领的 2 个特地赶来的 JG 2 大队攻击，有 2 架护航的雷电证实被他们击落。这次行动因为德军拦截实力强大（不但投入第 3、第 4 战斗机指挥部的战斗机部队，还从第 5 战斗机指挥部借调了里希特霍芬联队的部队），美军蒙受了不小的损失，总计有 19 架 B 17 和 5 架 B 24 以及 2 架闪电 7 架雷电未能返航。

此时美军对于护航机的重要性已经得到了认识，在 11 日第 8 航空队以 583 架轰炸机和 380 架护航战斗机（包括第 354 大队的 36 架野马护航机，该大队原本隶属第 9 航空队，在第 8 战斗机司令部没有得到自己的野马部队前一直借调在他们辖下）的庞大阵容降临埃姆登，德军这次把拦截任务全部交给了第 2，第 3 战斗机指挥部负责，JG 1 联队的 1、2 大队联手再次击落了 5 架轰炸机，损失仅为 1 架 Fw 190，JG 26 第 3 大队在荷兰的格罗宁根（Groningen）上空也卷入了战斗，但美军愈发成熟的护航体系使得他们空手而归，不过和他们一起作战的 JG 11 就要好很多了，他们坚持战斗了整整一个半小时，宣称击落了 7 架轰炸机和 3 架战斗机，当然了，高收获带来的也是同样不容小视损失：6 架战机被击落，飞行员 3 死 2 伤，第 1 中队长鲁道夫中尉（个人战果 7 架）战死，第 3 中队长科尼格中尉（日后将取得 28 次空战胜利，其中包括 20 架 4 发重轰。）受伤。埃姆登地区密集的防空火力再次给美军造成了不小的损失，17 架轰炸机最终没能返航。新型野马战斗机的首次护航战存在感太低（战斗中损失和报废野马各 1 架），第 1 战斗机军的报告中甚至都没有提到它，但仅过数月后野马将会成为每一位帝国防空军飞行员都熟悉的可怕对手。

此后美军轰炸机在 13 日的坏天气下来到基尔，这也是第 8 轰炸机司令部第一次出动超过 600 架轰炸机执行空袭任务，护航到目标上空的是第 55 战斗机大队的 P 38 和第 354 战斗机大队的 P 51。"先驱野马大队"的这次任务并不成功，损失 1 架野马，仅可能摧毁 1 架 Bf 110。3 天后的 16 日美军又空袭了不莱梅（总计出动多达 631 架轰炸机），JG 1 第 1 大队再次披挂上阵并斩获 9 架轰炸机，而之前一直是帝国防空中干的 JG 26 却又打了次酱油，恶劣的天气糟糕的可见度使得他们只派出了第 3 大队，不过大队没有取得任何战绩反而因油料不足而损失 1 架 Bf 109，飞行员受伤。不莱梅的高炮这次表现也不如以往，当天所有出击的

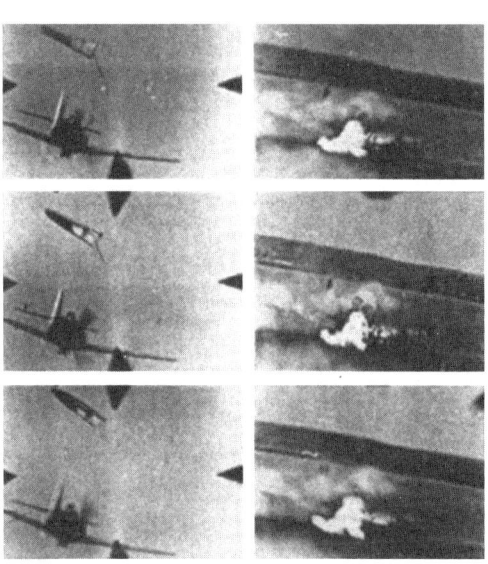

▲ 美军护航机数量的增多不可避免的导致了德国空军战斗机部队损失的增加，这架 Fw 190 的飞行员在座机坠毁前抛弃座舱盖，跳伞逃生

轰炸机部队只有 10 架 B 17 没有返航。

显然是对于 16 日空袭不莱梅的行动感到满意，20 日美军再次把矛头对准了不莱梅，多达 546 架轰炸机被派出"结果"不莱梅，另有多达 10 个战斗机大队 491 架战斗机的强大的护航力量，德军的拦截部队相比之下就寒酸多了，这次首发的依旧是 JG 1 的 1 大队，他们以阵亡负伤各一人的代价打下了 2 架轰炸机，紧随而来的第 2 大队则碌碌无为，既没有取得战果也没有损失，前一次拦截中当了酱油众的 JG 26 第 3 大队这次算是打了个翻身仗，米特乌施上尉和他的同伴们宣称击落 5 架 B 17（全部得到确认），而己方没有承受任何损失。但是 JG 11 却因为联队长的缺席而表现欠佳，4 架联队司令部的 Bf 109 在卡里乌斯军士长的带领下出击，他们在埃森附近很不幸地遭遇了一大群雷电战机，德军狠狠地被虐了下，3 架 Bf 109 被击落，卡里乌斯阵亡，另一名飞行员受伤。在不莱梅上空作战的第 2 大队也没能击落一架轰炸机，以 2 名飞行员的代价宣称击落雷电、闪电、野马各 1 架，最后抵达的第 3 大队倒是在一番激烈的空战后宣称击落 3 架飞行堡垒和 1 架解放者，但大队也受到了一次重创：第 9 中队长恩斯特·苏斯（Ernst Süß）少尉（骑士十字勋章获得者，个人战果 68 架）在击落一架野马后被另一架敌机击落，跳伞后他遭到了美军残忍的空中射杀。这天美军的损失也创下了这段时间的新高：27 架轰炸机被击落，2 架雷电和 4 架新型野马也没能返航。值得一提的是在这天的空战中，一段传奇的空中骑士故事被记载了下来：查尔斯·布朗（Charles Brown）作为美国第 8 航空队的一员，从英国的皇家空军科姆博顿（Kimbolton）机场起飞，驾驶着命名为"Ye Olde Pub"的

B 17 前去执行轰炸任务。在目的地上空，他的 B 17 遭到 8 架德军飞机和地面防空火力的围攻。机组成员几乎全部受伤，飞机破损严重，4 台发动机中的 3 台都被打坏了。在开着他们破破烂烂的 B 17 低速返航的途中不幸运地遇到了正在返航途中的 JG 27 联队第 6 中队中队长斯蒂格勒中尉，后者在那日已经击落了 2 架 B 17；就在他冲到了这架轰炸机旁边准备开火时他看到了这架 B 17 上面的斑斑弹痕和正在相互救助的机组成员。他拒绝向这架飞机开火因为他觉得此时击落这架飞机和扫射那些在降落伞下的飞行员没有什么区别，后者让他回忆起了他在北非的指挥官罗德尔的一段话："你们是战斗机飞行员，现在是，以后是，永远都是。我如果听说有人向降落伞下扫射的话，我会亲自枪毙他。"，所以他两次靠近轰炸机以手势示意布朗，希望布朗的飞机能够降落在德军机场投降，但是都被布朗拒绝。于是他为这架 B 17 护航直到后者抵达北海才拉起返回基地，他这种行为是要以"故意放走敌军轰炸机罪"而在军事法庭上被判处枪决的。布朗在返回英国后被上级告知忘记此事，斯蒂格勒也没有向上级汇报此事。二人经过漫长的寻找，终于在 1990 年相见。斯蒂格勒（二战总战果 27 架，包括 11 架四发重轰，另有超过 30 架可能战果）在战争末期还加入了 JV 44 转飞 Me 262 并成功地活过了战争。可能正因为他的仁义，即便在战争中 17 次被击落却没有一次是致命的，他最终在 2008 年以 93 岁高寿去世。

两天后美军将目标换到了明斯特和奥斯纳布鲁克，有 574 架轰炸机和 491 架护航战斗机参与了这次行动，因为目标区的天气情况很不好以至于这次空袭的效果很是差强人意 JG 11 只取得了 1 个 B 24 战果，却损失了 2 架飞机，一位中队长丧生：第 6 中队中队

▶ 约瑟夫·普里勒少校在一场空战结束后与队友讨论作战心得

长欧根·法尔肯萨默尔（Egon Falkensamer）上尉（个人战果9架），他在德伦特（Drente）上空被1架雷电击落身亡。14时抵达战场的JG 1第1大队在奥斯纳布鲁克上空以零战损打下了1架闪电，2架波音和1架解放者，负责攻击美军战斗机的JG 1第3大队则打了个1：1的平手。13时10分投入战场的第2大队（只有12架Fw 190）在赖讷（Rheine）以南与护航战斗机发生了血拼，在战斗中第6中队长科赫上尉的战机和僚机发生了碰撞，僚机飞行员幸免于难而科赫却当场身死，他们没有取得任何战果，除去发生撞机的2架战机外还损失了1架Fw 190。第4战斗机指挥部在美军返航的路上再次出动了一个由JG 3第1大队和JG 26第2大队部分战机组成的攻击波，不过他们的运气还不如JG 1，损失1架战机而没有任何值得一提的成绩。然而更倒霉的还不是他们，JG 26第3大队成了这天最失败的拦截部队，他们在1个小时的血战中仅击落了1架轰炸机，却被护航的雷电和轰炸机的机枪击落多达6架Bf 109！飞行员

5人身亡。取得这些战果的是第4、56、78这3个老资格的雷电大队。22架轰炸机在这天的行动中损失了，占总出击数的3.8%，也算得上这一阶段的一次高损失行动了。

43年的最后两天也并不平静，盟军集中了大量轰炸机对西欧进行清扫。30日，多达710架轰炸机（第8航空队的全部家底）派去轰炸莱茵河畔路德维希港的炼油厂，目标区的云层高度在3000米至3700米，很适合轰炸。第4战斗机指挥部的地面管控员——JG 26联队长普里勒中校命令部队严禁起飞攻击美军第9航空队的诱饵部队。一直到10时30分第8轰炸机司令部抵达法国海岸他判断出美军的轰炸目标是巴黎时才放出了第一波阻击部队（JG 26第2大队与JG 3第1大队），第一支交上火的部队是JG 26第4中队，他们试图攻击第1轰炸机师的B 17但被第353大队冲散，维甘德技术军士击落1架雷电并和同伴合作击落1架第390轰炸机大队的B 17、JG 3的部队同样也被353大队打

散,雷电打出了2∶1的漂亮交换比。JG 26第2大队的主力带着JG 2的小部分单位则跟上了第2轰炸机师的B 24们,他们一直等到美军护航机换班时出现了时间断层时才展开进攻,不过长时间的跟踪飞行也消耗了德军的大量油料,在短暂的交手后马托尼中尉宣称击落1架B 24。此后经过快速的装弹加油,JG 26第1、2大队在12时50分再度升空,第1大队攻击了第3轰炸机师的编队并抢在第56战斗机大队的雷电抵达前通过一次迎头攻击成功击落2架空中堡垒,随后被雷电重创1架Fw 190,飞行员驾机迫降受伤。第2大队则一直在等待适宜的攻击机会,不过他们直到油料耗尽前都没等到这样的时机,最终以损失1架战机的代价击落2架雷电和一架B 17。最后一个赶赴战场的是JG 26第4中队,他们直到14时12分才再次升空作战,他们攻击了3架离队的第352大队的雷电,维甘德(此时已经是联队公认的神枪手了)再次击落其中1架,另2架则在敦刻尔克上空被德军高炮击落。当天美军的最后一个损失由JG 26第7中队的迈尔技术军士造成,他在15时15分第三次升空作战,并幸运地在阿拉斯(Arras)以西发现了1架孤零零的B 17并顺利地解决掉了它。与美军的预期相反,法国境内德军的抵抗也甚为强烈,空前庞大的轰炸机群与情报中驻法德军的"羸弱"并没能降低美军的损失,仍有23架轰炸机损失了,而且护航机的损失也在这天攀上了一个高峰:11架雷电战机和两架野马没有归航。

31日美军再次发动了对西欧的扫荡轰炸,125架B 17轰炸机被派去轰炸巴黎,另外450架B 17与B 24则被派去轰炸布列塔尼半岛和比斯开湾沿岸的德军机场,与前一天的行动一样,美军显然大大低估了布列塔

▲ 1943年末的胡苏姆基地,JG 11第3中队长汉斯·海因里希·凯尼格中尉向来访的于尔根·施通普夫大将敬礼。和施佩希特一样,凯尼格也在战争中失去了一只眼睛,但是这未能阻止他重返前线继续作战并在西线取得28次空战胜利

尼和第5战斗机指挥部的防御实力,德军对于这次的空袭做了充足的准备,第4战斗机指挥部还特地把JG 26第2大队借调到巴黎西南的托尔斯(Tours)机场来拦截空袭巴黎的轰炸机,不过当他们抵达托尔斯后却被调到布列塔尼作战,格隆茨军士长在半岛上空击落1架B 17,戈曼技术军士也宣称击落1架护航的雷电,不过在前一天表现不错的迈尔军士这次运气不佳,他的飞机发动机在返航途中发生了故障,因为处在一片森林上空他无法迫降只得弃机跳伞,但他却在跳伞时撞到了机尾而身负重伤。轰炸巴黎的美军轰炸机只遭遇了JG 26第7中队的几架战机,第96轰炸机大队的一架B 17被击落在艾斯图拉(Estuart)上空。最激烈的战斗还是发生在布列塔尼半岛,多达24架轰炸机被击落在半岛上空,德军的反击非常迅猛,哪怕是二流的训练单位也被动员起来作战,西线战斗机补充大队第2中队的两名飞行员:中队长斯塔姆贝格中尉和艾伦瑞德尔军士长分别击落1架B 17,这两位飞行员都是长期在JG 26服役的老鸟(两人都拥有上百次的作战出击次数,分别拥有9架、12架战果),不过

▲ 随着空战的越来越激烈，一名又一名王牌飞行员魂归苍天了

斯塔姆贝格中尉在战斗中受了轻伤，他从此也彻底告别了蓝天，伤愈后一直在 JG 26 任参谋职务。当天 JG 26 唯一的阵亡记录是克鲁佩中士：一位第 4 中队的菜鸟。对于这天的空战还有个不得不提的就是这是第 8 航空队首次在单日投弹量上超过皇家空军轰炸机司令部，他们在 31 日当天将 13142 吨炸弹投到了德国人的头上。

虽然帝国防空军作战单位的出勤率因为该季度作战强度的降低而得到提升，米尔希元帅试图大幅扩充昼间防空兵力的计划还是收效甚微。第 3 航空队的 6 个战斗机大队在 10 月初均由 3 个中队扩充为 4 个中队，但实际飞机数量并没有多少增加，JG 26 在年底只有 68 架可出动战机，账面上的 185 名飞行员也只有 107 任可以执行任务，而且在这一年里联队阵亡了高达 158 名飞行员（包括 4 位大队长，5 位中队长），这是战争的前几年里从未有过的阵亡数，第 3 大队大队长米特乌施上尉其至拒绝接受作战任务，他报告说他的大队拥有的 45 名飞行员只有 25 名具备出击能力，而且全都是菜鸟，如果再继续无节制地战斗下去整个大队就会玩完。

相比第 3 航空队，帝国中央司令部的战斗机部队情况更糟，他们的战机补充数量不如第 3 航空队。而且帝国境内的作战单位数量实际上反而在 12 月减少了，JG 25 和 JG 50 被解散，JG 51 第 2 大队被调往意大利保卫意大利北部工业区。派出这个大队可能是为了安抚墨索里尼，而且是去顶替 JG 3 第 4 大队，后者已经在 9 月从意大利返回慕尼黑，没有任何飞机。给 JG 3 第 4 大队重新装备的进度一开始很缓慢，但是在接到要替换 JG 3 第 2 大队的命令后就飞速完成了。JG 3 第 2 大队依然位于史基浦，它在 12 月 4 日又损失了一位功勋卓著的大队长威廉·莱姆克（Wilhelm Lemke）上尉（橡叶骑士十字勋章获得者，拥有 131 架战果）。他和他的小队因为爬升过晚，遇到了过来扫荡的第 352 战斗机大队，雷电击毙了莱姆克和他的两名手下，自身没有损失。大队在 13 日又遭到第 9 航空队多达 208 架 B 26 的突然袭击，几乎被完全摧毁在地面上。它的仅存的 15 架 Bf 109 加入了位于沃尔克尔（Volkel）的 JG 1 第 3 大队，JG 3 第 4 大队则准备转移到赫林贝亨（Grimberghen），那里比起史基浦来距离北海稍微更远些。作为帝国航空队拦截核心主力之一的 JG 1 在 44 年元旦时拥有如下力量：联队部有 4 架 Fw190A（1 架可用），第 1 大队有 29 架 Fw 190（27 架可用），第 1 突击中队有 14 架 Fw 190（11 架可用），第 2 大队有 21 架 Fw 190（17 架可用），第 3 大队有 42 架 Bf 109G（36 架可用）。另一个作战主力 JG 11 在 1943 年里也付出了巨大的牺牲，虽然全联队取得了 326 个战果，但 64 名飞行员阵亡，17 人失踪，49 人负伤，损失了编制表上 1.7 倍的飞机仍然是个巨大的打击。

在这段被美国陆航官方史学家称作"秋季危机"的时间里，华盛顿方面的阿诺德将军和伦敦方面都试图保持他们在欧洲战略轰

▲ 1944年初的多特蒙德机场，JG 1第2中队的地勤人员们正在清洗一架 Fw 190A-7

炸中的核心地位。联合轰炸攻势分配给第8航空队的主要任务是在盟军登陆法国前给德国空军造成致命打击，当时定下的登陆时间是1944年5月。美国战略航空部队的指挥官曾计划通过轰炸生产武器的工厂来摧毁德国空军，然而帝国防空军的力量和作战效率依然在缓慢增长。为了夺取制空权，美军的作战计划在1943年底发生了根本性的改变。所有的战前理论都被抛弃。阿诺德将他的好友埃克调离第8航空队，给他一个位于地中海战场上的高位。新上任的欧洲战场盟军最高总司令艾森豪威尔从地中海赶往英格兰，将他自己的航空指挥班子也带了过去。这些人已经通过艰苦的战斗知道击败德国空军的办法是在空中。他们的理念被很快运用于实践。借助数个P 51大队的辅助，他们将在充足的时间内给帝国防空军和德国空军造成致命打击。

美国陆航眼中的德国空军

完成对德国空军在1943年秋防空作战胜利的分析还需要将目光放到它的对手身上。在经历了第二次施韦因富特的灾难后，阿诺德做出的评价是"走投无路的狼最为凶猛。"毫无疑问，美国陆航绝大部分指挥官在承认德国战斗机部队勇猛的同时也相信它已经濒临绝境了。

1943年11月，第3轰炸机师完成了对超过2500次与德国战斗机对抗的研究报告。它的目的直截明了："通过知道和理解敌军战斗机的标准策略，新机组可以从老机组过去的战斗教训中收益更多。"报告识别出了在1943年夏秋两季观察到的11种不同战术。有一些被评定为比其他战术更危险更有效，对每一种战术的分析都包含了战术教训和相应对策建议。列在第一位的就是单发/双发战斗机并列成一线从后方发起火箭弹攻击，同时常规武装战斗机攻击并猎杀受伤或被孤立的飞机。"战术教训"严厉的指出"要在火箭弹爆炸后不惜一切代价保持编队。"

在作战效果上列第二位的是集群迎面攻击，对它的描述如下："在B 17编队两边2000码（1800米）远、500码（450米）高处，2个最多包括18架战斗机的编队分别向轰炸

▲ 战斗机与轰炸机的肉搏！这张拍摄于东普鲁士上空的照片清楚地显示了一架ZG26第2大队的Me 410A-1在近乎自杀的距离上发动了攻击后脱离

机飞来，然后在 11 点或 12 点高位以 2 至 3 架为一组执行一系列轮流的俯冲攻击。"施密德的参谋部确实希望采取两编队攻击，但是很少能完成这样的战术集中，而且常是偶然完成的。最常见的单编队迎面攻击没有出现在美国陆航的名单中。

虽然列出的部分攻击战术确实可以很容易和帝国防空军实际采用战术对上号，其他的一些则明显是名单制作者试图对海量与德国战斗机搏斗进行分类的结果，尤其是对于孤立和小型的编队。美军记载帝国防空军频繁使用单独的诱饵机，实际上这些绝大部分都是由不愿意靠近轰炸机编队的飞行员驾驶的。总的来说，美军的分析报告证实了许多德国战术家推断出的结论：21 厘米火箭弹的高效，集中攻击的价值，协同攻击，以及德国战斗机部队飞行员技术水平之间巨大的差异。

从美国陆航作战报告中经常可以一窥德国空军的实验和创新。在 1943 年 12 月 11 日对埃姆登的攻击中，1 架第 44 轰炸机大队的 B 24D 遭到 1 架 Fw 190 的迎面攻击，这架敌机尾部似乎拖曳着一根钢索。钢索击中了轰炸机的机鼻，打伤了数名机组，并在后方的炸弹舱发生一起爆炸。这架受损的飞机返回了基地，钢索还缠在被毁坏的机鼻上。这是第一个关于所谓"钢索轰炸"的确认战例。德国方面则是这样描述第 25 试飞队的实验的："在约 90 米长的钢索上吊着一颗 10 公斤重炸弹，单独地挂在 Fw 190 上。战术是从正前方攻击并从轰炸机上方平稳的退出战斗。战斗测试取得了 2 个未经证实的战果。实验终止的原因是炸弹更倾向于跟在 Fw 190 的后面而不是垂挂在下方，炸弹的摇摆太剧烈，以及飞机不得不非常靠近轰炸机才能取得成功。"

这种麻烦的战术虽然没有得到广泛运用，它却一直到 1944 年还出现在第 8 航空队的作战报告上，拖曳炸弹的 Bf 109、Ju 88 和 Fw 190 都曾攻击并偶尔击伤过美国陆航轰炸机。另一种不明确的战术是空投钢网，试图缠绕损坏飞机发动机，至少有一架轰炸机将这种攻击的证明带回基地。

美军的作战报告中也包含一些让人匪夷所思的内容。有时会报告一些不存在（He 113）或不可能（Ju 87、He 111、Fw 189）的飞机攻击轰炸机编队。整场战争中都有由德军驾驶的盟军飞机发起攻击的报告。10 月 14 日施韦因富特之战后提交的一份报告可能最为特别，它写道："遭遇到 50 架无线电遥控的 Fw 190 和一些 Bf 109。这些飞机里没有飞行员……飞机可能由 Me 110、Ju 88 或 Me 410 控制……"情报军官在递交报告时还附信声称没有证据显示德国空军（这样的创新也许已经存在）拥有任何此类的远程遥控飞机。这件事就这样被搁置下来。

作为转折点的 1943 年就这样结束了。在战后关于德国空军的第一批历史研究中，英国空军的分析家做出这样的总结："从 1943 年初至盟军在 1944 年 6 月 6 日登陆诺曼底，空中战争中占据主导地位的是盟军对帝国的联合空袭。它导致……德国空军在地中海的规模缩减到对那里的战况影响可以忽略不计的地步。它导致在需要更多的战斗机来面对逐渐增强的苏联空军时从俄国调走单发和双发战斗机单位到德国。而且最重要的是，它迫使（德国空军）从轰炸机转向战斗机，从攻击武器转向防御武器，这不可挽回的改变了德国空军的组成和特性。"

1943 年秋同样是德国空军防卫军的高潮。中央司令部的昼间战斗机部队（对于夜间战斗机部队来说，它的最大胜利柏林战役还未到来）是德军取得重大胜利的最后一些主力部队之一。U 艇部队已经在 1943 年 5 月梦断大西洋，装甲部队则在 7 月的库尔斯克被粉碎。非洲军集体进入了盟军战俘营，地中海成为盟军的内湖，德国陆军在所有战场上都在撤退。

当然了，在结束 1943 年的空军战史的最后还有必要就 43 年帝国空军的损失做一个直观的介绍来使得读者能更容易了解这一年的战况，在 1943 年的上半年里，帝国空军所有飞机的平均月损失约占总飞机数的 13.6%，

乐观心态的褪去

1943 年秋的防御战胜利似乎是科滕复兴德国空军战略计划的好兆头，也有一些乐观的情绪认为"新的德国空军"也许已经出现了。在战争的这一关键阶段，第三帝国权利核心的几乎每一位成员——希特勒，宣传部长戈培尔，各大区领袖——都意识到了这一来自第三维度的威胁。科滕的作战参谋长科勒在 1944 年 3 月 21 日代表德国空军高层讲话时这么说：

"我在这里有一些来自科滕将军的指示要声明。绝对没有其他东西将比航空武器对胜败起到更为关键的作用。空中力量在战争的最后阶段将成为决定性武器。坦克和潜艇都不如它那么重要。如果今天这一点被人否认，我只能说历史将证明我是对的。"

1944 年确实也将见证空中战争在欧洲上空的高潮，以及其中一些最为激动人心的篇章。

德国空军在年初以大力改进组织结构作为开始。科滕和科勒沮丧的发现德国空军的组织结构依然与和平年代相同——由帝国元

▲ 卡尔·奥托·索尔，战斗机司令部的实际掌控者

帅戈林、空军最高司令部（Oberbefehlshaber der Luftwaffe，简称 ObdL）和他的帝国航空部（RLM）监管德国境内军事和民间的全部航空活动。德国空军没有可以与陆军和海军相对应的总司令部。1944 年 2 月，科滕和科勒成功的将德国空军的指挥系统转为战时状态。用科勒的话来说："我们试图拆散冗杂的空军最高司令部，将所有进行战争所必需的部分统一到一个军事司令部之下，并将它们与帝国航空部内不必要的部门分隔开。"1944 年 2 月 5 日，德国空军总司令部成立（Oberkommando der Luftwaffe，简称 OKL），包括总参谋部、作战参谋部、武器总监（包括加兰德的战斗机总监）、军需部门以及通信部门。训练、行政、民防和技术研发依然归帝国航空部管辖。考虑到德国空军面临的问题，很难相信科勒认为训练是"不必要的"，但是新的组织结构确实被证明更为有效，它也一直沿用到战争结束。

多线作战是德国空军面对的巨大挑战。

▲ 第15航空队司令内森·特维宁将军，第15航空队加入对德国的战略轰炸令帝国防空军被迫双线作战

在1944年2月的一次会议中，米尔希指出敌军的两个作战重点——对帝国本土的空中战争（他认为是最重要的）以及东线战争。他认为在意大利的战争是次要的，但是警告他的听众德国将毫无疑问要在春季面对另一个将在欧洲某处登陆的敌人。

面对四个迫近的威胁，想要维持"攻击型防御"策略被证明是痴心妄想。科滕建立起一支攻击性力量的计划只有在东线才取得了一些进展。不顾陆军总司令部的反对，德国空军在第4航空军内集结了一支包括300至400架轰炸机的强大部队以发起一场对苏联战争工业的打击。然而攻击发起前苏军就在1944年春夺回了一些重要的机场，这就使得最关键的苏联工业目标超出了He 111轰炸机的航程之外。第4航空军不得不重新回到它早期的铁路封锁作战中。

虽然科滕做出了努力，对地支援作战还是成为了1944年德国空军的主旋律，其60-80%的精力都投入到直接援助受重压的地面部队上。现在大批装备Fw 190的对地攻击机部队成为了陆军的侍从，而且同时还占用了德国战斗机产量相当大的一部分。少数留在东线的战斗机单位要面对具有攻击性和老练作战战术的重生后的苏联空军。到1944年3月底仅有289架可用战斗机的东线航空队逐渐将制空权交给"斯大林的猎鹰"。

德国空军长期坚持的"进攻是最好的防御"政策在西线遇到了最为严峻的挑战。第3航空队得到加强的轰炸机部队在1944年1月至5月发起大规模攻击伦敦的野山羊行动（Operation Steinbock），为了满足元首复仇的愿望第9航空军损失了近300架轰炸机及其无可替代的机组。施佩勒强烈维护自身特权的理由之一是他保证第3航空队有能力执行这种攻击行动，如今这一政策的破产已经显露无疑。在野山羊行动失败后，仅有导弹将被继续用来攻击英伦。意大利的情况只是稍微好那么一点，德国空军在支持凯塞林的防御战期间取得了一些局部胜利。但在这里德国空军只不过是作为拖延作战行动中的一个小齿轮而已。

早在1943年初，戈林和他的作战参谋部就开始着手拟定一个详细的计划，目的是能够在盟军登陆时从帝国防空军和其他地方抽调战斗机单位加强第3航空队及其下属第2航空军。德国高层一直无法确定盟军登陆的地点，因此制定计划时考虑到了从斯堪的纳维亚到法国南部再到巴尔干的广阔区域。由于在法国北部的海峡沿岸登陆看起来可能性最大，德国空军准备能够以最快速度对其进行反击。预计要立即从帝国防空军转移10个战斗机大队、4个驱逐机大队和6个夜间战斗机大队，还有来自其他战区的轰炸机、对地攻击机、侦察机和战斗机，前往位于法国

1943-44年德国战斗机季度产量

	1943年第一季度	第二季度	第三季度	第四季度	1943年总产量	1944年第一季度	第二季度	第三季度	第四季度	1944年总产量
Bf 109	1185	1771	1894	1568	6418	2451	3301	4328	4162	14212
Fw 190	740	823	923	722	3208	1257	2475	4049	3630	11411
双发战斗机	407	489	653	563	2112	589	822	832	663	2906
总计	2332	3083	3470	2853	11738	4297	6598	9209	8425	28529

和低地国家的新基地，即使这实际上意味着剥夺了帝国防空的全部骨干。

米尔希正确的指出德国在1944年初面临的最直接威胁是盟军的战略空袭。皇家空军的夜间轰炸在柏林之战达到顶峰，哈里斯的冬季战役令他的轰炸机司令部损失严重。虽然德国夜间战斗机部队似乎已经克服了冬季危机，轰炸机司令部依然使得德国战争经济的大块区域受损，这引起了德国最高领导层的担忧。43年12月，作为对米希尔制定的第224号项目的替代品，希特勒批准了的第225号项目下发给了米尔希，要求米尔希将战斗机的月产量下降到2933架以腾出足够的资源来生产He 177，这种重型轰炸机将是发动空袭英国的"迷你闪电"（Mini-Blitz）行动的主力机型，同时对Fi-103火箭的开发也占用了大量本来应该用来生产战斗机的资源，尽管1943年绝大多数德国的飞机工厂已经达到了每周40小时的工作时间，但因为不断分化对战斗机的生产空间，实际上战斗机的月产量提高有限，这也直接对44年的空中作战造成恶劣的影响。

帝国航空队的成立

主张加强防御的倡导者们在一月得到了迟来的肯定。在拖延了很久后，德国空军中央司令部终于被更名为帝国航空队，这就使它拥有了与前线航空队等同的组织地位。司令官从威斯这位高炮将军替换为在挪威的第5航空队司令汉斯·于尔根·施通普夫，一位经验丰富的航空指挥官。他的新司令部设在柏林万湖。有观点认为威斯的降职是因为他被"不公平"的认为要为帝国防空体系内高炮部队的不足负责。施通普夫毫无疑问有资格从事他的新工作，但是一些局内人表示这个职务交给他是带有政治色彩的，德国空军在国内受到了巨大的怨恨，一些大区领袖有可能已经向希特勒控诉帝国航空军是否在由一名航空将领指挥。把政治放一边，格拉布曼相信施通普夫的任命只不过是承认帝国防空需要"一位精通于航空和高炮作战并具有执行进攻和防御空战经验的指挥官。"高炮的作战效率依然受到电子干扰战的影响，秋季的战斗也强调了昼间战斗机部队的重要性，因此任命一位航空指挥官似乎是精明的。施通普夫将指挥帝国航空队直到战争结束。

指挥组织结构依然在进化，除了试图取得统一的努力外还同样依赖它们的指挥军官的个人能力。帝国航空队提供总体行动指示，

▲ 汉斯·于尔根·施通普夫在帝国航空队成立后出任其指挥官

▲ 约阿希姆·弗雷德里希·胡斯的第7战斗机师起初并不属于第1战斗机军，这不利于统一的本土防空作战指挥

昼间和夜间战斗机部队、飞机报告部门和高炮司令部被并入到一个单独的指挥部。第1战斗机军（隶属帝国航空队，下辖第1、2、3战斗机师）和第2战斗机军（隶属第3航空队，下辖第4、5战斗机师和布列塔尼，波尔多战斗机指挥部）协调和监督绝大部分的昼间战斗机部队，但是德国南部和奥地利的第7战斗机师继续直接向帝国航空队述职。施密德继续尝试增大他的第1战斗机军的影响力，在1月24日的一封经由帝国航空队发给帝国航空部的信中，他写道：

"为了确保在帝国境内实施成功的防空措施，以下条件必须得到满足：

1. 要有一个中央机构负责准备'空中态势图'。

2. 所有参与帝国防空战的报告机构（无线电侦察、雷达、地面报告站）都应该向一个单独的中央机构汇报，并且应该从属于此机构。

3. 应该设立一个中央指挥单位来指导昼间和夜间战斗机单位的本土防空活动。"

在战后为美国陆航编写的战史中，施密德补充道："这一由第1战斗机军司令部多次提出的建议……1943年12月11日……直到1944年3月31日才得以实行。"

战斗机师司令部的主要作用是掌控在空中的行动。在1944年这一掌控的力度变得更大了，而且它们在空中指挥的所谓战斗编队（Gefechtsverbände）规模也变得更大，通常达到联队规模或更大。战斗编队在空中由高级军官指挥，联队长或大队长较为适合。战斗机联队自不列颠空战后首次成为了一个战术单位。以前经常单独行动的战斗机大队现在有些已经被调整部署到更靠近它们各自联队司令部小队的基地。在1944年初，打算成立的战斗编队包括：

战斗编队	作战区域	指挥司令部
JG 1	荷兰	第3战斗机师
JG 3	莱茵兰	第3战斗机师
JG 11	德国北部	第2战斗机师
JG 27	奥地利	东部边区战斗机指挥部
JG zbV	德国西南部	第7战斗机师

◀ ZG 26 第 2 大队长爱德华·特拉特上尉，驱逐机在帝国防空战中是护航机的良好攻击目标，特拉特作为最优秀的驱逐机飞行员也未能在空战中生还

注意第 8 航空队在空袭德国时最常光顾的第 3 战斗机师指挥两个战斗编队，而在柏林的第 1 战斗机师因为此时还没有在白天遇到威胁而没有战斗编队，只下辖西里西亚战斗机指挥部和东普鲁士战斗机指挥部。还要注意的是 JG zbV，也就是特别战斗机联队。这不是一个完整的联队，而是一个"用于特殊目的"的战斗机指挥部，此时这个战斗编队包括第 7 战斗机师负责区域内的一些单独的战斗机大队。没有为此设立正规的战斗机联队司令部。JG zbV 指挥部的组建受到拖延，直到 4 月中旬才出现。

2 个驱逐机联队中，ZG 26 属于第 2 战斗机师，ZG 76 则属于第 7 战斗机师。在 1943 年底，这两个联队的基地都位于绝大多数美军护航战斗机的航程之外。它们的 Bf 110 和 Me 410 在可能时以联队规模活动，但是与单发战斗机组成编队被证明是有问题的，因为各自的巡航速度不一致。专门的混编单位在数月后成立，因为那时双发驱逐机对持续护航的需求已经变得很明显了。

战斗编队是面对盟军护航机所采取的权宜之计，它有许多问题，就像加兰德指出的那样：

1. 集结所需要的时间降低了可用于战斗的时间。

2. 对于在空中进行指挥和调遣来说，它们是非常笨重的。

3. 对于经验不足的飞行员来说与编队保持在一起是非常困难的。

加兰德没有提到的一个同样重要的问题是缺乏合格的战斗编队指挥官。现在帝国防空军已经设立了一所学校培养领导小队和中队的低级军官，但是拥有经验、空战技术和局势分析能力并能够在空中指挥多达 200 架战斗机的人极为稀少，而且这一资源还在不断枯竭中。

高炮部队直到战争结束都依然由空军军区司令部管辖。不过在 1944 年初，设立了高炮作战指挥官（Flakeinsatzführer）一职以加强各兵种联合作战的效率。不仅仅是一位简单的联络军官，这位高炮指挥官可以向高炮单位发布命令并与战斗机指挥官交换信息。他的司令部与战斗机师司令部驻在一起，他与战斗机师指挥官"进行最密切的协作"。德国空军作战参谋部指出这一安排取得了极好的结果，因为高炮作战指挥官通常可以消除战斗机和高炮部队之间的隔阂并确保它们进行有效合作。随着猛犸象雷达和瓦塞尔曼雷达设备数量的增加，对战斗机的控制也得到了稳定的提升。1944 年也见证了新型早期预警雷达和战斗机控制技术的发展，包括狩猎宫全景雷达和芙蕾雅—欧根—杰拉特雷达

▲ JG2 联队的一场葬礼，这个老牌的海峡联队虽然此时还不是帝国防空的主力，但他们仍为此付出了巨大的代价

控制程序。经过痛苦的发展，虽然遇到了巨大的技术和官僚主义障碍，一个现代化的综合型防空系统正在成形。

帝国防空军的战术、地面组织、指挥和控制程序在迅速发展。相反，武器装备本身却停滞不前。帝国防空军的昼间单位装备两种单发战斗机和两种双发驱逐机。全部都足以对付无护航的轰炸机，但是除非由越来越少的空战专家驾驶，都在对付美军护航机时存在问题。在1944年上半年没有任何可以替换它们的选择。最老的机型梅塞施密特Bf 109现在以Bf 109G-6为代表，这也是产量最大的一型。它的1475马力DB 605A引擎使飞机在6900米高度的最大速度达到621km/h。它的标准武器为1门MG 151/20机炮和2挺MG 131重机枪，火力足够对付盟军战斗机，但是对于B 17和B 4来说则太弱了。通过在翼下添加火箭弹发射器或MG 151/20机炮吊舱可以增强火力，但是代价是大幅降低机动性和速度。无额外负载版本在春季交给了负责与护航机战斗的"轻型"大队，其他的则交给了"重型"大队。各种加强性能（特别是高空性能）的Bf 109子型出现在生产线上，它们配备最新的发动机和/或增大的增压器。

帝国航空队中更多功能的战斗机是Fw 190。在战场上的多用性使它们一直处于供不应求的状态。这种飞机被认为容易驾驶并且非常耐打，受到飞行员们的喜爱。在年初服役的型号是Fw 190A-6。它安装1台1700马力的BMW 801D星形发动机，在6300米的最大速度为652 km/h，但是它的额定功率在此高度之上迅速下降。这种战斗机的武器为4门MG 151/20翼炮和2挺MG 17机枪，在对抗盟军飞机时有足够的破坏力。第3航空队的Fw 190大队在年初接收了一些Fw 190A-

▲ 正在装弹的Bf 110G-2，旁边戴大檐帽的军官是时任ZG26第7中队长的基尔上尉，1944年1月29日他在拦截轰炸机的作战中身亡

7，它改进了内部设备并用MG 131替换掉引擎罩上的MG 17机枪。这种型号的飞机很快就在生产线上被类似的Fw 190A-8取代，它是产量最大的子型，而且成为了帝国航空军的标准装备。由于无法提升BMW 801D的动力，新型号飞机在重量上的提升降低了性能。需要采用一台新的发动机，但是使用它的Fw 190D和Ta 152直到1944年底才能投入使用。

两种型号的驱逐机中，Bf 110因为过时而停产，但是它的后继机Me 410A-2也有自己的问题。它比起Bf 110来仅在速度上占优，机动性更差，并且对于机组来说更重要的是非常难以在发生紧急情况时弃机。给Bf 110大队换装Me 410的计划因为少数装备后一种飞机大队的高战损率而被拖延。唯一用于取代Me 410的飞机是串联引擎布局的Do 335，在战争的这一阶段还只是个幻想而已。

随着战斗机部队一起大有强化的则是帝国的各色防空高炮部队，43年底帝国本土的防空部队数量已经达到了9个高炮师和4个分散的高炮旅，几乎占据了整个德国防空部队实力的60%，第3航空队还拥有3个高炮师和3个分散的高炮旅。而在43年1月时仅有629个重型高炮营的帝国防空军在44年一月已经拥有了1300个重型高炮营，扩充了整整一倍的实力。

第三章
雄鹰帝国的残阳

艰苦的拉锯

美国在欧洲的战略航空部队也在一月进行了大规模重组。与在很大程度上肤浅而依赖个人推动的帝国防空军不同，美国陆航的改变主要源于战略上的大变动。

原第8航空队司令埃克中将被调往地中海战场的时机与新任欧洲战场盟军最高总司令艾森豪威尔及其参谋部的到来相吻合。其参谋部成员之一卡尔·斯帕茨中将奉命指挥一个新成立的机构，美国陆航驻欧洲战略航空司令部（USSTAF），它负责协调位于英格兰和意大利的美国战略航空部队对德国的攻击。他的行动代理指挥官是弗雷德·安德森少将，负责掌控这些部队每天的行动部署。他之前领导的第8轰炸机司令部被废除。现在被剥夺了主要作战指挥权利的第8航空队司令官一职则交给了詹姆斯·哈罗德·杜利特少将。

杜利特是美国第一位真正的二战空中英雄，因为在1942年4月计划并领导了著名的轰炸东京行动而连晋两级，1942年底被派往北非，很明显是出于其宣传价值。当时的地中海战场司令官艾森豪威尔起初很讨厌这位鲁莽的新贵，但是很快就对他的机智、精力和灵活性大为赞赏，并希望他加入自己在英格兰的团队中。理论上来说，杜利特除了处理第8航空队的组织和人事方面的问题外无事可做，第8航空队司令官的权限大幅缩减，这可能还是因为美国陆航高层对杜利特能力的不信任。他们可能希望杜利特为美国战略航空队扮演一个"挂名负责人"的角色（不管他走到哪里都能吸引媒体关注），而由斯帕茨和安德森在幕后真正指导作战进行。

然而杜利特在掌管第8航空队不到一个月后就做出了一个戏剧性的改变欧陆上空战

争进程的决定,并确保盟军在 D 日前夺取制空权的直射行动(Operation Pointblank)取得胜利。与阿诺德、斯帕茨、埃克和安德森都不同,杜利特并不是一位"轰炸机部队的人",实际上他早期在战斗机部队服役。

对于杜利特来说,摧毁德国空军战斗机部队是最为重要的任务,采取什么手段都无所谓。在对第 8 战斗机司令部凯普纳少将的一次早期访问中,杜利特确信了凯普纳的战斗机被轰炸机指挥官束缚的太紧了。1 月 21 日,杜利特在他的司令部会议中宣布:"战斗机保护轰炸机编队的任务应该被降到最低,我们的战斗机应该被鼓励迎击敌人并摧毁他而不是满足于把他赶走。"

德国战斗机部队将通过消耗战被摧毁在空中。杜利特"给予战斗机自由"的决定是他个人在战争最关键阶段做出的。凯普纳和他的飞行员们当然是欣喜若狂,然而轰炸机指挥官则不这么看。根据杜利特的说法:"当我向轰炸机大队宣布这一决定后,它们的指挥官……当然,以礼貌的用语告诉我我是一个"杀手"和"谋杀犯"……许多轰炸机机组始终非常不满。有些人到现在还是这样。"

欧洲代表性的冬季天气降低了一月的空中活动数量。第 8 航空队对德国进行了 7 次入侵,现在由内森·特维宁(Nathan Twining)中将指挥的第 15 航空队空袭了 3 次。新的轰炸机大队持续抵达英格兰和意大利,第 8 航空队现在拥有 25 个 B 17 和 B 24 大队。运输线上也堆满了战斗机,绝大部分还是航程有限的 P 47。第 8 战斗机司令部现在拥有 9 个 P 47 大队和 2 个 P 38 大队,加上 1 个从第 9 航空队借来的 P 51 大队。1 月 4 日,小批 B 17 部队(75 架 B 17 轰炸机)在全部 430 架 P 47 的掩护下前去轰炸明斯特,JG 1 出动了全部 3 个大队参与作战,然而这次的结果非常糟糕,6 架战斗机被击落,3 架被击伤,4 名飞行员身亡,仅仅只取得了 1 个 B 17 战果。轰炸机部队主力则在 20 分钟后以一条笔直航线飞往基尔。它们在飞行的大部分时间里都没有护航,但是在目的地与 3 个远程护航机大队(2 个 P 38 和 1 个 P 51 大队)会合。帝国航空军的昼间战斗机在它们的基地受到了坏天气的一定影响,防御作战总体来说不成功。NJG 3 和 NJG 5 的夜间战斗机受天气影响不大,在对付撤退中的基尔入侵者时完成了它们最出色的昼间战斗之一。NJG 5 第 2 大队的皮特·斯波登(Peter Spoden)少尉回忆:"我们的战术事先已经制定好了,使用明石雷达测定距离,我们将从后方攻击以打散编队,接下来用机炮击落落单者。我率领一个小队的 Bf 110 从帕希姆起飞,攻击在北

▲ 詹姆斯·哈罗德·杜利特将军,他提出的新护航战略令美国陆航战斗机飞行员欣喜万分,却也因此受到很多轰炸机机组的痛恨

海上空撤退中的 B 17。我们本应该与一个来自什未林的小队会合，但是没有看到它或任何其他战斗机。没有关于空中协同的计划，我们只有差劲的 HF 无线电用来在空中交流。我们要并列成一线从后方攻击，发射火箭弹。我在 3 公里外被防御火力击中，下令从 2.5 公里远处发射火箭弹。由于电路故障，我无法发射我的火箭弹。我在一台发动机停转后退出，在离开前用我的机炮向（敌机）编队扫射。我的 2 架 Bf 110 进行了紧急降落，我则迫降在帕希姆，成为我的小队中唯一返回基地的成员。这是个危险的工作，仅限由更可消耗的机组执行，那些拥有 10 次以上空战胜利的人被禁止出动。我在战后知道我的射击击毁了 1 架 B 17 的发动机，它不得不迫降在英格兰外的北海上。"

基尔在 5 日再次成为目标，第 8 航空队出动了 245 架轰炸机和 1 个包括 3 个远程护航战斗机大队（70 架闪电和 41 架野马）的目标护航队。JG 11 联队部和第 2 大队在 10 时 30 分攻击了一群由 40 架闪电护航的 B 24，稍后第 1、3 大队也加入了进来，第 2、3 大队的战斗机成功缠住了护航的战斗机为第 1 大队向轰炸机群的攻击创造了条件，JG 11 在这场空战中取得了不小的胜利，损失 4 架战机（飞行员阵亡）但击落 5 架轰炸机和 9 架闪电战斗机。JG 27 则承担了打酱油的工作，他们有限的攻击取得了 1 架 B 17 的重创记录和 1 架雷电的击坠记录。

第 8 航空队剩余的 274 架轰炸机和大量 P 47 则被分配到从波尔多到艾伯费尔德（Eberfeld）的目标上，德军也积极开始应对，JG 26 放出了第 3 大队来攻击鲁尔方向的美军，结果无功而返。第 2 大队则由雷德纳（Radener）少尉在法国米劳蒙特（Miraumont）附近击落

▲ 1944 年 1 月，JG 1 第 1 大队的一名飞行员在 Fw 190A-7 内准备升空作战

了一架落单的空中堡垒，这个战果得到了空军最高司令部的确认，但实际上对照美军的损失记录并未发现有轰炸机损失于米劳蒙特地区。JG 1 的拦截也不怎么样，联队部和第 2、3 大队都被派了出去，但只有少数战机和敌人在 12 时左右接触，奥绍和他的僚机霍尔斯特·迈尔（Horst Maier）上尉各自击落了 1 架 B 24，第 1 大队和突击中队在 12 时 30 分抵达了鲁尔区，但他们的战绩不得而知。根据美军的统计，在这天的所有轰炸行动中共损失了 24 架轰炸机和 12 架战斗机。

安德森在 7 日只选定了一个目标，即路德维希港的化工联合企业。工厂沿着莱茵河建立，是一个 H2X（美版英国 H2S 机载雷达）很容易识别的目标，与去年 30 日的空袭不同，这次美军改由荷兰进入西欧大陆并一直飞到荷兰东部才调转矛头直奔东南方向的鲁尔区，最后直穿法国返回。由 11 个战斗机大队保护排成一线的轰炸机机群，第 3 战斗机指挥部被美军的飞行路线迷惑了，没能准确

预测美军的轰炸目标，只有少数德国空军战斗机能够渗透攻击轰炸机。JG 26 第 1 大队在 12 时 10 分第一个出动，他们被部署到了法国克德耶（Creil）以西，显然他们还碰不到美军轰炸机，但他们成功收拾了第 385 战斗机大队，这个新组建的菜鸟大队有一个中队长居然认为部队在英格兰上空因而率队试图寻找机场降落，结果他们被博里斯的大队从高空俯冲而下打了个狗血淋头，3 架雷电当场被击落，第 4 架雷电仗着皮糙肉厚，满身是伤地飞回了英国，并将这个意外事故报告给了上级。JG 26 第 2 大队则在 12 时 45 分起飞前往巴黎南部，他们很幸运地攻击到了返航的美军 B 17，这些美军轰炸机缺乏护航，而且编队松散，大队立刻展开了攻击，当天损失的 5 架 B 17 中有 3 架被他们击落，他们一直攻击直到护航的第 4 战斗机大队抵达，双方随后发生了一系列混战，按照美军的报告，与他们交战的 Fw 190 共有 12 架并击落其中的 4 架（飞行员 3 死 1 伤），但第 4 大队大队长巴拉克斯利（Blakeslee）中校也被击落【战果属于 JG 26 第 8 中队的新手古特曼（Guttmann）中士】，格隆茨军士长在空战中也宣称击落了 1 架 P 47 但未得到证实。JG 27 只参与了 20 分钟的作战，大队长维尔纳·施罗尔（Werner Schroer）少校（双

剑橡叶骑士十字勋章获得者，114 架个人战果）击落 2 架闪电，威廉·科恩希（Wilhelm Kientsch）中尉（橡叶骑士十字勋章获得者，总战果 53 架，包括 23 架四发轰炸机）击落 1 架 B 17。这天美军各种原因损失的轰炸机仅为 12 架。

同样在 7 日，第 15 航空队选择维也纳新城作为目标。轰炸机很早就返回，但是第 1 和第 14 战斗机大队的 P 38 继续向目标飞去，在那里第 14 大队击落了 1 架 ZG 1 第 2 大队的 Bf 110，自身没有损失。第 1 大队遭遇了格尔哈德·米哈尔斯基（Gerhard Michalski）少校的 JG 53 第 2 大队 Bf 109。在南斯拉夫上空进行 30 分钟的低空搏斗后，德国飞行员宣称击落 15 架敌机，自身没有作战损失。但是由于燃料耗尽，1 架 Bf 109 在滑翔着陆中毁坏，4 架受损。米哈尔斯基在报告中声称他的对手们飞的像野人一样。德国飞行员确实做得非常出色，实际上共有 6 架第 1 战斗机大队的 P 38 被击落。美机声称击落 1 架 Bf 109，可能击落 1 架，击伤 6 架，还声称击落 3 架 Fw 190，但是在此地区没有福克－沃尔夫战机。

杜利特在 11 日批准以最大兵力攻击奥舍斯莱本、哈尔伯施塔特和布伦瑞克（总计出动 663 架四发重轰，499 架雷电，49 架闪电和 44 架野马）。英格兰上空的坏天气使组队遇到了问题，但是德国的天空很晴朗，而且天气预报指出在轰炸机返航前英格兰就会放晴。然而基地上空的天气继续恶化，杜利特在领头的轰炸机联队已经进入德国时下令召回攻击部队。一些轰炸机联队掉头返回，其他的则继续前往目标。绝大多数护航战斗机都返航或错过了会合点。格拉布曼上校很早就放飞了他的前沿部队，它们在轰炸机越过须德

▲ 意大利成为了美国陆航打击德国的第二个基地，它成功的迫使帝国防空军分散有限的作战力量，图为第 15 航空队的一批 B 24 轰炸机

▲ 詹姆斯·H·霍华德少校，他因在1月11日战斗中的英勇表现成为了在欧洲战场获荣誉勋章的唯一一名战斗机飞行员

海时发起攻击。跟随机迅速汇报了护航缺口，第1、2、3、4战斗机师以大队为单位出动它们的战斗机，并没有试图组成战斗编队。

率领第354战斗机大队执行此次作战的是詹姆斯·H·霍华德（James H. Howard）少校（霍华德曾在1941年6月到1942年7月在中国战场作为飞虎队的一员执行了56次作战任务，击落日军战机6架），他在将下属P51中队派去轰炸机群的不同部分后与小队的另外3名成员失散，他发现他现在处于孤身奋战的状态，而他负责护航的这个B17轰炸机盒子编队则遭到了超过30架德机的持续攻击，霍华德毫不犹豫地向德国战斗机俯冲而去以破坏它们的攻击，在不断地俯冲攻击后有4-6架德机被他击落，而当时的轰炸机编队指挥官则惊叹道："这是我一生所见过的对勇气和决心最精彩的展示，一位孤独的美国小伙子像是在只身抗击几乎整个纳粹空军，他就像天使一样陪伴着我们，没有任何嘉奖能够配得上他的作为。"作战结束后第401轰炸机大队的B17机组通过他飞机上的代码字母找到了霍华德的部队，并推荐他获得荣誉勋章。霍华德就这样成为了在欧洲战场获此勋章的唯一一名战斗机飞行员。

绝大多数帝国防空军的作战单位都取得了成功。第1突击中队从赖讷起飞，使用Fw 190A-6首次测试它的新型突击战术。虽然它与JG 1第1大队一起出动却很快与之分别，独自从后方接近到非常近的距离后发起攻击。在它们的20毫米机炮火力下有3架B17脱离编队。中队在此战没有伤亡，毫无疑问取得了胜利。

JG 1第1大队执行了迎面攻击，这对于帝国航空军的单发战斗机来说依然是常规攻击方式，但是其他大队已经开发出了它们自己的战术。虽然加兰德少将认为编队指挥官没有得到足够的自由，实际上他们在发现敌机后就以各自的方式作战，有些人已经设计出攻击轰炸机的新方法。JG 1第4中队的艾本哈德·布拉特中尉回忆那天他的大队使用了瓦尔特·赫克纳（Walter Hoeckner）上尉（个人战果68架，骑士十字勋章获得者）独特的

▲ 1944年1月的多特蒙德空军基地，第1突击中队的Fw 190A-6战机

▲ 1943年底在韦尔诺伊兴，JG 302的一架用于夜间战斗的Bf 109G-6，野猪联队在夜间空战中的贡献并不大，却占用了昼战部队的不少宝贵资源

▲ 野猪联队的王牌飞行员威利·雷施克军士长

"蛇咬"战术，即从下后方发起波浪式突击。15 架 Fw 190 对着 60 架轰炸机的编队大胆进攻，大队声称击落 10 架 B 17 并使 1 架脱离编队，损失 2 架 Fw 190 和 1 名飞行员。JG 1 第 3 大队在他们当天的首次作战中运气不佳，出动的 24 架 Fw 190 全都和雷电打成了一片，损失 1 架战机后灰溜溜地返航了。

JG 302 第 1 大队作为一个通常在夜间驾驶 Bf 109 的野猪大队，发起攻击击落 1 架 B 17，代价为 3 架战斗机。在白天使用野猪战斗机在未来的数月将变得越来越普遍，这些大队很快就加入到帝国防空军昼间战斗机的编制表中，归类为"恶劣天气"战斗机部队（即全天候作战部队，受过系统的盲飞培训，可以 24 小时，各种气候条件下出击）。

JG 11 和往常一样被部署到德荷边境，第 1 大队最先完成了攻击任务，1 架轰炸机被击落另 1 架被重创，损失 1 架战机（飞行员未伤），第 2 大队接过了第 1 大队的任务，他们上报了 11 个战果但却损失惨重：5 架梅赛施密特被击落，1 架严重损伤，3 名飞行员身亡 3 人受伤。11 时 30 分最后参战的第 3 大队攻击了一群无护航的轰炸机，取得了 8 架轰炸机击落战果和 1 个轰炸机重创记录，但轰炸机猛烈的自卫火力也让这个技战术都不够娴熟的大队付出了 4 架飞机，3 名飞行员的代价。

JG 27 第 2 大队在这天表现的还是出彩，他们在 12 时第一次就宣称击落 3 架 B 24 轰炸机，自身没有飞机和人员的损失。一个半小时后他们再次出动攻击返航的同一个轰炸机编队，施罗尔取得了一个轰炸机重创记录。

第 4 战斗机师出动数个战斗机大队攻击撤退中的轰炸机。卡尔·博里斯上尉的 JG 26 第 1 大队 12 时 22 分起飞，13 时在诺德霍恩北部追到了一小批无护航的返航轰炸机。它包括第 306 轰炸机大队的 19 架 B 17。博里斯率队发起一次紧密编队迎面攻击：30 —35 架 Fw 190 排成紧密的队形从 10:30 —1:30 方向上高速冲来开火，翻滚穿过敌机编队，然后转向从后方攻击。在 7 分钟内，8 架 B 17 脱离了它们的编队，与德国飞行员的宣称数字一致。5 架坠毁在欧洲，2 架在英格兰废弃，第 8 架以严重的损伤抵达基地。防御火力击落 3 架 Fw 190，但是没有德国飞行员负伤，久经沙场的博里斯，维甘德以及第 1、2 中队长贝斯中尉与卡尔·威利厄斯（Karl Willius）少尉包揽了其中的 4 架战果。JG 26 第 2 大队在 12 时 27 分也相继起飞，他们被部署到了德荷边境线附近，雷德纳少尉首先击落了 1 架第 353 战斗机大队落单的雷电战斗机，随后又幸运地遇上了一伙无护航的美军轰炸机并成功击落其中的 2 架 B 17（都属于第 92 轰炸机大队），己方有 1 架战机因发动机故障坠毁，飞行员身亡。JG 1 的

▲ JG 1第2大队长海因茨·巴尔少校,虽然他最初被贬入该队作为一名普通飞行员,但是很快就以自身表现征服了队友并在不久后成为该大队队长

第1、3大队几乎和JG 26第2大队同时抵达德荷边境,在那里他们成功击落了5架轰炸机和2架雷电。这天对于JG 1而言也是个不错的日子,宣称击落了7架轰炸机而己方只有2名飞行员身亡。

返回的美军飞行员报告"遇到了自施韦因富特以来最猛烈的一次抵抗"。他们估计自己看到的德国战斗机总数过高。第1战斗机军的报告中只记载了出动239架次,207次与敌人接触,但是它们的作战相当有效率。共有60架轰炸机被击落(与施韦因富特相同),还有5架在英格兰被废弃。592架美军护航机起飞执行此次作战,宣称击落31架德国战斗机,可能击落12架,击伤16架,自身损失为5架被击落,3架受到无法修复的损伤,6架受到可以修复的损伤。德国战斗机受到了轰炸机和护航机的惩罚,53架飞机全毁,31架严重受损,38人阵亡,22人负伤。

海因茨·巴尔少校在一月中旬作为一名普通飞行员加入JG 1第2大队。巴尔是德国空军的顶尖王牌之一,而且是双剑橡叶骑士十字勋章得主,但是在意大利因为抗命而被解除在JG 77的职务。他的联队长约翰内斯·斯坦因霍夫中校并没有把他送上军事法庭,而是将其赶到南方战斗机训练大队这一个作战训练单位。然而由于他的作战技巧极为高超,巴尔很快又被调到JG 1,奥绍上校在欢迎他到来的同时还不得不向空军总司令部保证不会给巴尔任何指挥权力。表面看起来巴尔忍受住了这一侮辱,但是他告诉其他人在空中他的飞机只归自己管。奥绍很快就找到了暗地使用巴尔作为编队指挥官的方法

11日的伤痛让美军在今后近半个月的时间里没有轰炸德国本土,21日,第8航空队聚集了795架重型轰炸机在628架护航战斗机的保护下选择了西欧沿海的36座德军V 1火箭发射基地作为轰炸目标(34座位于多佛海峡附近,2座位于瑟堡),天气是如此的糟糕以至于一大半轰炸机没有完成轰炸任务。JG 26第1大队在14时20分起飞前往多佛海峡寻找无护航的轰炸机群,第44轰炸机大队不幸中枪,无护航的他们被博里斯发现,博里斯带着15架战机从后方发起了数次攻击后整个大队就被打散了,5架轰炸机坠毁,德军自己因飞行事故有2名菜鸟飞行员身亡,1人受伤。和旗开得胜的第1大队恰恰相反,同时起飞的第3大队遭受了第353战斗机大队从高空发起的俯冲攻击,美军背对阳光,又占尽了其他优势,在大队长瓦尔特·贝克汉姆少校的带领下美军轻松击落2架Bf 109,德军飞行员一死一伤,阵亡者中包括一名很有潜力的飞行员:埃里希·布尔科特(Erich Burkert)中尉,他在71次出击中取得2架战果,很有领导才能,即将被晋升为第9中队中队长。

第8航空队在24日重返德国,他们这次

▲ 海因茨·巴尔少校，利奥·舒马赫军士长和马克思·索尔技术军士在查看美军轰炸机的发动机

把目标定在了法兰克福。与11日一样，它们基地上空的天气在起飞后恶化，杜利特在它们还可以安全着陆时召回了轰炸机。这次召回命令在德国战斗机攻击开始前到来，轰炸机的损失非常轻微，只有2架B 17被击落，德军最大的拦截行动由JG 1第2大队组织，他们的27架Fw 190在10时23分起飞，很快和美军轰炸机群遭遇，但对方足足200架护航的战斗机在德军还未组队攻击前就冲了上去，双方随后展开了一系列激烈的狗斗，4架美军战机被击落，德军也损失了6架Fw 190战斗机，飞行员3人身亡2人受伤。稍后前来的第1突击中队和JG 1第1大队的一部分战机钻了美军护航机的空子，击落1架轰炸机，击伤另3架，而德军损失了2架Fw 190和1名飞行员。直射行动落后于日程表，美国陆航高层内部正变得越来越紧张。由于天气造成的损失率提升将不得不被接受。

凯普纳的护航新指示在24日首次实行。将不会再进行持续紧密护航，战斗机大队现在提供"区域掩护"，即沿着轰炸机航线在特定区域巡逻。每个大队有一个中队被指定作为"迎击中队"，可以在重型轰炸机视野范围外自由追逐任何接近的德国战斗机编队。护航机展现出来的攻击性给帝国防空军的飞行员和指挥官带来了直接冲击。许多幸存者可以准确的回忆起美国飞行员开始一路追击他们到地面的准确月份，却没有想到这是高层政策变动的结果。

第8航空队在月底重返布伦瑞克和法兰克福，29日，863架轰炸机由13个雷电大队、2个闪电大队和1个野马大队护航飞往法兰克福，他们的新航线正好处于第3和第4战斗机指挥部的分界线上，因为糟糕的天气原因，第3战斗机指挥部最突出的两个联队：JG 1和JG 11错过了拦截行动，主要的拦截任务落在了JG 26身上，联队在8时30分进入一级战备，第2大队的一部分还被转移到了拉昂（Laon）的机场以取得最佳的拦截条件。9时30分美军轰炸机分成3个编队从敦刻尔克进入西欧大陆，不过稍后他们就因为航线错误和雷达问题而松散开来，以至于数个轰炸机联队不得不在无护航的情况下继续执行任务，10时10分JG 26第1、2大队起飞，他们在那慕尔（Naumr）上空发现了第2轰炸机师的解放者轰炸机，一些Fw 190对它们展开了攻击，不过第1大队的部分战机继续飞行直到不久后在波恩上空发现了第3轰炸机师，博里斯在美军的编队中发现了1个完全无护航的联队并且立刻开始进攻直到油料告罄，他们还和美军第20战斗机大队的闪电发生了交火，一架由首次参战的菜鸟驾驶的战机被美军击落，飞行员身亡，而美军同样也被德军击落了1架闪电。但它们打散了第1大队以至于大队几乎不能再凝聚起来发起之后的攻击。第20大队随后也救了被JG 26第7、8中队围攻的第44轰炸机大队的解放者们，不过交换比一般，1架解放者和2架闪电战斗机被击落，德军只损失2架飞机和1名飞行员，这次取得战果的德军飞行员居然都是菜鸟（2

名代理下士和 1 名中士）。第 44 轰炸机大队的霉运还没结束，他们放弃了空袭法兰克福而转去轰炸路德维希港，结果又被第二次出击的 JG 26 第 2 大队的福克-沃尔夫战机发现，劳舍尔中尉击落 1 架 B 24，雷德纳少尉也击落 1 架（未被记录）。JG 26 在这天迎来了一个小的胜利日，他们以 2 名飞行员和 6 架战机的损失宣称击落击伤 17 架敌机。迈尔军士长度过了美满的一天，他击落了第 355 大队的一架雷电和另一架落单的 B 17（最终未被记录）。不过值得一提的是联队的第 3 大队，这个大队不但没有参加这天的任何作战，而且还因为转场问题毁伤 Bf 109 各 1 架，正应了一个月前大队长关于本部状况的报告，全大队在整个一月里没有任何战果进账。

JG 27 第 2 大队的 19 架 Bf 109 在 10 时 15 分出动，起飞短短半小时后就和敌军相遇，在付出了 2 架 Bf 109 损毁代价（2 名飞行员全部阵亡）后宣称击落了 1 架闪电战斗机并取得了另 3 个 B 17 的击落记录，阵亡者中就有大队的骨干——第 6 中队长科恩希中尉。ZG 76 第 3 大队在这天也投入了作战，大队长基尔上尉就在未归航者名单上，这位自波兰战役起就一直奋战在第一线的曾荣获过骑士勋章的王牌驱逐机飞行员的死对

这个老牌的驱逐机大队是个巨大的打击。无论如何，这天对于美军而言还是个不小的失败，虽然有 803 架轰炸机成功投下了炸弹，但高达 29 架轰炸机和 14 架战斗机的损失着实给第 8 航空队敲了个警钟。

30 日第 8 航空队仍继续进攻，757 架轰炸机在 635 架护航战机的支援下空袭布伦瑞克，他们选择了从荷兰北部到布伦瑞克的直航线，因此拦截重担基本都落在了第 3 战斗机指挥部身上，12 时 JG 1 率先起飞投入战斗，在长达 20 分钟的激烈空战后 JG 1 第 1 大队和突击中队击落了 11 架敌机但自己也损失了 7 架飞机与 5 名飞行员，实力稍逊的第 2 大队则宣称击落 4 架 B 17，自己损失 3 架 Fw 190。JG 26 的 3 个大队在 10 时 30 分被北调以增援第 3 战斗机指挥部，第 1 大队被派到了赖讷，第 2 大队被派到了门兴格拉德巴赫，第 3 大队被派到了芬洛，第 2 大队在 12 时 30 分第一个出发抵达须德海上空投入战斗，美军的轰炸机群大都得到了雷电们良好的保护，双方进行了几次试探性交火，第 8 中队的一名菜鸟被雷电远距离击落身亡，迈尔技术军士宣称击落 1 架雷电但未被官方记录，直到 13 时 45 分才由 1 名中士击落了 1 架落单受创的 B 17，显而易见第 2 大队的拦截失败了。第 1 大队在 13 时起飞前往荷兰边境，他们击落 2 架第 3 轰炸机师的 B 17，但第 2 中队和第 20 战斗机大队的闪电战机遭遇，中队长威利厄斯少尉带着中队的 8 架 Fw 190 战机取得了 2 个确认战果，其中 1 个属于中队长本人，己方一名新来的少尉被击落受轻伤。第 3 大队在当天的表现依旧不值一提，科迈斯穆勒军士长和他的僚机奥托技术军士是大队当天唯一的 2 个有明确交战记录的飞行员，他们和一大

▲ 1944 年 1 月，第 3 战斗机师师长瓦尔特·格拉布曼上校来到多特蒙德视察第 1 突击中队的飞行员们

▲ 战争后期奔赴一线的最有天赋的新手飞行员之一京特·舍尔少尉

群雷电发生了激战,奥托因为跳伞失败阵亡。13时05分,JG 11第2大队起飞参与拦截归航美军轰炸机的任务,不过他们踢到了钢板,取得2个战果却有6架战机坠毁,7架战机严重损伤,6名飞行员死亡,第3大队执行了极为有限的作战任务,只有齐克军士长(金质德意志十字勋章获得者,总战果31架)击落了1架B 17,己方也没承受什么损失。美军在当天的空袭行动中损失了20架轰炸机和4架护航战机,借助H2S雷达,即便布伦瑞克上空有厚厚的云层,大多数轰炸机还是顺利进行了空袭。

第15航空队则在31日对乌迪内斯的战斗机基地完成了一次成功的攻击,迫使当地的德军战斗机部队从意大利北部转移到奥地利南部。施密德在为美国陆航撰写战史时,使用美军提供的一些数字对该月进行了简要总结。注意他经常以第三人称指代自己,其中的要点如下:

1. 第1战斗机军的指挥官在12月提出建议后,德国西北部、荷兰东部和不莱梅与汉诺威之间地区的昼间战斗机进行了地域上的集结。为几乎所有单位都进行了相应的组织变动。

2. 由混合单位组成紧密编队的攻击技术被证明在天气状况有利时是高效的。在恶劣天气下是鲜有可能完成组队的。

3. 已经被证明是总体上最成功的的迎面攻击战术还没有被所有战斗机单位掌握。

4. 虽然第1战斗机军的指挥官在12月提出要求,帝国防空军的昼间战斗机单位还是没有数量上的增长。

5. 赫尔曼的部队(野猪夜间战斗机)使用昼间战斗机并在一月造成了多达44架飞机的高昂损失,这妨碍了昼间战斗机部队的行动。

6. 替换昼间战斗机的补充大体上是令人满意的。(在一月间新生产的80架Fw 190A-7战机全部被补充到了西线的JG 2和JG 26,其中一半被改装成了R2重火力型以拦截轰炸机)

7. 第1战斗机军战斗机的"全部打击力量"在一月比1943年底要强大。1月11日的胜利极大地增强了司令部和前线单位对取得最终防御胜利的信心,虽然美军战斗机单位的战术和数量优势还没有完全展现出来。

8. 在一月,第1战斗机军的日均作战力量为:400架单发战斗机,80架双发战斗机和100架可用于昼间作战的夜间战斗机。

9. 第1战斗机军在一月共出动2306架次,损失122架飞机,也就是5.3%。

10. 美国陆航在一月攻击帝国的作战中出动7158架次,被战斗机击落179架飞机,也就是2.5%。

▲ JG 26 第 3 大队长克劳斯·米特乌施少校在 1944 年初的一次作战归来后面露微笑

精锐的 JG 26 在一月间损失了 20 名飞行员，其中有 14 人死于作战，6 人死于事故，这其中包括 2 名中队长。第 2 大队长威尔海姆·盖茨（Wilhelm Gäth）少校在 1 月 14 日也受伤离任。

美国战略航空部队在 2 月继续同天气做斗争。第 8 航空队在 1 日至 19 日共执行了 5 次在帝国上空的作战，第 15 航空队则一次也没有，第 8 航空队的重轰部队已经达到了 48 个大队的实力，护航战斗机大队数量也由 43 年 11 月的 12 个上升到了如今的 21 个。施密德继续要求增援第 1 战斗机军，但是没有得到任何回应，在 2 月加入帝国航空军的唯一一个战斗机大队是 JG 5 第 1 大队，它最近在保加利亚活动，但是加入的是德国南部胡斯少将的第 7 战斗机师。由沃尔夫冈·斯帕特（Wolfgang Späte）少校指挥的 JG 400 第 1 中队成立，它不是一个作战单位，而是由第 16 试飞队改名而来的测试单位，任务是将 Me 163 火箭机投入使用。彗星是参加二战的战斗机中最具创新性的，但是并没有如一些人希望的那样成为战争赢家。它投入服役的过程是漫长而痛苦的。

第 8 航空队出动 724 架轰炸机在 3 日向威廉港和埃姆登投下了超过 1000 吨炸弹。损失非常轻微，仅有 4 架轰炸机未返航，只有极少数的帝国防空军战斗机从地面起飞参与作战，JG 11 第 3 大队就在目标区上空和美军进行了交战，但他们被护航机拦下，在损失了 2 架 Fw 190 和 1 名飞行员之后带着 3 架雷电战果返航，战果由大队的 3 位大佬：大队长安东·哈克尔（Anton Hackl）上尉（双剑橡叶骑士十字勋章获得者，个人总战果 192 架，以 34 架四发重轰战果成为德军第二号轰炸机杀手），齐克军士长和弗雷中尉（骑士十字勋章获得者，个人战果 32 架，包括 25 架四发重轰）获得。632 架美军护航机宣称击落了 8 架德机，自己战损了 9 架。第二天的作战目标是法兰克福，损失增加到 20 架轰炸机和 1 架护航机被击落，3 架轰炸机和 1 架护航机返航后报销，但是情况还可以变得更糟。德军仅执行了 124 架次防御作战，只有来自第 4 战斗机师的 2 个 JG 26 大队与敌机接触。这是德国指挥人员的错误。法兰克福位于第 7 战斗机师的防区，它的指挥人员未能使自己的战斗机与轰炸机群接触，还很迟才向第 1 战斗机军求援。JG 26 第 7 中队是唯一一个在美军轰炸机来袭路上展开攻击的中队：雷德纳带着他的 10 架 Fw 190 在亚眠附近击落了 1 架第 446 轰炸机大队的落单 B 24 轰炸机，但是当它以一整个大队的实力准备攻击撤退中的机群时却始终无法赶上轰炸机群反过来还遭到了 P 38 和第 56 战斗机大队 P 47 的攻击，2 架 Fw 190 被击落，飞行员 1 死 1 伤，大队不得已在中午 12 是 03 分返回基地。第 4 中队在 12 时 20 分起飞，维甘德带着他们飞到了图尔奈（Tournai）南部，在那里维甘德击落了 1 架 B 17，不过这个战果最终没有被记录在案。JG 26 第 1 大队要做得出色的多，它

▲ 1944年春的奥尔登堡基地，JG 11 第 3 大队的地勤人员正在给大队长安东·哈克尔的 Fw 190A-6 方向舵上添加新的空战胜利标志

▲ 杜利特解放护航机的决定导致德国战斗机基地开始遭受频繁攻击，图为德特莫尔德机场为 Bf 109G 战斗机残骸进行伪装

在 12 时 40 分起飞以拦截撤退中的机群并在布鲁塞尔附近与之接触。它的快速攻击击落了 3 架 B 17，随着第 352 战斗机大队 P 47 的到来，剩余的 10-12 架 Fw 190 被迫组成防御圆环，其中的 2 架被击落，飞行员受伤轻微。这场战斗结束后半小时，第 3 中队又锁定了 1 架第 390 轰炸机大队落单的 B 17 轰炸机并由领队黑克曼军士长将其击落。全联队在这天只有 3 名飞行员受伤，1 人死亡，都属于雷电的战果。

施密特少将被召到柏林解释 4 日的指挥失败。他将批评直接对准第 7 战斗机师，并（再次）建议将它交给自己管辖，但是很明显这次还是没有获得同意。

5 日因为第 8 航空队对之前在法国上空遭到的有力拦截而颇为头疼，他们决定对西欧的德军机场进行一次大规模扫荡，沙托鲁（Chateauroux），阿沃德（Avord），查特顿（Chateaudun）等地的空军机场都遭到了重型轰炸机的轰炸，总计 509 架轰炸机参与了作战，德军的防御重担几乎都压在了 JG 2 联队身上，虽然 JG 26 的 3 个大队全部被派去援助 JG 2，但除了多增添了一名飞行员的损失外完全徒劳无功。美军在所有的行动中只损失了 2 架轰炸机和 2 架雷电。6 日美军再次以 642 架轰炸机的庞大编队扫荡德军机场，德军的抵抗再次以失败告终。JG 26 第 2 大队被派往巴黎，他们在那里遇上了一队雷电，一番交火后大队记录了 1 架雷电的战果，但实际上这架宣称战果并不属于他们，而是由 JG 2 联队长迈尔少校取得。第 3 大队的表现依旧无比丢脸，4 架 Bf 109 很快就被第 56 战斗机大队第 61 中队打跑，第 12 中队试图对轰炸机编队进行编队进攻，但 3 架战机被贴身护航的雷电击落击伤，飞行员 1 死 2 伤，而没有任何值得一提的成果。唯一击落了轰炸机的部队是第 2 中队，他们在威利厄斯的指挥下对第 45 轰炸机联队最下方的第 96 轰炸机大队发起了迎头攻击，少尉本人打断了一架 B 17 的左翼，这架轰炸机只有 1 名中部机枪手幸存。这天的战斗对于德军而言同样是失败的，JG 26 阵亡了 2 名飞行员，伤了另外 2 个，久经沙场的第 1 中队长贝斯中尉被雷电击落身亡（22 架战果，285 次作战出击次数，3 月 29 日追授金质德意志十字勋章）。美军只损失了 4 架 B 17，代价轻微。

在经过了连续两天的扫荡轰炸,航空队司令部认为他们成功软化了西欧德军的战斗机部队,第 8 航空队的 236 架 B 17 在 2 月 8 日再次飞向法兰克福,127 架 B 24 则攻击了加莱的 V 1 发射站(盟军依然对 V 1 知之甚少,但是他们怀疑这是希特勒的"复仇武器"之一,并认为需要打击它们),透过阴云的轰炸精度低下(只有 88 架轰炸机攻击了法兰克福的目标区)。德军的防御比起 4 日更高效,第 3 战斗机师和第 3 航空队的绝大部分单发战斗机单位都与敌机接触。因各种原因共有 13 架 B 17 损失,还有 2 架遭受不可修复的损伤。第 3 航空队的战斗机指挥系统进行了和帝国航空队一样的重建。它的第 2 战斗机军指挥 2 个战斗机师:第 4 战斗机师的唯一一个昼间战斗机联队是 JG 26,第 5 战斗机师的唯一一个战斗机联队是 JG 2,虽然仅有 2 个联队,但这 2 个海峡联队的战斗力无疑是值得信赖的。第 5 战斗机指挥部直接引导 JG 2 第 2、3 大队飞到巴黎,不过他们猜错了美军的空袭目标,当加莱遭到轰炸时这 2 个大队都来不及去阻止了。B 17 的编队则没有 B 24 那么好运了,他们在飞到法国海岸时编队就因为各种问题松散了。JG 26 第 3 大队因为美军护航机的阻挠从未靠近过轰炸机群,仅仅击落了 1 架第 358 大队的雷电就被迫撤出战斗。JG 2 和 JG 26 第 2 大队对第 92 轰炸机大队的联合攻击取得了一定的成效,古特曼中士成功击落了 1 架 B 17,国防军每日公报公布的第二个战果没有被确认记录。当时为轰炸机护航的第 352 大队一个中队及时赶来救援,他们背对着太阳疾驰而来,结果却立刻被博里斯上尉和艾伦瑞德尔军士长分别打落 1 架雷电,雷德纳少尉也击落了 2 架雷电但没有被官方记录。JG 26 第 1 大队也在第 354 战斗机大队

▲ JG 26 第 2 大队的飞行员们在两次作战任务间隙进行短暂的休息

的野马身上交了好运,这些分散成小组形式的野马在面对德军集中打击的情况下很是被动,黑克曼军士长带队发起了进攻,他们将一个野马小队的 4 架野马打掉了 3 架。JG 26 第 1、2 大队度过了美好的一天,这是他们仅有的几次对抗护航机大胜的战斗,美军损失的 9 架战斗机有 6 架属于他们。还有 1 架属于奥绍上校。

糟糕的天气未能阻止美军在 10 日派出一小批轰炸机前往布伦瑞克。第 3 轰炸机师 3 个联队的 169 架 B 17 得到了 12 个战斗机大队的掩护。然而战斗机机场上空的天气使得起飞推迟,这样护航掩护就出现了 1 个 20 分钟的缺口,施密德的指挥员们立刻利用了这一点。北方的 3 个德国战斗编队都完成了成功的攻击。10 时 30 分,JG 1 的战斗机编队出发(由 19 架来自第 2 大队的 Fw 190 为主构成),在飞行途中之前起飞的第 1 大队和突击中队也加入了他们的编队使得整个编队的战斗机数量达到了大约 50 架,最终他们取得了一个很不错的交换比,3 架战斗机被击落,4 架被击伤,1 名飞行员身亡,取得了确认击落 11 架 B 17 和 3 架雷电战斗机,重创 1 架 B 17 使其脱队的出色战绩。10 时 38 分起飞的 JG 11 第 2 大队在半个小时后在迪默

（Dümmer）海上空和B 17相遇，德军只发动了一轮攻击就被护航战斗机挡住，第2大队有高达5名飞行员身亡，2人受伤，第5中队最有经验的飞行员之一：汉斯·雷达茨（Hans Raddatz）候补军官被击毙，诺克中尉对他的死非常惋惜："雷达茨自从中队组建起就一直在恪尽职守，他是我所见过的最有天赋的飞行员，我简直不能相信这样一位完美的男子汉和这么出色的同事居然会离开我们。"和高损失不成比的是低收益，第2大队仅击落2架空中堡垒和一架雷电。不过这个轰炸机编队的磨难还没结束，不久他们就再次和JG 11联队司令部与第3大队相遇，德军这次卯足了劲，9架美军轰炸机被击落，代价当然不低：飞行员4死2伤。

单独零散出击的部队表现都很一般，JG 1第3大队只取得击落1架雷电的确认战果却被击落2架战机，1名飞行员身亡。JG 11第1大队则在12时16分和归航美军轰炸机遭遇，区区25架Fw 190攻击了2个由超过400架美机组成的大编队！不过也许是运气着实不错，虽然被击落8架战斗机（飞行员4死2伤），但在数量比近乎20:1的情况下德军居然仍旧击落了4架B 17和1架战斗机。美军在这天约30架B 17被击落或报废，占起飞总数的17.8%，还损失了11架护航机。292架出动的德国空军战斗机中有42架被击落，占14.4%，30名德国飞行员阵亡，19人负伤。对于双方而言这天都决不是个好日子。

B 17在11日的目标再次指向法兰克福。因为缅因河流经该城，因此（在理论上）是B 17导航机可以识别的目标。223架B 17轰炸机群的线路由来自13个战斗机大队的606架护航机掩护。德军最初被多达201架B 24机群的佯攻迷惑了，第4、5战斗指挥部预计美军的轰炸目标是加莱省的V 1发射基地，他们在9时40分把战斗机部队都派到了巴黎，结果在B 17抵达比利时的时候第3航空队没有任何战斗机可以参与拦截作战。防御任务都落在了帝国航空队肩上，15个战斗机大队全员出动，德国战斗机发现几乎不可能到达B 17身边。JG 11第2大队在午时和轰炸机群遭遇了，随后和第354战斗机大队的野马发生了激烈的狗斗，损失2架Bf 109和2名飞行员，声称击落了3架野马战机。12时33分出动的JG 11第1大队则在13时05分和轰炸机群遭遇，同样没能成功攻击到他们，损失2架飞机而只有1个空中堡垒的战果上报（也许是击落了1架落单受创的轰炸机）。JG 26第3大队紧急从法国调回帝国上空，他们在10时40分遇上1架落单的B 17轰炸机，

▲ JG 11第1中队长约瑟夫·泽维尔内曼中尉，在东线取得过巨大成功的顶尖王牌飞行员，1944年4月8日的空战中被击落，但是在降落伞下被一架P 51射杀

▲ JG 11 第 1 大队长罗尔夫·赫米兴上尉从一次空战中胜利归来后接受队友的祝贺

结果和它身边的 20 架雷电发生了狗斗,毫无结果。JG 27 也蒙受了不小的损失,5 架战机被击落,飞行员 3 死 2 伤,只取得了 2 架护航战斗机的战果。JG 26 的 3 个大队在 13 时都被部署好指定机场以拦截返航的轰炸机,5 架护航战机和 3 架被高炮击伤掉队的 B 17 被他们击落。美军在当天轰炸机的损失只有 5 架,3 架返航后被销毁。德国空军的 17 人阵亡和 10 人负伤几乎都是激烈的空中格斗造成的。第 8 战斗机司令部损失 13 架战斗机,其中八架是第 20 战斗机大队的 P 38。

盟军的密码破译机构 Ultra 拦截到了帝国航空部发出的一条信息,内容是为在法兰克福防御战中的表现向 JG 3 第 2 大队、JG 11 第 1 和第 2 大队、ZG 26 第 1 和第 2 大队表示祝贺。讽刺的是,这些大队仅声称击落 1 架 B 17,它们的主要战果是 10 架战斗机。发出这条信息很明显是为了提升遭受重压的飞行员们的士气,尤其是 ZG 26,它在这天首次组成了一个得到掩护的战斗编队并一直飞到了法兰克福。另一支盟军情报队也注意到了这条信息,它负责监听发给升空战斗机和来自这些飞机的无线电通信。

弗里茨·巴克霍尔兹(Fritz Buchholz)技术军士在 11 日完成了驾驶 Me 410 的首次作战,他在一段作为 Ju 52 副驾驶员和教官的服役经历后刚刚加入 ZG 26 第 2 大队。ZG 26 第 2 大队现在是帝国防空军中的唯一一个 Me 410 大队,也被它的飞行员称为是一支"自杀部队"。它的飞机此时装备 4 枚 WGr 21 火箭弹和 4 门 20 毫米机炮。为了节约重量,后座机枪手和他的 2 挺 13 毫米机枪被移除,这对飞行员的士气产生了灾难性的影响,因为他失去了额外的眼睛、自卫武器和在空中的战友。

施密德少将在第二天视察了 6 个他的战斗机大队。他向施通普夫大将报告了他的发现:

1. 机组人员的士气和军事态度都很优秀——在由杰出军官指挥的单位里这一点做得更好。

2. 然而机组们由于飞行技术和战术方面的经验不足而出现了高昂的损失。

3. 我建议在机组到达他们的单位后继续进行训练,直到真正需要动用他们时为止。

4. 中队长作为他们的副指挥官应该得到行使指挥权力的持续训练,甚至要给予他们完成实际作战的更大主动权。

5. 人事军官必须特别小心的仅挑选最优秀的人来填补那些(指挥)位置,而且不要像官僚主义者那样过度关注服役时长。

6. 必须找到对付(敌军)战斗机的有效方法。

最后一点已经成为了绝望的呼喊,施密德知道他的司令部缺乏必要的数量和技术来

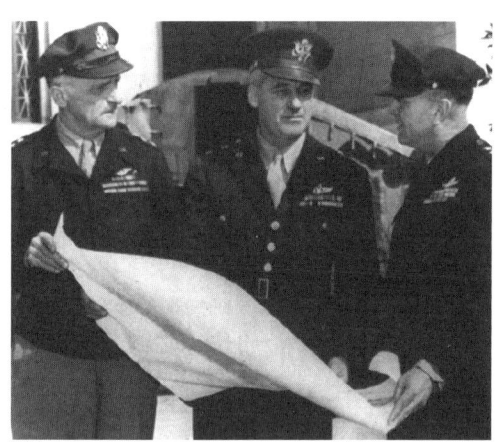

▲ 1944年2月重组后的美军高级轰炸机指挥官。从左到右分别是卡尔·斯帕茨中将，内森·特维宁少将和艾拉·埃克少将

击败护航机，而且时间正在流失。他只能用好自己手中的牌。施佩希特少校的 JG 11 第 2 大队与 ZG 26 合并为一个固定的战斗编队，作为它的护航单位。它在 JG 11（第 2 战斗机师）战斗编队中的位置由 JG 3 第 2 大队取代。JG 1（第 3 战斗机师）战斗编队现在拥有 JG 1 第 1、2 大队，JG 3 第 4 大队和"重型"的第 1 突击中队，由"轻型"的 JG 3 第 1 大队掩护。在沃尔克尔的 JG 1 第 3 大队将成为"前沿"单位，在早期攻击美军护航机并迫使它们投下油箱。第 3 战斗机师从未获得执行最后一种任务所要求的增援。第 3 航空队的海峡联队也因为越来越迫近的盟军反攻欧洲大陆的行动而得到了一定的休整增援，2 月 17 日他们接到了轮流撤下部队重整的命令，普里勒中校选择了第 11 中队作为首个离开一线的中队。

2月20至25日——伟大的一周

第 8 航空队的参谋部在 1943 年 11 月就已经制定了一个代号为辩论的行动计划（Operation Argument），作为进行中的直射战役的一部分。辩论将成为对德国战斗机生产的一系列密集攻击，特别是生产 Bf 109、Bf 110、Me 410、Ju 88 和 Fw 190 战斗机及其零部件的工厂。为此至少需要连续 6 个晴朗的日子。2 月 19 日，第 8 航空队的气象办公室预报将会有一周的好天气，但是杜利特中将的气象侦察机却报告在欧洲大陆上空有很厚的云层和结冰的状况。安德森与杜利特进行了热烈的讨论后，斯帕茨命令开始日后所谓的"伟大的一周"。第 15 航空队需要支援在意大利的安齐奥滩头，因此第 8 航空队要独自开始辩论行动。

2 月 20 日的作战计划很复杂。由 6 个联队组成的一支小型特遣队要在 0930 时起飞，向东北方的丹麦飞去，保持在荷兰沿岸和德国西北部德军雷达的探测距离之外。它随后将分开轰炸德国北部和东普鲁士。由于它们的目标之间的距离，返航时间相差 2 个小时。

包括 12 个联队的主力部队将为无护航的北方特遣队提供主要保护，它在 2 个小时后离开英格兰并向东指着柏林方向飞去。接近目标后分成 7 个部分，但还是尽可能保持在时间和距离上的集中以减轻护航机的负担，那些是来自 15 个战斗机大队的 835 架战斗机。全部在卡塞尔东南部集合，并要组成两个紧密部队在鲁尔南部返航。

第 8 航空队的复杂作战行动只有这么一次准确按照计划得以实施。第 1 战斗机军的指挥员们漏掉了北方部队，它在几乎未受影响的条件下完成了任务，仅损失 6 架 B 17，还有 1 架返航后报销。德军猜测大规模的南方部队打算攻击柏林，但是它的意外分散使德国空军放弃组成一个大型战斗编队的努力。南方的返航路线也被证明是带有欺骗性的。盟军拦截到的无线电显示出德国指挥员们出

▲ 正在做着起飞前最后准备的一名飞行员，摄于 44 年初，JG26 第 9 中队

现了前所未有的混乱和困惑。南方部队仅损失 15 架轰炸机和 3 架护航机，4 架轰炸机受到无法修复的损伤。

美国战略航空司令部认为这天的作战取得了巨大的成功，虽然对许多目标的轰炸是透过厚厚的云层完成的，效果无法进行观测。作战结束后的报告声称这是"空战史上的一次里程碑式的事件"。

防御者损失了 74 架飞机，还有 29 架严重受损，44 人阵亡，29 人负伤。所有的野猪大队都出动对抗这次大规模空袭。至少有 1 个大队（JG 300 第 1 大队）尝试像昼间部队那样完成一次大规模迎面攻击，但是他们没有取得什么成功。驱逐机单位受到了严重的损失。ZG 26 第 3 大队在组队时遭到第 56 战斗机大队 P 47 背向太阳发起的攻击，10 架 Bf 110 被击落，3 架报销，10 人阵亡，7 人负伤。最成功的大队是鲁道夫·帕特扎克（Rudolf Patza）中尉（个人战果 15 架，2 月 1 日代理调至 JG 54 第 4 大队的施内尔少校任大队长）的 JG 54 第 3 大队（7 个得到确认的 B 17 战果，2 名飞行员阵亡，1 人失踪 1 人受伤）和赫米兴上尉的 JG 11 第 1 大队（13 个 B 17 和 B 24 声称战果，其中 11 个得到确认）。赫米兴本人击落 4 架 B 24，这是 1 名帝国防空军飞行员最优秀的单次作战行动之一。JG 26 的 3 个大队的出击得到了限制，只有 1 架 B 17 和 1 架雷电进账，都属于第 6 中队的兰格少尉。

部队战史和飞行员作战日志确认了当天的混乱。JG 11 第 3 中队海因茨·汉克（Heinz Hanke）技术军士的经历也许是具有代表性的。他提供了这样的详细记述：

"我们大队的 40 架 Fw 190 从我们的胡苏姆基地快速转移到奥尔登堡。早晨的天气是朦胧的，上方是蓝色的天空，但是雾气接

▲ 驻扎在柯尼斯堡的 ZG 26 第 5 中队的 Me 410B-2 机群，注意这些飞机装备了 5 厘米 BK5 机炮

下来转移并覆盖住了机场，我们的联队长命令以最快速度起飞。整个联队成功起飞并爬升到北海上空 8300 米高度。指挥员报告美军轰炸机已经分散成 3 波，2 波正在穿越荷兰沿岸，第 3 波则'在德国湾上空盘旋。'我们被引导向东北方的丹麦，和我们之前在早上的那段航线完全一致。75 分钟的飞行后在编队后方的飞机开始报告油量不足。我们下面的云层现在很厚实，飞行员们开始离开寻找一个降落地点。最终只剩下了 7 架飞机。由于我的 Fw 190 上涂有代表 1 名小队长的红色引擎罩条纹，我将那 6 个人聚集在我周围，每边各 3 人。我们向北飞行，我希望透过云层找到胡苏姆或新明斯特来降落补充燃料。

突然我注意到在东方 6000 米高度有 1 个 200 至 300 架 B 17 组成的编队。我向我的战友下令'从正面攻击！'但是可怕的防御火力让我将命令改为自由猎杀，每个人各自为战……B 17 从 6000 米俯冲到 4500 米以获取速度。我的红色燃料警报灯开始闪烁，然后就持续发光——只剩下 8 分钟的燃料了。我小幅爬升后俯冲以 700km/h 的速度攻击靠后的 B 17。我受到了滑流的冲击，但还是从 200 米外发射我的全部 6 门枪炮。我的弹幕击中了座舱并向后一直移到机尾。我做得很好——座舱发生爆炸，碎片从机身上脱落，左翼和它的 2 台发动机燃烧起来。我看到 5 个人跳伞逃生。但是当我再次向前一瞥时我吓了一跳。我的速度将我带入了编队的中央。当我半滚转打算俯冲脱离时血液从我脸上流淌出来——但是这已经太迟了。我的飞机被击中，猛烈的油烟和铝片充满了我的座舱。此时我的控制已经失效了……"

汉克艰难的跳出飞机并降落在丹麦的菲

英岛上，他的肩膀和脚踝还在跳伞时被机尾撞到，浑身沾满油并感到剧烈的疼痛。巧合的是，他的其他6位小队成员也全部迫降在同一个岛上。汉克没有遇到他们，却见到了他击落的那架第100轰炸机大队B 17上的机组人员。讽刺的是，那天早上在汉克他们飞往南部以后，轰炸机正好直接越过汉克的胡苏姆基地上空去轰炸图托。汉克尝试与其中一人交谈，后者将自己那件标有B 17名字"Miss Behavin"和18次轰炸作战的飞行夹克送给了他。这件夹克后来在一次空袭中被烧毁，战后汉克试图找到那个人，他只记得夹克上有"Mark"这个名字，以及那个人来自明尼阿波利斯。Miss Behavin的副驾驶员奥林·马库森（Orlin Markussen）在1976年作出了回应，两个人成为了好朋友。

第8航空队在21日采用了一个更为简单的作战方案。它的15个联队（861架轰炸机）组成一队前往德国，然后分散攻击布伦瑞克地区的目标。浓重的云层影响了能见度，没有主要目标被击中，绝大部分大队轰炸了机场。那天只不过又是一次小规模消耗战而已。15个战斗机大队尝试了新的松散护航战术，声称击落33架德国战斗机，自身损失5架，3架返航后销毁。第1战斗机军和第4战斗机师的战斗机出动331架次，但是由于天气原因没有组成战斗编队，它们几乎没有找到护航上的漏洞。全员出动的JG 1宣称击落了7架敌机但自己却损失了11架。JG 11的第1大队在汉诺威上空完成了作战任务，他们攻击了由60架左右的野马护航的1个轰炸机编队，击落1架野马和1架空中堡垒。第2大队贡献了这天JG 11唯一的损失：1架Fw 190在攻击轰炸机时被雷电击落，飞行员阵亡，施佩希特击落了1架雷电多少算是报了下此

▲ JG 26的顶尖王牌阿道夫·格隆茨少尉，他在正式担任第5中队长时居然只是一名军士长而不是军官，这在德国空军中是极罕见的事例

仇。JG 11第1大队和第3大队在下午又出动攻击归航轰炸机，2架B 17和1架野马再次被添入了德军的战绩表中。当天帝国防空军共损失30架战斗机，24人阵亡，7人负伤。美军轰炸机因各种原因损失16架，还有7架遭受无法修复的损伤而报销。德军战斗机部队的战绩一般，JG 26第1、2大队得到了出击命令，但只有第2大队留下了作战记录，格隆茨军士长宣称击落一架B 17但未被证实，另一架轰炸机战果则是第7中队1个菜鸟的首个战果。JG 54第3大队在这天的作战中也表现惨淡，阵亡了包括大队长在内的4名飞行员，第7中队长鲁道夫·克莱姆（Rudolf Klemm）上尉（个人战果42架，骑士十字勋章获得者）接过了大队指挥权，直到2月25日才由前JG 54第3大队长鲁道夫·辛纳（Rudolph Sinner）上尉正式接任指挥权。

第15航空队在22日暂时摆脱了在意大利提供战术支援的任务，重新加入到战略轰炸行动中。它的204架B 24和B 17负责攻击雷根斯堡的梅塞施密特大型复合工厂。该航空队的3个P 38大队和1个P 47大队执行护航任务，计划和施行都是有缺陷的。轰炸机在作战的绝大部分时间里完全没有得到护航。第7战斗机师需要面对第8航空队的空袭，因此防御雷根斯堡的任务就留给了东部边区战斗机指挥部。它的全部大队都在投弹后追到轰炸机。德国战斗机击落14架B 24和2架B 17，自身有8架飞机被轰炸机机枪手击落。它们很明显没有与美军战斗机遭遇。

JG 27第1大队是东部边区战斗机指挥部的1个主力战斗机大队。它与编队指挥官学校的8架战斗机一起从瓦格拉姆河畔菲尔斯（Felsam Wagram）起飞，奉命在200至300米的云盖下飞往维也纳，然后爬升穿过它，组队并飞向林茨地区，在那里指挥员将它们引导向敌机编队。起飞1个小时后与轰炸机接触，大队赶上了最后1个B 24编队，从6至7公里远的距离转向它们，但是却没有采取惯例的直接迎面攻击，而是从正面以一定角度发起攻击。与航校战斗机一起飞在后方

的弗里茨·恩高（Fritz Engau）中尉认为这毫无意义，因为它使得攻击者要面对来自更多轰炸机的自卫火力。恩高向编队边缘的1架B 24进行了一次持续2秒的点射，没有产生效果，他在第二轮不成功的攻击后因油料不足而退出战斗。恩高是一名经验丰富的夜间战斗机飞行员，因伤失去了夜间视力后被分配到昼间战斗机部队。他直率地对编队指挥官学校提出批评，它与母队JG 27第1大队之间缺乏协作特别让他感到恼火。但是他还是幸运地接受了训练，毕业后成为JG 11第1大队的一位坚定的中队长和编队指挥官。JG 27第1大队声称击落3架B 24并使另外2架脱离编队。航校飞行员声称击落1架B 24，自身没有损失。

第8航空队在22日派出799架轰炸机攻击各种目标，但是天气再次扰乱了盟军的计划。前往丹麦的小批佯攻部队被正确的判定为没有威胁，于是北方的德国战斗机大队飞向南方加入主要战斗。第2和第3轰炸机师在投弹前被召回，仅有第1轰炸机师的99架B 17轰炸了它们的主要目标。分散在德国上空的轰炸机大队易于遭到攻击，41架轰炸机未能返回，绝大部分来自第1师。16个护航机大队不缺攻击目标，声称击落59架德国战斗机，可能击落7架，击伤26架，损失11架护航机，1架严重受损。德军的实际损失为48架单发和16架双发战斗机（总共派出了332架次的战斗机）。ZG 26第3大队再次遭受最沉重的打击，损失8架Bf 110，4人阵亡，3人负伤。ZG 26第2大队仅损失1架Me 410，但是驾驶它的飞行员是大队长爱德华·特拉特（Eduard Tratt）上尉，他在独自攻击一个轰炸机群时阵亡。特拉特是德国空军最著名和最成功的驱逐机飞行员，在超过

▲ 瓦格拉姆河畔菲尔斯空军基地内的JG 27第1大队Bf 109G-6机群

◀ 被 Bf 110G-2 的 30 毫米机炮击中的一架 B 17，左发动机已经起火爆炸

380 次出击中共击落过 38 架敌机，他在死后被追授橡叶饰追晋少校。JG 26 第 1、2 大队作为单发战斗机部队首先出击，第 1 大队在须德海以南被雷电驱逐，没有任何战果和损失，但他们成功吸引了雷电的注意力以使第 2 大队和 JG 1 第 2 大队得到了一个很好的进攻机会，他们进行了数次反复冲杀，第 91 轰炸机大队被击落 5 架 B 17，第 384 大队被击落 4 架，格隆茨再次成了这天的幸运星，获得 2 架轰炸机，1 架雷电的击坠战果，并重创另一架 B 17。这两个大队都没有蒙受损失。JG 26 当天宣称击落 6 架敌机（3 架 B 17），飞行员 2 死 2 伤，阵亡者包括第 6 中队长斯滕伯格上尉（个人战果 23 架）。

JG 1 的行动倒也不算出彩，13 时出击令才下到第 1 大队，随后他们紧急出发作战，第 3 中队长埃勒斯（Ehlers）中尉和另一名中士各取得了 1 架轰炸机战果，但已方也有 3 架 Fw 190 被击落，其中一名飞行员被轰炸机自卫火力击毙。与此同时第 2 大队的 21 架 Fw 190 也攻击了另一个由 200 架 B 17 组成的大编队，因为护航机数量太少，德军轻松突进了轰炸机群，宣称击落 2 架轰炸机并击伤另 3 架，己方损失 5 架战斗机，一名飞行员受伤。返航之后没多久的第 2 大队和联队部的战斗机又被要求起飞参与拦截返航的轰炸机群的行动，奥绍亲自操刀斩落 2 架 B 17，另有 1 架雷电战斗机被记在了第 5 中队头上。

JG 11 这个美军轰炸机部队的老对手也没有早早出动，他们一直等到下午才全员放出，第 1 大队成功发现了 60 架没有护航的空中堡垒，6 架轰炸机被他们击落。第 2 大队在戴斯特（Deister）和索林根之间碰上了有雷电和野马护航的轰炸机群，5 架 Bf 109 被击落击伤（飞行员无死伤），施佩希特击落 1 架野马和 1 架 B 17，诺克和温尼克斯各击落 1 架 B 17。第 11 中队的 Bf 109T-2 在斯卡格拉克海峡（Skagerrak）上空攻击了 1 个无护航的 B 17 编队，击落了 4 架轰炸机，2 名年轻的新飞行员则在北海上空阵亡。

第 8 航空队在 23 日不打算出动。第 15 航空队则把它的轰炸机派往奥地利，但是整个 B 17 联队和许多 B 24 及 P 38 都因为天气提前返航。仅有 81 架 B 24 轰炸了位于斯泰

▲ 一架被 JG3 联队飞行员击落的 B 24 轰炸机，已经坠地摔成了碎片

尔（Steyr）的主要目标，但是却成功摧毁了帝国航空用滚珠轴承产能的 10%。作战计划再次要求 P 38 掩护轰炸机的撤退，渗透和轰炸期间则没有护航。抵达斯泰尔的轰炸机联队受到了严重的惩罚，在德国空军半个小时的攻击中损失 16 架 B 24，德国空军从投弹前开始攻击，直到 P 38 出现才停止。

东部边区战斗机指挥部的 2 个编队和第 7 战斗机师的 1 个编队赶上了轰炸机。根据轰炸机机组的回忆，ZG 1 第 2 大队的 Bf 110 从正后方 1000 码外发射火箭弹，随后用它们的机炮进行浅俯冲攻击。它们最终被第 14 战斗机大队的 P 38 赶走，2 架飞机被击落，这些是美军护航机当天的唯一战果。Bf 110 机组的 4 个 B 24 声称战果全部得到认可。

弗兰齐斯克特上尉的 JG 27 第 1 大队从瓦格拉姆河畔菲尔斯出发后向西飞去，沃尔瑟·达尔少校则带着 JG 3 第 3 大队的 24 架 Bf 109G 从莱普海姆（Leipheim）往东赶路。2 个大队在中午追上了轰炸机群并立刻加入战斗。轰炸机机组描述它们从各个角度对 B 24 发起充满侵略性的攻击。JG 27 第 1 大队和编队指挥官学校的飞行员声称使 14 架 B 24 坠落或脱离编队，其中 9 架得到确认，损失 6 架战机，另有 5 架受损，飞行员 1 死 2 伤。JG 3 第 3 大队声称击落 15 架 B 24，但是只有 4 架得到确认。达尔允许将许多没有目击坠落的声称战果登记下来，这样提升了大队在最高统帅部每日发行的出版物上的数据，但是帝国航空部的审核员几乎从来不会承认这些没有目击证据的战果。当天的全部 17 架 B-24 确认战果与 16 架实际损失数字非常接近。

JG 3 第 3 大队共有 5 架 Bf 109 被轰炸机机枪手击落，2 人阵亡，1 人负伤。JG 27 损失 4 架 Bf 109，阵亡负伤各 1 人。在 P 38 出现后 2 个大队都被迫转移注意力，声称摧毁 7 架敌机。这些声称战果全部没有得到确认，实际上所有的 P 38 战斗机都回到了意大利。唯一一个得到确认的 P 38 战果属于一个运输部队的飞行员，他击落的其实是 1 架 F 5B，即 P 38 的摄像侦察机型。

同样是 2 月 23 日，施密德在他的第 1 战斗机军司令部召开了一次会议，与会者包括他的战斗机师和联队的指挥官以及加兰德。施密德宣布对他的战斗机师进行大规模重组，立刻实行。它们现在的昼战部队包括：

第 1 战斗机师：JG 3（4 个大队），ZG 26，JG 300 和 JG 302 的 3 个大队

第 2 战斗机师：JG 11（3 个大队），JG 54 第 3 大队

第 3 战斗机师：JG 1（3 个大队），JG 300 第 1 大队

▲ 罗尔夫·赫米兴少校，优秀的本土防空战斗机编队指挥官

值得注意的是对第 1 战斗机师的加强和将野猪大队列为昼间单位。在战后为美国陆航写作的战史中，施密德指出重组的原因就是察觉到美国陆航近期的战役目标是为大规模登陆战夺取制空权。加强第 1 战斗机师可以帮助保护柏林和在汉诺威和马格德堡地区的工业目标。

德国空军总司令部和帝国防空军的指挥官们依然在争论关于美国护航机的问题。施密德宣布为此进行一个方针变动："在战斗机总监的建议下，帝国元帅已经同意每个战斗机师需要指派 1 个大队与护航机战斗，要在上方以 2 或 3 架飞机为小组俯冲攻击它们。承担这一任务的 Bf 109 将配备轻火力和弹药自动装填器。"

这些大队被称为高空大队（Höhengruppen），使用安装 GM-1 设备的 Bf 109G-5 和 G 6。它们将尽可能快的被采用新型 DB 605AS 引擎的 Bf 109G-6/AS 高空战斗机取代。每个战斗机师拥有一个高空大队：第 1 战斗机师是 JG 3 第 1 大队，第 2 战斗机师是 JG 11 第 2 大队，第 3 战斗机师是 JG 1 第 3 大队。上面提到的小组作战战术建议是不现实的，而且很少得到实行，因为高空编队指挥官永远试图以最大而不是少量兵力发起攻击。

让戈林恼火的另外一点是帝国防空军的单位很少进行二次出击。这部分归因于组织问题，施密德在 23 日对此做出如下指示："战斗机要尽可能多的进行二次出击来对抗撤退中的重型轰炸机。由于降落在错误的机场，这一点经常无法做到。从现在开始，将有专门的机场被指定为战斗机机场。它们拥有全部物资储备，其他机场则只有燃料补给。如果一架战斗机降落到后一种机场上，飞行员必须立刻加油并起飞前往最近的战斗机机场。"

24 日，中欧上空的天气很晴朗。第 8 航空队设计了一个复杂的分 3 个机群攻击施韦因富特、哥达和罗斯托克的计划。第 15 航空队则出动 140 架第 5 轰炸机联队的 B 17 前往斯泰尔的 Bf 109 工厂。缺乏战斗机的第 15 航空队使用了和前两次作战中一样的护航计划——B 17 仅会在返航时得到保护。东部边区战斗机指挥部很早就判断出了美军的目标，出动全部 3 个大队——JG 27 第 1 大队，JG 53 第 2 大队，ZG 1 第 2 大队——拦截 B 17。第 7 战斗机师的 JG 3 第 3 大队和 ZG 76 第 2 大队也在目标遭到轰炸时抵达战场。全部约 120 架战斗机集中攻击机群靠后位置的第 2 轰炸机大队，攻击主要以小队为单位从 4 点钟至 8 点钟的高位、水平位和低位发起，而且富有攻击性的接近到只有 50 米的距离。攻击持续了一整个小时，直到 P 38 抵达才被打散，第 2 轰炸机大队有 14 架 B 17 被击落，还有 1 架返航后报销，第

301大队也损失3架轰炸机。第325大队的P47来到接近斯泰尔的地方，但那已经是它们航程的极限了，因此无法对战斗产生任何影响。P38声称击落2架Bf 109和6架双发战斗机，自身损失2架。德国飞行员声称击落23架B17，其中13架得到确认，还有那2架P38，自身损失10架飞机，飞行员1死5伤。第15航空队在行动中共有114架完成了轰炸任务，17架轰炸机没能返航另有一架返航后重创报废，共出动133架次战斗机护航，损失1架雷电和2架闪电。

第8航空队在24日的计划是想要复制20日的成功。第1和第2轰炸机师将从英格兰直接向东飞往德国内陆，第3轰炸机师则在无护航机保护下沿着东北偏东的航线穿越石勒苏益格－荷尔斯泰因，攻击波罗的海沿岸的目标。南方的掩护部队再次十分奏效，再加上帝国航空军没有在德国东部部署昼间战斗机单位。第3师仅遇到了在丹麦的2个中队（JG 11第10、11中队），以及NJG 5和NJG 6夜间战斗机的拦截，损失5架B 17。

主力部队由第2轰炸机师的B 24率领，它轰炸了哥达，跟在后面装备B 17的第1轰炸机师则分开前往南部轰炸施韦因富特。18个战斗机大队提供护航，但是它们的数量还是不够，因为强劲的顺风使轰炸机的行程超过计划，导致护航出现缺口。B 24被证明特别容易受到伤害，它们飞行在16000至21500英尺，远低于B 17和Fw 190的临界飞行高度。第3战斗机师很早就要求支援，来自第3航空队的第4战斗机师出动了它的全部3个战斗机大队（都属于JG 26）并将它们派往东北方，它们将在德荷边境遭遇轰炸机群。JG 26第1大队对领头的第2轰炸机师的攻击被P 47打破，只有艾伦瑞德尔军士长

▲ 海因茨·巴尔少校在查看一架刚被他击落的B 17，身旁为僚机飞行员利奥·舒马赫军士长

宣称击落1架解放者（未被官方记录），但是JG 26第2、3大队发现率领第1轰炸机师的第40联队没有得到护航，Fw 190和Bf 109得以反复发起迎面攻击，并在轰炸机师无防备的上方重新组队。在第78战斗机大队P 47抵达前有5架B 17被击落（2架属于第306大队，3架属于第92大队）。一个中队加速向前干扰了JG 26第3大队的一次攻击，它的一些飞行员愚蠢地试图通过俯冲逃命。雷电轻松的捉到了它们并击落其中4架，所有飞行员都未能生还（其中包括拥有16架战果，经验丰富的翁切迈尔中尉）。

JG 1的战斗编队被指引向B 24，并在敌机飞到哥达前就追上了它们。虽然轰炸机得到了P 47的掩护，巴尔少校还是率领JG 1第2大队从太阳的方向俯冲出来，穿过护航机并击落4架B 24，损失3架战斗机。JG 1第1大队则进行了一次更常规的迎面攻击，声称击落5架轰炸机，代价是5架战斗机被击落，飞行员3死2伤。

JG 11第2大队的梅赛施密特在13时起飞，他们虽然没能击落轰炸机但却成功冲散

了护航的战斗机群，这使得随后而来的由联队司令部和第1大队组成并得到JG 3第2大队加强的战斗编队得以得到了一个好机会，它们发现B 24正在为投弹而重新组队。在格拉夫少校领导下的直接攻击中编队声称击落24架B 24。代价仅为2名飞行员受伤，第2大队在之前的战斗机战中损失更大：2名飞行员阵亡。

JG 3的另外两个大队很明显在接下来抵达，由它们的联队长维尔克中校率领，最终第1和第2战斗机军的每个昼战单位都参与了此次空战。

只有极少数的德国战斗机能够降落在它们自己的基地上，关于集结机场的新指示得到了测试。降落在这些指定机场上的高级别飞行员要率领周围其他可以二次出击的飞行员攻击撤退中的轰炸机，虽然他们各自的所属单位和驾驶飞机各不相同。这些作战几乎没有文献记载可查，但是我们知道JG 1的奥绍上校和JG 26第1大队的博里斯上尉在这天率领了2个这种临时编队完成了成功的作战。奥绍本人再次击落1架B 24，他的由7架JG 1第1大队Fw 190为主构成的编队则有2架战机被击落（飞行员均获救）。博里斯的战斗机编队则由10架剩余的Fw 190为主构成，他们在法兰克福附近撞见了一个无护航的B 24编队，马托尼中尉首开杀戒，1架编队后方的解放者被他击落，黑克曼和雷德纳也从后方发起了攻击，雷德纳成功击落1架B 24，威利厄恩和哈提格斯中尉也分别击落了1架B 24，战绩斐然。

当天帝国防空军共出动479架次，31名机组阵亡，14人负伤，损失46架飞机（占出动架次的9.6%）。第8航空队损失33-1架B 24，16-1架B 17和10架护航机（#-#：

▲ 1944年2月24日，第385轰炸机大队的B 17正在飞向罗斯托克地区的目标

被摧毁－超过经济维修程度的损伤）。当天早晨总共有505架轰炸机起飞，451架参与了这次作战。11.3%的轰炸机损失很高，但是可以承受。美军护航机出动767架次，它们的损失几乎可以忽略不计。德军不同单位的表现有着很大的差别，JG 26确认击落了10架轰炸机和3架战斗机（联队总战果数突破了2000架大关），飞行员6死2伤，他们也许是当天表现最佳的联队了。JG 1则总共宣称了10架轰炸机战果，但确认数肯定要低，而且损失记录也没能很好地保留下来。

德军和美军的气象部门都预测在25日德国南部将有好天气。帝国防空军的指挥官们都估计美国陆军战略航空部队将对该区域发起一次大规模入侵，并开始提前集中他们的昼间战斗机单位。美军并没有让他们失望，出动第8航空队全部的754架轰炸机空袭了雷根斯堡、奥格斯堡、斯图加特和菲尔特，规模小很多的第15航空队则在第8航空队抵达前1个小时轰炸雷根斯堡。第15航空队再次没有为轰炸机的渗透提供护航。轰炸机起飞后不久，它们的航线和没有护航的信息就被德军获得。意大利北部的2个战斗机大队 JG 53 第 1 大队和 JG 77 第 1 大队奉命拦截，声称击落 8 架 B 24 和 3 架 B 17，损失 4 架 Bf 109。东部边区战斗机指挥部命令 JG 53 第 2 大队南下，Bf 109 在阿尔卑斯山脉上空遭遇轰炸机，声称击落 7 架 B 24，损失 3 架战斗机。其他位于奥地利的作战单位（JG 27 第 1 大队、编队指挥官学校和 ZG 1 第 2 大队）则在克拉根福（Klagenfurt）附近发现无护航的轰炸机群，也报告击落大量敌机，仅 JG 27 第 1 大队自己就击毁了 8 架 B 17 和 1 架闪电战斗机，不过代价也不小，6 架飞机被击落，5 架被击伤，飞行员 1 死 2 伤。第 7 战斗机师的单位（JG 3 第 3 大队、JG 27 第 2 大队和 ZG 76 一部）占据了有利的位置，它们以较低的代价对第 15 航空队无护航的轰炸机造成了巨大伤害。当护航机终于到来后德国战斗机消失不见，P 38 飞行员仅声称击落 1 架敌机，自身却损失 3 架飞机，JG 27 第 2 大队仅以被击落 3 架战机（1 名飞行员受伤）的代价击落了 6 架轰炸机并击伤另外 2 架。第 15 航空队当天的轰炸机损失为 19 架 B 17 和 21 架 B 24，约占攻击雷根斯堡部队的四分之一，它在得到更多远程护航机部队前被迫终止对帝国的深入空袭。

虽然帝国防空军指挥官猜到了它们的可能目标，第 8 航空队的轰炸机还是受益于两个成功的佯攻作战。一个新的 B 24 大队被派往北海上空，第 1 战斗机军怀疑美军打算再次入侵德国东部，于是命令第 2 战斗机师在确定这批轰炸机的航向前不许出动 JG 11。当 B 24 最终掉头返回时，已经来不及动用 JG 11 对抗南部的美军主力空袭部队了。另外一次佯攻的成功则是出乎意料。第 8 航空队在每次作战时都伴随着中型轰炸机对沿海目标的攻击。德国指挥人员通常无视这些中型轰炸机，但是在这天第 4 战斗机师出动了它最强大的 JG 26 第 1 大队拦截一个中型轰炸机编队。它们击落了 4 架第 387 轰炸机大队的 B 26，但是无法加入当天的主要战斗。第 4 战斗机师的另外两个大队 JG 26 第 2 和第 3 大队则被指引向来袭的重型轰炸机，但是它们的力量太弱，被命令与轰炸机群并列飞行，仅允许攻击无护航的部分。JG 26 第 2 大队（仅出动了第 5、8 中队）迎头攻击了第 96 轰炸机大队的编队并击落 2 架 B 17，但是失去了指挥编队的第 8 中队长劳舍尔上尉（个人战果 9 架）和另一名飞行员，他们都被第 4 战斗机大队的 P 47 击落。米特乌施上尉和他的 JG 26 第 3 大队更为成功，他们先是对着无护航的第 40 轰炸机联队发起了迎头攻击，轰炸机的编队已经被高炮轰散使得 Bf 109 们在首轮攻击中就成功击落 2 架 B 17，即便在护航的第 361 战斗机大队赶来驱散他们后仍在萨尔布吕肯上空巡逻了超过 1 个小时，再次击落 3 架 B 17，自身仅有 1 架 Bf 109 被雷电击落，飞行员毫发未损。此后 JG 26 又在 14 时 30 分放出了以第 1、3 大队和第 6、7 中队组成的一个战斗群来攻击返航的轰炸机群，刚出动没多久雷德纳少尉就击落了 1 架 B 24，

▲ 1944 年 2 月，JG 26 第 2 大队的一群飞行员正在走向他们的 Fw 190，准备执行一次作战任务

此后这个战斗群又攻击了1个B 17盒子编队，成功将2架B 17重创脱队（其中1架后来坠毁），美军在这天的最后1架轰炸机损失是第390轰炸机大队的1架落单B 17，它在16时25分被格隆茨军士长击落坠毁在普瓦（这架战果却未被记录在军士长的头上）。

第1战斗机军和第7战斗机师联合抵抗第8航空队入侵的努力受到了严重影响，原因包括JG 11无法参战和第7战斗机师的飞机在攻击第15航空队后需要进行维护。唯一一个满员的战斗编队来自JG 1，由奥绍上校直接指挥，不过除了联队长本人亲自击落了1架B 24外编队并没有什么值得一提的表现。反倒是中午由巴尔少校带队的14架第2大队的Fw 190表现出色，他们在12时50分左右发现了一个B 17编队，攻击开始后德军穿过护航战斗机的防护层，打的3架B 17脱离编队，而且在战斗结束后全身而退，巴尔在14时35分再次出发，从一个由25—30架B 17组成的大编队中穿插而过，成功击落其中1架轰炸机，15分钟后又再次击落1架落单的轰炸机，JG 1在这天的所有空战中只有一名年轻的少尉飞行员——第5中队的弗里茨被护航机击落身亡。德国守军共出动了490架战斗机，包括夜间战斗机和战斗机航校的作战小队，但是它们的战果比不上之前一天。第8航空队袭击了它的全部主要目标，轰炸效果极好，损失31-3架重型轰炸机和3-2架战斗机。帝国防空军当天损失48架飞机，19人阵亡，20人负伤。

欧洲上空的天气现在开始变坏，斯帕茨下令停止伟大的一周和辩论行动。双方都需要暂时休战。如上所述，第15航空队退出了战斗。它已经损失了90架轰炸机，占出动架次数的14.6%，这与第8航空队形成鲜明对比，

▲ JG 11联队长赫尔曼·格拉夫少校（左）正在与他的第1大队长罗尔夫·赫米兴少校（右）研究地图，赫米兴起初是一位驱逐机飞行员，直到1941年11月才加入JG 26并转飞战斗机

后者在该周损失了157架轰炸机（4.8%），皇家空军轰炸机司令部损失131架轰炸机（5.7%）。第8航空队轰炸机单位的作战力量已经从作战开始前的75%满编实力降至54%，它的战斗机单位也从72%满编实力降到65%。帝国防空军损失355架战斗机，它的可出动率徘徊在50%左右。但是更严重的是飞行员的损失，此周内有差不多100人阵亡。而在整个2月他们损失了飞行员总数的17.9%，225名机组人员身亡或失踪，141人受伤。几个主力联队也都伤痕累累，JG 26在战斗中损失了15名飞行员，又因各种事故损失了3名，12位中队长则损失了3位。JG 1联队则被击落37架战斗机，16名飞行员身亡，41架战果计入联队。JG 11在整个2月里阵

亡了22名飞行员，11人受伤，46架战斗机损毁，37架严重损坏，与惨重损失相对比的是全联队只上报了80个击坠记录。

斯帕茨和安德森根据情报部门对德国大型航空工业中心所受损伤的评估，宣布取得了一次重大胜利。但是美国战略航空司令部还是高估了美军炸弹的破坏力，还低估了德国工业的恢复能力，并且严重夸大了航空兵们的战果。战斗机的产量只是短暂的下降，随后又继续增加（1944年1月的飞机产量是1555架，2月降低到了1104架，但三月又迅速反弹到了1638架），并在1944年秋达到一个峰值。同时，帝国空军此时仍然保存着相当强大的实力，直到诺曼底战役爆发前，他们仍然奋战在帝国的苍穹下并且给美国轰炸机部队依旧造成了很大的威胁，在伟大的一周之后的作战行动中，德军的出击次数和美军的损失数依然没有太大的变化。伟大的一周从实质上看仅仅是一段时间的持续高强度作战，并没有太多值得一提的战略战术革新，纯粹的战斗消耗固然可以给德国人造成相当惨重的损失，但美国人妄图仅凭一周的作战就打断帝国空军的脊梁显然太过不切实际。撇开大量的宣传报道和夸张的回忆资料后（这些报道资料至今仍然被很多书刊引用进一步夸大了伟大一周的实际作用），伟大一周真正的作用仅仅是向美军作战规划者传递了一条十分清楚的信息：盟军战斗机可以统治欧洲任何一部分的天空，它们只需要出现在那里就行了，德国战斗机部队依然是一个强大的对手，要想真正打败他们还要等到数个月之后的诺曼底战场。当然了，伟大一周也确实给德国空军造成了一些以前从未有过的消极影响，之前第3战斗机师和第4战斗机师的"前沿"单位为了保存人员而采取的打了就跑的战术现在已经成为了整个战斗机部队的非官方政策。

战斗机司令部和飞机生产奇迹

德国航空工业在伟大的一周后迎来了战争期间最重要的改革，即战斗机司令部（Jägerstab）的成立。早在1944年初，飞机生产在米尔希的空军总装备部的监管下就是德国空军面对的一个严峻问题。阿尔伯特·施佩尔自1942年初接管德国战争工业生产后已经创造了奇迹，但是却在德国空军这里没有取得什么进展，因为戈林要自私的守卫着他的帝国。米尔希与施佩尔私交不错的事实和在资源分配上的高效合作在一定程度上缓解了形势，但是原材料和劳动力的短缺继续妨碍着德国飞机的生产。施佩尔的让步和对米尔希的温和态度也就到此为止了，他也要优先守护他自己在军备工业领域上的权利。

伟大的一周所带来的危机让米尔希和施佩尔都意识到这样半吊子的合作已经不够了。施佩尔估算得出在二月底，75%的机身和零部件装配厂都遭受了严重毁伤，这些工厂的机床有接近30%受损。奥格斯堡的工厂停产了半个月，哥达航空工厂的74架飞机受损或被毁，莱比锡工厂的160架新飞机受损。米尔希认为二月的轰炸导致了至少750架新飞机没能生产出厂。米尔希和施佩尔都相信"在帝国上空撑起一把战斗机保护伞"是必要的。施佩尔早前已经成立了特别司令部来处理滚珠轴承生产和鲁尔区工业的紧急事态。战斗机司令部是这一思路的延伸，它需要一个特别的转变：米尔希将他在飞机生产上的大量权限交给施佩尔的装备部。施佩尔和米尔希是规划者，但是对新机构执行实际控制的是卡尔·奥托·索尔（Karl-Otto Saur），施佩尔的"精力充沛而冷酷无情的下属"。施佩尔表示司令部的任务是"动用直接指挥权力对受损的工厂进行维修或转移，不受官僚制度的妨碍"。它将会很快就超出这一授权。米尔希和施佩尔在二月底完成了组织的细节设计，绕过戈林直接将建议交给希特勒。希特勒最初反对使用"战斗机司令部"作为组织名称，但还是在1944年3月5日批准成立这个新司令部。

战斗机司令部有意对装备部进行模仿——它拥有基础深厚的成员，组成小规模的工作组以获得最大工作效率。它聚集起飞机制造业代表、装备部官员和空军要员。加兰德就是一位常规与会者，始终代表着前线部队这一方。实际上，在他的许多职责中，与战斗机司令部的联络也许是加兰德最重要且最有影响力的任务，因为这使他有机会直接接触到德国战争经济。每个大型飞机工厂都派出一位代表进入司令部，于此同时，一位司令部"看门狗"也被派往每家工厂。效率是司令部的口号。当战斗机司令部会议开始吸引到大量奉迎者时，索尔无情的将会员数降低到只保留必要的那些人。

战斗机司令部的第一个任务是维修和重建那些被轰炸的工厂，动用施佩尔装备部的资源可以极大地协助这一费力的工作，同时尽可能地分散这些工厂的分布，27个主要的飞机工厂被拆分成了729个小工厂分散在各地，59个航空发动机工厂则拆成了249个小工厂。司令部派出的许多小组访问轰炸中受损的厂址监督维修工程进度。战斗机司令部还向受损最严重的工厂派出工人。在1944年3月14日，著名战斗机王牌、现任昼间战斗机监督员汉内斯·特劳夫特上校与索尔一起访问埃拉工厂。特劳夫特向被召集起来的工人们传达出帝国防空军面对的真实绝望处境，索尔则告诉他们为了给战斗机部队提供所需飞机所要完成的工作，包括每周工作72小时。工业家们开始对"索尔列车"的出现感到害怕，它携带着战斗机司令部要员进行检查并发表提升士气的长篇演说。战斗机司令部的会议记录得到了详细记载，包括刻薄的索尔如何通过勉励、嘲讽和哄骗来把他的不同团体带到新的高度。

除了进行维修外，战斗机司令部想要将整个飞机制造业放到一个更为安全的基础上。对于轰炸的一个明显对抗手段就是分散工厂，但是施佩尔并不赞同大规模疏散飞机制造厂，因为这可能导致产量降低。作为替代，战斗机司令部偏爱一个更为有限制的过程，放弃对某一家工厂过度依赖的工业形式。索尔认为这是效率低下的，并主张建造大量防弹工厂并开采现有的矿物资源。这使得施佩尔的装备部与党卫队走得很近，因为后者的奴隶劳工帝国已经建造了许多这种设施。虽然保护工厂是司令部的一个重要任务，它的终极目标还是提高产量。关于分散还是集中的争斗一直在进行着，因为高效的工厂几乎就等同于高度集中，因此是易于遭受伤害的。最后，司令部取得了对飞机生产的直接控制权，最初遵循德国空军的第225号项目，但是在7月发布了自己的第226号项目。对型号和生产优先级的选择这一德国空军原来的特权，现在转交给了战斗机司令部和施佩尔的装备部。

不用怀疑战斗机司令部在提升产量上的成功，这是即便在1943年也未曾梦想到的水平。英国空军部分析家坦率的承认："战斗机司令部在达到其目标上的成功是惊人的，超出了所有的期望；它完全挫败了盟军摧毁飞机生产的攻击企图。"将飞机制造业置于施佩尔装备部

战斗机装备量（施佩尔装备部数字，1944年10月18日编纂）

日期	新生产	修复	总计
1943年			
7—12月（月均）	1369	521	1890
1944年			
1月	1340	419	1759
2月	1323	430	1753
3月	1830	546	2376
4月	2034	669	2703
5月	2377	647	3024
6月	2760	834	3594
7月	3115	935	4050
8月	3051	922	3973
9月	3538	776	4314

的直接控制下解除了它迄今为止所受的束缚。战争早期，7家工厂加起来平均每月仅能制造180架Bf 109，而在施佩尔的监管下这个数字在1944年5月提升到1000架每月，而且仅由3家大型高效工厂（雷根斯堡、莱比锡–埃拉、维也纳新城）完成。虽然由于不同机构采取的计算方法不同，关于德国飞机的生产数字经常产生分歧，下面施佩尔装备部给出的数字——涵盖Bf 109、Fw 190、Me 110、Ju 88、Me 410、Hs 219和第一批Me 262的产量——还是显示出德国工业和战斗机司令部的成就之大。

战斗机司令部的合理化进程部分集中在减少生产的飞机型号数量上。根据一个数据，德国飞机制造业在1944年1月生产了接近2000种不同的主型和子型，索尔的团队最终将这个数字缩减到更容易控制的20种。更引人注目的是，大量生产的基本主机型数量从1944年春的42种降到20种，再先后降到9种和5种。作为牺牲品的就包括Ta 154和He 219夜间战斗机、Do 24飞行艇、Bf 110、Ju 88/188、He 111、Me 410，甚至连Bf 109的生产在1945年初都放慢下来。1944年7月，司令部设想在1945年年中能够获得量产的只有Ta 152战斗机、Me 262喷气机、Do 335重型战斗机、Ju 388轰炸/侦察/夜间战斗机和Ar 234喷气侦察轰炸机。戈林、科滕、科勒，甚至连米尔希也在最初试图继续维持

▲ 佩戴骑士十字勋章的海因茨·诺克上尉

一定的轰炸机产量,但是在1944年年中以后轰炸机的生产(除了 Ar 234 和 Ju 388)实际上已经终止了。戈林不出所料的抱怨起来,声称不能以轰炸机为代价来提升战斗机产量。值得一提的是,像科勒这样以冷静著称的职业军官在战争进行到这一绝望关口时依然拒绝放弃德国空军的攻击根源。

合理化的需求也带来了数量和质量之间的剧烈矛盾。就像索尔本人指出的那样,"空战的特征已经不断地从轰炸机与战斗机之间的对抗转向战斗机之间的对抗。只有拥有更优秀的飞机我们才能打赢这一仗。"虽然1944年7月的生产决定包括了很多先进的设计,在1944年产量得到剧增的还是那些成熟机型。例如在1944年5月生产的2377架新飞机中,Bf 109占了999架,723架Fw 190,208架Ju 88,157架Bf 110,108架Me 410,16架He 219,Me 262只有7架。量产的飞机中,只有最新的Bf 109G-6、G 10和G 14型采用DB 605AS引擎,这使它们的实用升限达到11500米,可以被看做是短期的技术改进。在1944年5月11日,加兰德对他的战斗机司令部听众这么说:"我现在已经访问了那些作为'高空战斗机'的部队,它们的任务是与敌军护航机战斗。这些部队说'这是一种真正的乐趣,我们飞到10000米和10500米的高度,有时会飞到11500米,敌机则爬升在9000米高。我们以小队编队向敌人的双机俯冲下去,击落一架敌机,并在他们甚至还来不及东张西望时就已经回到了他们的头上。'"

把这种有限的成功放在一边,绝大部分德国空军指挥官认为直到1944年底,提供给他们中队的都是过时的飞机。"优先放在生产数量上",在1944年初没别的选择。

飞行员的补充问题比飞机生产要大得多。虽然德国空军训练部门设法从A类和B类航校输出了足够数量的飞行员,他们在1944年初能在一架作战飞机上的飞行训练时间已经缩减到只有25小时了。仅在1944年2月一个月内,德国空军因非作战飞行事故就有超过1300架飞机被毁或受损,406人死亡,227人负伤。德国空军司令部仔细的将这些原因进行分类:"……33.1%,飞行员在降落时犯错;9.7%,滑跑时受损;9.9%,虽然有正确的天气数据却还是飞入了天气恶劣的区域;6.6%,糟糕的跑道条件;6.3%,飞行员在起飞时犯错;6.1%,在地面发生碰撞;3.7%,燃料不足;3.1%,迷路;2.1%,在空中发生碰撞;1.3%,不注意安全规章……"

早在美国陆航从1944年5月起攻击合成油厂造成的油荒之前,德国空军的训练部门就已经无法提供得到足够训练的飞行员了。

战斗机司令部在1944年8月官方解散,因为施佩尔的装备部已经接管了整个德国战争经济。接下来的一个月就是战争期间德国战斗机产量的最高月份,虽然盟军对其进行了猛烈的轰炸。德国人跟上了数字游戏的步伐,但是高昂的战损率、飞行员素质的下降、燃料短缺和在事故及盟军轰炸中损失飞机的数量使得前

▲ 敌机来袭!正在快速奔向座机的JG 54第8中队的飞行员们

线战斗机部队无法从中真正的受益。

在谈到克服巨大困难完成的飞机生产伟绩时,最后还必须提及一个事实。1944年5月,有713万外国劳工(平民和战俘)在德国经济的各个领域工作。生产奇迹对数百万劳工的依赖程度不亚于施佩尔的组织才华和战斗机司令部的务实官员们。就像历史学家艾伦·克拉克在超过40年后告诉我们的那样:"更重要的是记住正如同纳粹政权建立在完全的残酷和腐败上一样,实际的武器……来自克虏伯和戴姆勒-奔驰的黑暗工棚内,奴工们在皮鞭的抽打下一天要苦干18个小时,6个人睡在一个8平方英尺的'狗窝'内,随他们的看守的心情饿死或冻死。"

在伟大的一周后,美国陆航战略航空部队的作战计划要点从逃避——迂回航线,佯攻作战和其他手段——转向对抗。轰炸机现在将被直接派往最重要的目标以最大可能勾引帝国防空军做出回应,这样就能在D日前完全消灭德国战斗机部队。"轰炸机作为诱饵"的时代来临了。对于双方来说最明显的重要目标当然就是"大B"柏林了,美军计划在天气允许时尽快完成一次全力空袭。

施密德少将在为美国陆航编写的战史中对二月底德国的处境做出总结。虽然不能忽视存在事后诸葛亮的情况,但是他的总结主要还是基于那个年代的档案,即第1战斗机军的作战日志:

1. 从2月20日开始,该月美军的攻击活动明显增多。主要目标很明显是德国飞机制造业设施。作战效率比以往要高,飞机制造厂的活动被扰乱到无法为防空部队进行系统补充的程度。

2. 美军在同一天内执行多个作战的战术使防空兵力分散。

3. 美军攻击包括南德和奥地利在内的整个帝国境内目标。分散的指挥结构被证明是德国防空的一个决定性缺陷。第7战斗机师和东部边区战斗机指挥部留在它们的战区,只听从帝国航空队的指示。

4. 由ObdL(戈林)分配的任务是:

a. 第1战斗机军:防守北部地区,德国中部,沿海地区和柏林地区。

b. 第7战斗机师:防守德国南部,特别是法兰克福、曼海姆、斯图加特、纽伦堡、慕尼黑和奥格斯堡的工业区。

c. 东部边区战斗机指挥部:防守至关重要的奥地利境内设施,特别是在维也纳、斯泰尔、维也纳新城和林茨的那些。

5. 我们的部队实力不足以完成全部任务。

6. 在数量和技术性能上,帝国防空军的昼间战斗机单位都不如美军战斗机部队。虽然他们的勇气得到了证明,并且愿意为了他们的祖国牺牲一切,从长远来看,我们的部队在打一场毫无希望的战斗。

7. 为了战争全局的利益,德国空军必须面对的事实是它的最重要任务是阻止美军对帝国的昼间攻击。战斗机部队急需Me 262。

8. 在二月,第1战斗机军的日均作战兵力为:350架单发战斗机、100架双发战斗机

▲ 三名年轻的菜鸟飞行员正在巴黎度假,这应该也是他们所能享受的最后一段平静舒适的时光了,这些新手们在前线幸存的概率实在太低了

和 50 架可用于昼间的夜间战斗机。

9. 第 1 战斗机军在二月出动架次数为 2861，损失 299 架飞机，即 10.3%。

10. 第 8 航空队在二月对帝国出动架次数 10452，被战斗机击落 310 架，即 2.9%。

提到 Me 262 可能是施密德在战后插入的内容。实际上，这种战斗机在 1944 年 2 月还没有做好生产的准备。虽然它的机身比较可靠，Jumo 004B 喷气发动机却还是会在运行不超过 5 个小时后就熄火。

许多帝国防空军作战单位在二月底和三月初退后到新基地。目的是降低它们受打击的概率并能够更好的集中防御帝国心脏地区的目标。JG 3 的 3 个大队现在位于萨尔茨韦德尔—布尔格—加德勒根地区，组成第 1 战斗机师的一个新战斗编队的基础。第 1 突击中队转移到加德勒根，与 JG 3 联队部使用同一个基地。JG 5 第 2 大队奉命离开东线并加入第 1 战斗机师，可能是用来替代 JG 3 第 3 大队，后者依然留在第 7 战斗机师。第 3 战斗机师的 JG 1 完全撤离荷兰，集中在赖讷－特温特－慕尼黑－格拉德巴赫地区。第 1 战斗机军将不再尝试布置"前沿防御"，这些留给了第 2 战斗机军的少量战斗机去完成，主要是 JG 26 的 3 个大队。东部边区战斗机指挥部获得了最有力的增援。3 个完整的大队（JG 5 第 1 大队和 JG 27 第 3、4 大队）从巴尔干来到奥地利进行简短的休整，并在加入帝国航空队作战序列后留在奥地利。三月中旬，就连第 1 战斗机军的军部也从荷兰的泽斯特迁到了德国的布伦瑞克。

第 8 航空队在伟大的一周后首次空袭德国的目标是经常光顾的布伦瑞克、法兰克福、威廉港和鲁尔区，因为那"挨千刀"的鬼天气，481 架出动的 B 17 和 B 24 轰炸机最终只有 137 架成功完成了对目标区的轰炸。它们没有吸引帝国航空队的注意。第 2 战斗机军的两个战斗机联队成为了 3 月 2 日的防御主力，上午 11 时当美军轰炸机抵达法国海岸时 JG 26 第 1、2 大队率先出击，第 2 大队的 14 架 Fw 190 在 8000 米高度从 600 米下方的 B 17 机群发起了后部攻击，但是被第 365 大队的两个中队挡了下来，这个新成立的第 9 航空队的雷电对地攻击机大队对自己的能力充满了信心，他们的处子秀表现的确实很不错，击落 3 架第 6 中队的战机，德军飞行员 2 死 1 伤（新任中队长兰格少尉跳伞后降落伞未打开就坠地身亡，个人战果 8 架），美军毫无损失。第 1 大队倒是没有和美军战斗机发生交火，但他们却在云层中飞行时发生了碰撞事故，2 架 Fw 190 相撞坠毁（飞行员都阵亡），驾驶飞机的都是新来的菜鸟中士，威利厄斯

▲ 这架 Fw 190A-6 引擎罩上清楚的显示出第 1 突击中队的队徽

◀ 1944 年 3 月，一架 JG 11 第 1 大队司令部的 Fw 190A-7 正在罗腾堡机场补充弹药和燃料

少尉一路追赶轰炸机直到在威斯巴登附近击落了一架B 17为止；第3大队在科布伦茨附近迎面和轰炸机编队遇上了，一次漂亮的迎头攻击后2架B 17栽了下去，其中一架属于带队的斯塔格尔上尉，德军有1架飞机被刚刚换装野马的第4战斗机大队打落，驾驶员受伤。JG 26在13时又再次被集结起拦截返航的轰炸机，迈尔军士长和基夫纳少尉分别击落1架B 17。海峡联队在当天共阵亡失踪11名飞行员（JG 26四死两伤），其中就包括JG 2联队长欧根·迈尔中校，迈尔作为一名双剑橡叶骑士十字勋章获得者，是第一名在海峡前线取得一百次空战胜利的德国空军飞行员。这位迎面攻击法创始者在阵亡时已经击落25架重型轰炸机，是所有德国飞行员中最多的。美军当天共损失10架轰炸机和4架战斗机，第365战斗机大队是当之无愧的"今日之星"，他们声称击落6架Fw 190（迈尔中校是其中之一），击伤2架，损失一架P 47，第365大队的菜鸟们完成了一次完美的护航作战。

第8航空队在3月3日首次将柏林作为目标，但是这次作战因为厚重的云层而被迫中途取消，不过带头的轰炸机编队却在回到基地前遭到了JG 11第1大队的痛宰：在短短半个小时内6架空中堡垒被击落！而德军毫无损失，不过之后也想来顺把运气的第2大队就运气不佳了，上报3架野马战果却失去了4名飞行员，1人轻伤。

第8航空队在4日的又一次尝试再次中途折返。第3轰炸机师的一个联队未能收到信号并继续前往柏林，只有30架B 17透过密云进行了轰炸。全新的第1战斗机师战斗编队——沃尔夫·迪特里希·维尔克中校的JG 3联队司令部和3个大队——不顾天气影响完成组队并找到了撤退中的轰炸机，声称击落4架B 17和2架护航机。JG 27第2大队的22架Bf 109也强行出动，宣称击落1架B 17，不过被击落了4架战机，两名飞行员阵亡，一人受伤。当天最大的威胁还是柏林沿线数不胜数的高炮部队，15架轰炸机没能返航，这天美军战斗机部队的损失也格外惨重，共有4架雷电，4架闪电和16架野马被击落，是极少数的护航战斗机损失超过轰炸机损失的行动。

步入深渊

6日的天空终于放晴，杜利特成功将他的全部轰炸机部队派往"大B"。他的730架轰炸机得到了来自第8、9航空队和皇家空军的644架战斗机的掩护。许多战斗机大队执行了两次作战，使战斗机的总出动架次数达到943。为了与"对抗"的新政策一致，轰炸机群的航线从英格兰往东直接指向柏林，只是为了避开一些已经探明的高炮密集区而进行了一些细小的航线变动。第1战斗机军在敌机起飞后不久就知道了它们的目标，施密德少将命令他的所有战斗机沿着轰炸机接

▲ 1944年3月6日，飞行在柏林上空的第1轰炸机师编队，正遭受着高炮火力的打击

近路线集中。施密德很早就向第2战斗机军和第7战斗机师求援,并且得到了增援同意。帝国防空军出动463架次,其中332架次与敌机接触。

轰炸机在1000时开始离开英国沿海地区,在1130时穿越须德海,整个编队长达150公里。第1轰炸机师的B 17以5个战斗盒子领头,跟在后面的是第3轰炸机师的6个B 17战斗盒子。装备B 24的第2轰炸机师殿后,组成3个战斗盒子。新的帝国防空军战术条令不再要求第2战斗机军对抗来袭的机群,它们要等到轰炸机返航线路确定后组成一个密集编队发起攻击。但是第4战斗机指挥部的指挥员犯了一个大错误,出动克劳斯·米特乌施上尉和他的JG 26第3大队拦截一些攻击普瓦机场的中型轰炸机。米特乌施击落了一架护航的台风,但是被迫将他的大队降落在维特里,这个Fw 190基地很明显无法为他的Bf 109们进行维护,因此就未能参与到后来攻击返航重型轰炸机的作战中。

第2战斗机军将它的绝大部分战斗机派往比布利斯(Biblis)和威斯巴登-埃本海姆(Wiesbaden-Erbenheim),这2个都是第7战斗机师的战斗机基地。它们位于轰炸机路线的南部,这一选择可能是为了防止轰炸机群进行意料之外的航向改变。考虑到德国南部的天气状况,这不太可能,但是JG 2和JG 26的绝大部分战斗机现在可以将轰炸机群纳入航程范围内了,尽管那已是它们的航程极限。

虽然轰炸机直接穿越第3战斗机师防区的北半部分,格拉布曼上校却没有命令他的战斗编队组队发起攻击。奥绍上校仅能够出动他的JG 1联队部小队和两个Fw 190大队,JG 1第3大队因为一些原因无法参战,因此决定他的战斗机应该加入第2战斗机师的战斗编队,它正在施泰因胡德湖(Lake Steinhuder)上空集结。这个编队由JG 11第2大队长赫米兴上尉率领,他是最优秀的帝国防空军作战指挥官之一,最终聚集了JG 11全队、JG 54第3大队和JG 1联队部加两个大队的共计107架Bf 109和Fw 190。它们完成了顺利的汇合,向西北方飞了一小段路后就在第2战斗机师的指挥下转向正西方迎击190公里外的美军轰炸机。

轰炸机群此时已经分成两个部分。由于领飞B 17的一台雷达发生故障,整个第1轰炸机师和半个第3轰炸机师缓慢的转向原定航线的右侧。第3师由第13联队率领的后半部分(大约80架B 17轰炸机)没有看到这不在计划中的转向,因此继续采用原航线,后面的第2轰炸机师也这么做了。绝大部分护航机不辞而别,只有第56战斗机大队的8架P 47紧邻着第13联队。

11时45分,赫米兴命令他的大队展开为攻击阵型并投下辅助油箱。他对准了第13联队在低位的盒子,包含第100轰炸机大队的16架B 17,并在一分钟后选定了一个目标。Fw 190飞行员们也在后面组成梯次编队,准备向他们自己的目标开火。在福克-伍尔夫

▲ 1944年3月在罗腾堡,JG 11第1大队长罗尔夫·赫米兴(右)上尉获知自己得到骑士十字勋章的消息后喜不自禁,与队友举杯庆祝

▲（左）JG3 第 4 中队的"中队专家"赫尔穆特·鲁菲勒（Helmut Rüffler）技术军士（骑士勋章获得者，个人总战果 88 架）和一名年轻的新手在机场留影，摄于 44 年 2 月，就在 21 日，这架战斗机被击落，照片中的这位年轻的飞行员受伤以至于未能在发动机爆炸前逃离，最终战死

后上方的是 JG 54 第 3 大队的梅塞施密特，辛纳为他的大队选择了一个比赫米兴稍微高一点的盒子。辛纳身后是安东·哈克尔上尉和 JG 11 第 3 大队，奥绍上校和 JG 1 联队部小队及 JG 1 第 1 大队，巴尔少校和 JG 1 第 2 大队。在他们所有人上方的是负责高空掩护的施佩希特少校和 JG 11 第 2 大队，前去阻拦施佩希特看到的少量美军护航机，那是数个第 78 大队的 P-47 小队，已经从轰炸机群前半部分调头返回，不过实际上德军并没能阻拦住他们，不过他们成功击落了 1 架追着 Fw 190 机群并已经成功击落其中 3 架 Fw 190（飞行员 2 死 1 伤）的雷电，1 架紧咬诺克中尉的雷电也被击落了，第 2 大队的 1 架 Bf 109 则被美军击落，飞行员重伤。

赫米兴在正午时分大喊"突入！" 3 秒钟后，他开火了。帝国防空军历史上最集中的一次攻击开始了，由第 1 战斗机军的精锐完成。10 架 B 17 在第一轮攻击后就坠落。在穿过轰炸机编队后，赫米兴向相反方向急转弯，准备进行下一次迎面攻击。辛纳对此感到意外，因为他更愿意继续向后飞并攻击下一个编队，他们最终击落了 4 架轰炸机，但代价不菲，失去 5 名飞行员，3 人受伤。没有关于二次攻击的固定准则，结果攻击由单机和双机从多个方向进行。绝大多数飞行员都能够将他们的大部分弹药泼洒在轰炸机身上，并在第 56 和第 78 战斗机大队的 P 47 赶来前离开该地区。当战斗在约 1225 时结束时，已经有 20 架轰炸机被击落，一架飞向瑞典，其余的则带着损伤调头返回。这些 B 17 全部来自第 13 联队，它在这次任务中损失 25-1

架飞机。3 架 P 47 也在此时被击落，赫米兴的编队损失了约 12 架战斗机，其中 9 架属于 JG 1，3 名 JG 1 联队的飞行员阵亡，而他们则宣称有 17 架战果进账，JG 11 则有 4 名飞行员阵亡 1 人受伤。

领头第 1 轰炸机师 B 17 的美军作战指挥官发现了这个导航错误，并带着他那部分编队转向北方，在 1230 时回到正确航线上。这时第 1 战斗机师的战斗编队正在马格德堡上空集结。它由汉斯·科格勒（Hans Kogler）少校和他的 ZG 26 第 3 大队 7 架机炮 Bf 110 打头阵，接下来是 ZG 26 第 2 大队的 10 架 Me 410，各携带 4 枚 21 厘米火箭弹，再后面的是第 7 战斗机师出动的 24 架携带火箭弹的 Bf 110。最后是 JG 3 的 55 架 Bf 109 和 10 架来自 JG 302 及各种工厂小队的飞机。JG 3 第 1 大队的任务是在高空掩护整个编队。其他的飞行员被告知要在攻击轰炸机前保护驱逐机，然后每位飞行员各自为战。编队主力要完成一次标准的迎面攻击。与编队有联系却单独飞行的是第 1 突击中队的 7 架 Fw 190，它将从敌机后方发起近距离攻击。科格勒的编队拥有共计 41 架驱逐机和 72 架单发战斗机，比赫米兴的部队强一些。同样从柏林地区升空的还有一些来自不同工厂卫队的单发战斗机，16 架 NJG 5 和测试单位的 Bf 110 夜间战斗机奉命收拾掉脱队的敌机，至少还有 5 架 Fw 190 跟随机出动，它们开始替代之前使用的双发飞机。

第 1 战斗机师的指挥员将科格勒引导向预计会与敌机迎头会面的路线上，但是当科格勒目击到轰炸机群时却发现它们向南方进行小幅转弯，因为目标全部在柏林的南部。他无法让他的重型双发战斗机们完成足够转向，驱逐机不得不以小角度发起攻击。后面的 Bf 109 显然能够及时调整并按照计划攻击。科格勒在唐格许特（Tangerhütte）上空约 1240 时开始攻击领头的战斗盒子，同时第 1 突击中队也开始从后方对同一个编队发起攻击。掩护该地区的 P 51 数量众多，它们发现了驱逐机并追去，忽视了突击中队的 Fw 190，它进行反复攻击并最终击落第 91 轰炸机大队的 6 架 B 17。其中一个是中队的首个撞击战果。赫尔曼·瓦尔菲尔特（Hermann Wahlfeldt）技术军士在用完弹药后决定撞击敌机。他以左翼切掉了他的目标的右侧安定翼，瓦尔菲尔特正常完成了跳伞，但是旋转坠落的 B 17 中只有两名机枪手得以逃生。

驱逐机从正后方发起火箭弹攻击很困难，现在改由从正面进行以保护重型战斗机。像那天这样在偏转角攻击中判断距离是不可能的，根据轰炸机机组的回忆也没有 1 架 B 17

◀ 1944 年德国沃特海姆上空，ZG 76 第 4 中队的两架 Bf 110G-2 驱逐机

被火箭弹击中。然而，驱逐机高效发挥了它们的强机炮火力，使大量 B 17 燃起火来，10 架宣称战果得到确认。绝大部分 Bf 110 和 Me 410 很快遭受了第 4 战斗机大队 P 51 的攻击，它是负责掩护第 1 轰炸机师的护航机。来自第 357 大队的野马也在场，但是出于偶然，它负责保护的第 2 轰炸机师迟到了，求战心切的飞行员们立刻向德机飞去。科格勒的护航大队 JG 3 第 1 大队完全未能实施有效保护，没有击落 1 架敌机。科格勒损失了 41 架 Bf 110 和 Me 410 中的 16 架，同样损失的还有 5 架 Bf 109 和 2 架 Fw 190。此战中第 1 轰炸机师有 8 架 B 17 被机炮火力击落，3 架因为碰撞损失，一些飞机伤重脱离编队。还有四架野马损失于该区域。

战斗机的攻击在 25 分钟后逐渐停止，这时领队的轰炸机已经抵达了柏林南部。绝大部分说明到的目标都被云层覆盖，因此大部分炸弹都落在了居民区上，德国称其为纯粹的恐怖攻击。美军轰炸机在柏林西部集结，它们的编队现在不同了，3 个师现在齐头并进而不是拉成一条直线，缩减轰炸机编队的长度是为了便于护航机作战。

双方都只有少数战斗机能够沉稳地穿过柏林高炮区，有 4 架是来自 NJG 5 第 3 大队的夜间战斗机，其中一架由京特·沃尔夫（Günther Wolf）少尉驾驶。沃尔夫回忆："我们没有组成编队，没有任何人领导我们！我们没有得到命令，只有攻击落单敌机并远离紧密编队的'小建议'，这些都只是常识而已。我们看到了敌军轰炸机编队，并持续警惕敌军战斗机，思考我们该怎么对付它们。然后我看到编队下方有一架单独飞行的轰炸机。不用在无线电里说一句话，全部 4 架梅塞施密特就转向那个看起来容易解决的目标。我从后方接近我的猎物。当我在距离约 600 米刚好处于射程外的位置时，我的飞机突然在子弹的冲击下震动起来。座舱盖粉碎，玻璃向各个方向飞去。我从未看到是什么击中了我们。"

沃尔夫的右侧发动机燃烧起来，冒出黑色的燃油和烟雾。他命令他的机枪手跳伞，但是他的机枪手告诉他自己的降落伞已经被机枪击毁了。沃尔夫不得不进行一次迫降。他在收回油门后进行大角度俯冲转向。他的对手，一位第 357 战斗机大队的 P 51 飞行员认为 Bf 110 已经失去了控制并声称摧毁了它。在最后一刻沃尔夫把飞机拉起并在柏林东北方的一个机场完成机腹迫降。他的许多战友就没有这么幸运了，16 架升空的夜间战斗机中有 11 架被击落，8 名机组丧生。

第 357 战斗机大队的野马现在到处搜寻那些完成攻击后打算返回基地的德国战斗机。JG 54 第 3 大队的格尔哈德·卢斯（Gerhard Loos）中尉，一名击落 92 架敌机的骑士十字

▲ 德国飞行员的噩梦 P 51 战斗机，这架 P 51D 来自第 361 战斗机大队，翼下携带两个标准的 75 加仑油箱

勋章获得者，在低空被抓住并被击落。卢斯成功的跳出飞机，但是他的降落伞背带断裂，结果坠落身亡。

从帝国上空返航经常对于美军轰炸机来说是平安无事的，或至少是对于那些没有因为战伤而脱离编队的飞机来说是这样。帝国防空军总是在组织成功的二次作战时遇到困难。但是那天沿着航线上已经有许多提前部署好的单位：JG 2 第 2、3 大队，JG 26 第 1、2 大队和 JG 300 第 1 大队。而且对于已经完成第一次作战的飞机来说也拥有比往常更多的补给时间。超过 100 架战斗机奉命起飞对抗返航的轰炸机。绝大部分被派往德荷边境附近的林根地区以取得战术集结，虽然不太可能像希望的那样进行一次联合攻击。已知的唯一一次由完整作战单位发起攻击的是 JG 300 第 1 大队的 10 架 Bf 109。战术指挥权交给了沃尔德玛·格拉夫（Waldemar Grafe）中尉，这 10 人中唯一有经验的昼间战斗机飞行员。格拉夫率领他的梅塞施密特们来到轰炸机编队上方 1000 米处，随后冲出太阳进行垂直俯冲。急速穿过编队，他那些经验不足的飞行员们成功击伤数架 B 17 并在轰炸机下方改出俯冲，直到那时他们才被护航机发现。

绝大部分其他德国战斗机发现很难在避开护航机的情况下接近轰炸机，因此只能以单机或双机进行攻击。一些有经验的飞行员能够利用紧密的轰炸机编队，迅速从各轰炸机师之间的缝隙攻击并躲在战斗盒子之间以躲避 P 47 护航机，但是绝大部分人都无法摆脱雷电的追击。JG 26 第 4 中队的戈尔德·维甘德（Gerd Wiegand）技术军士回忆道："我在 1330 时和作为我僚机的海特曼军士长一起从比布利斯起飞。我们爬升到 9000 米高并在躲开一个高炮弹幕后在多特蒙德上空与 B 24 接触。我将我们带到一个可以冲出太阳攻击下面 P 47 编队的位置上，但是海特曼却突然俯冲下去单独攻击轰炸机。没规矩！我接下来独自向雷电俯冲下去，迎面攻击并垂直俯冲脱离。我不知道我是否击中了它们中的任何一架。现在我的燃料已经不足，于是我降落在了赖讷。"汉斯·海特曼单独攻击并声称击落 1 架 B 17，但是他接下来就被击落并负重伤。他直到 1945 年 3 月才能够重回蓝天。JG 26 第 1、2 大队在所有的攻击中共击落 2 架战斗机和 5 架轰炸机，他们至始至终没有组成编队攻击，这些战果都是来自狗斗和攻击落单的轰炸机。

美军的返航路比来时要平坦不少，只有 JG 11 多多少少组织了几次拦截，其第 1 大队的 13 架福克－沃尔夫战机在 13 时 13 分再度从罗滕堡（Rotenburg）起飞执行第二次作战任务，20 分钟后他们在德尔门霍斯特（Delmenhorst）遇上了返航的 B 17 机群，德

▲ JG 1 第 1 大队的一架 Fw 190A-7，1944 年初摄于多特蒙德基地

军上报了6个击坠记录，己方无损失，第2大队一如上午的战斗一样运气欠佳，14时，仅有的4架可以集合起来的Bf 109被施佩希特动员起来从温斯多夫出发，不过很快他们就在尼恩堡（Nienburg）被一大群雷电攻击了，2架Bf 109被击落。14时29分从奥登堡出动的第3大队也仅能凑起4架Fw 190在梅佩恩（Meppen）攻击了一个有护航的B 17编队，第7中队长弗雷中尉成功击落了4架轰炸机，但在攻击第5架轰炸机时被击中，一位极为出色的王牌和指挥官就这么战死了，他在5月4日被追晋上尉并追授了骑士十字勋章。克利安中尉接替了他的中队长职位。

这次作战使第8航空队损失69-9架轰炸机，比战争期间的任何一次作战都要多，还有11-3架护航机。轰炸机10.2%的战损率很高，但是在战争的这一阶段已经可以接受了。帝国防空军的新型大编队战术在这天取得了最大胜利，但是付出了64架飞机的代价（出动架次数的19.2%），8名机组阵亡，36人负伤，23人失踪。

美国战略航空部队的情报机构很快就发现了德军的新战术。战斗编队的使用在1944年5月被指出："自从受到该师作战军官担心的13种基本战术（在1943年秋得到识别）以来只有一种战术得到开发。这就是大规模迎面攻击。会有多达60架战斗机参加这样的一次攻击……"至八月，通过机组作战报告、情报拦截和战俘审问，战斗编队攻击的细节已经准确地总结在情报评估上，包括高空大队的使用和地面控制程序。

昼间轰炸柏林无疑对于第三帝国来说是一次宣传灾难，导致很多市民（悄悄地）开始质问战争的进程。有趣的是，当天的国防军公报单独表扬了科格勒少校，称其作为"一名驱逐机编队指挥官表现特别突出"，虽然它的伤亡很惨重。重型战斗机一直被吹捧为摧毁轰炸机的奇迹武器，但是希特勒和德国民众却都不知道它们极易遭受伤害。

第8航空队在3月8日重回柏林，这天来自全部3个轰炸机师的623架轰炸机锁定埃尔克纳滚珠轴承厂。轰炸条件良好，470架投弹的轰炸机造成了很严重的破坏。对于德国来说幸运的是，分散滚珠轴承生产已经在很好的进行中了。防御的努力只是比6日稍微弱了一点而已，出动378架次，而且在两次主要战斗中都表现的很高效。只有第1战斗机师组织了它的战斗编队，而且只包括7架驱逐机。但是其他升空拦截来袭轰炸机群的单位完成了一次甚至更大程度的集结，虽然它并不算一个正式的战斗编队。施密德完全清楚当天的目标是什么，因此请求第3航空队的第4战斗机师在10时派出战斗机北上，比B 17和B 24开始离开英格兰的时间提前了整整一个小时。轰炸机的航线复制了6日，向正东穿越荷兰和德国北部。JG 26第2、3大队和第4中队（JG 26第4中队通常独立作战）的共计49架战斗机降落在赖讷。它们在中午起飞并飞向施泰因胡德湖，这是汉诺威西部的一个明显地标。在这里它们与JG 1和JG 11的5个战斗机大队会合。它们只有这一次的实力盖过了护航机，负责这一部分航线的是第56和第353战斗机大队的P 47。JG 26的Bf 109和Fw 190在第45联队前方组队，它正在引领着第3轰炸机师并且未能保持紧密编队。这次Fw 190组成密集的一列纵队发起攻击。这令B 17机枪手感到十分困惑，很难选择目标，没有1架JG 26的飞机被自卫火力严重击伤。8架第45联队的B 17坠毁在施泰因胡德湖和布伦瑞克之间，全部成了JG

26 的牺牲品，一起合作的 JG 1 联队则不如海峡联队的表现出色了，4 架战斗机被击落，3 名飞行员身亡，而虽然取得了 5 架 B 17 和 4 架护航战斗机的战果，但并未能完全得到证实。JG 11 第 1 大队宣称获得了 4 架轰炸机战果，阵亡 2 名飞行员。JG 26 第 4 中队与第 56 战斗机大队的雷电陷入一场混战。现在作为一名候补军官的戈尔德·维甘德击落了一架 P 47，但是自己也被另一架敌机击落，并且因伤退出战斗 3 个月之久。来自这第 1 个编队的更顽强飞行员继续攻击轰炸机直到第 1 战斗机师的编队加入战斗，霍夫曼少尉击落了一架第 363 大队的野马，斯塔格尔上尉宣称击落了他的第 2 架 B 17 战果（未被官方记录）。在之后加入沃尔夫阵营的则是 JG 11 第 2 大队的约 19 架 Bf 109，他们击落了 1 架 B 17，损失 4 架飞机和 2 名飞行员。13 时 30 分 JG 27 第 2 大队的 17 架 Bf 109 成

▲ 1944 年 3 月 9 日在柏林上空，一架第 352 轰炸机大队的 B 17G 正准备投弹

功伏击了一个巨大的 B 17 编队，宣称击落 3 架 B 17，2 架 Bf 109 连同它们的飞行员被美军护航机消灭。

JG 26 第 1 大队的 12 架 Fw 190 则由博里斯指挥拦截了返航轰炸机，但没能和重轰机群接触。在第二次作战中表现出色的还是 JG 11，他们在拦截归航美军轰炸机的行动中取得了 8 架战果，损失 4 架战斗机，其中 4 个轰炸机击坠战果属于赫米兴上尉。15 时 05 分，JG 27 第 2 大队的 5 架 Bf 109 为这天的作战画上了句号，最后的 1 架损失的 B 17 由 JG 27 第 5 中队长本德特中尉（总战果 55 架，其中 10 架为四发重轰，骑士十字勋章获得者）造成，成为他的第 50 个击坠记录。

那天第 8 航空队损失了 37-3 架轰炸机和 18-16 架战斗机，帝国防空军损失 42 架战斗机，机组有三人阵亡，26 人失踪和 9 人负伤，JG 26 第 3 大队长米特乌施也在这天重伤离任，由斯塔格尔代理大队长直到他伤愈返回。

德国空军在 8 日还打了另外一场地盘战。一个新的帝国防空军指挥部在达姆施塔特成立，莱茵河中部战斗机战区指挥部

▲ 1944 年春末，一架 JG 26 第 11 中队的 Bf 109G-6 在地面滑跑中

（Jagdabschnittsfü Mittelrhein）负责指挥法兰克福盆地 – 莱茵河中部地区的防空作战，自身隶属于第 3 战斗机师。它的防区侵占了第 7 战斗机师的地盘。战后为美国陆航编写的帝国防空军战史中对于成立这个指挥部给出了 3 个理由。巧合的是，这部分内容由当时任第 3 战斗机师师长的瓦尔特·格拉布曼完成：

1. 必须从它们的"前哨基地"撤回前沿防御部队，这样才能有时间集结大型战斗编队。

2. 美军编队频繁穿越或攻击该地区。从第 3 战斗机师向第 7 战斗机师交接指挥的效率低下，导致矛盾产生。

3. 第 1 战斗机军的无线电和情报人员远比仍然直属于帝国航空队的第 7 战斗机师的那些人富有经验。

美国陆航在 9 日又来到柏林上空。轰炸机采用和前两次空袭一样的路线，没有尝试任何欺骗手段。帝国防空军选择不去回应这次明显的挑衅，使用天气不好这一惯用的借口将它们的战斗机留在地面上。它们已经输掉了关于柏林的宣传战，柏林的工业目标价值被认作不值得冒险进一步损耗战斗机部队。此时德军各部也确实没有足够的实力继续进行高昂的拦截作战了。截止 3 月 9 日，JG 26 仅有 49 架战斗机可用。

第 8 航空队在 11 日来到明斯特，15 日前往布伦瑞克，德军的反应还是比较沉默。10 时 15 分 JG 11 第 2 大队的梅赛施密特和护航战斗机爆发了一次大战，交换比让人吃惊：德军击落 2 架闪电，但自己却有 8 架战斗机被击落，飞行员 6 死 2 伤，整个大队被击垮，施佩希特少校当晚即宣布他的大队要退出战斗 6 周的时间来休整与重建，第 3 大队的 Fw 190 也只是运气稍好，虽然仅宣称击落 1 架雷电但自己也只有 3 架战机被击落，飞行员

▲ 瓦尔特·奥绍上校（左）和海因茨·巴尔少校（右），奥绍深知像巴尔这样的空战好手对提升部队战斗力的巨大作用，因此对他的到来非常欢迎

死伤各一人。第 4 战斗机指挥部在 11 时放出了 JG 26 第 1、2 大队前往讷等待归航的轰炸机群，霍夫曼少尉指挥着他的第 8 中队攻击了第 44 轰炸机大队的编队顺利击落 1 架 B 24 轰炸机。威利厄斯少尉则在北海击落了 1 架脱队受损的 B 24，飞行员 3 死 2 伤，它的第 1 中队长约翰·梅尔（Johann Meier）少尉带队奔赴拦截区时在空中突然驾机右急转和僚机相撞，按照目击者的说法中队长很明显是醉酒驾驶，梅尔当场身亡，僚机飞行员虽然获救但最终还是因伤在 5 月 25 日去世（梅尔少尉在 3 月 1 日刚刚转到 JG 26 任中队长，此前他已经在东线执行了 305 次作战任务，取得 79 架战果并获得了金质德意志十字勋章，他在 44 年 12 月 16 日最终被追授骑士十字勋章）。美军这天的损失极为轻微，

除了JG 26造成的损失外还有1架B 17未能返航。随着帝国防空军继续将它的部队从帝国边境转往内地,第1战斗机军也将它的司令部从荷兰宰斯特转移到布伦瑞克。一个比较重要的中层指挥晋升是海因茨·巴尔少校接管了JG 1第2大队。根据该大队幸存者的说法,"士气大涨"。他负责大队的实际指挥工作已经有一段时间了,而且被他的飞行员们视作整个联队内的最优秀军官。他现在完全恢复了原来的名誉。

第8航空队的下一次深入空袭是在16日出动740架轰炸机攻击奥格斯堡和腓特烈港。所有的轰炸都透过云层完成,效率十分低下,虽然低压的云层和阵雪严重干扰了起飞和集结,帝国防空军的指挥官们却进行了一次全力防守。当美军轰炸机在9时30分刚刚离开英格兰时第4战斗机指挥部就准确猜测出了他们的大致轰炸目标,JG 26的3个大队在15分钟后升空前往兰斯,同时向第5战斗机指挥部紧急告援,JG 2第3大队得以被划归第4战斗机指挥部参与拦截作战,10时28分4个战斗机大队和美军先头机群在圣迪济耶接触,不过护航的第56战斗机大队表现不俗,在德军整队攻击前直奔而来击落4架德机(飞行员全部身亡),德军的编队立刻土崩瓦解,只有斯塔格尔坚持留在战区并击落1架第445轰炸机大队的B 24。不过德军仍对JG 2和JG 26报以厚望,试图在圣迪济耶地区再次组队攻击返航轰炸机,JG 26第3大队发现了一个无护航的B 24编队,但仅仅将其中1架轰炸机击伤使其脱队(最终由第11中队长费舍尔少尉击落),行动再次失败,这天对于JG 26是极为昏暗的,5死4伤的惨重损失却仅仅换来了2架B 24的确认击落战果。JG 27的表现也无法让人满意,只击落1架空中堡垒,2架Bf 109被击落,1名飞行员丧生。美军损失23-1架轰炸机和10-2架护航机,德军损失266架出动战斗机中的46-12架,9人阵亡,38人失踪,29人负伤。这一天标志着Bf 110停止作为帝国防空军一线作战武器的开始。ZG 76在组队攻击轰炸机群时被第354战斗机大队的野马抓个正着。它的Bf 109护航机不见了,P 51迅速解决了笨拙的Bf 110,击落升空约43架中的19架!另有4架受损迫降,只取得了5架轰炸机的击坠记录。ZG 76第3大队这个刚宣布参加战斗的新部队再也未能执行下一次作战任务,不久后就被解散。剩下的6个驱逐机大队全部来到了更靠后方的基地,在未来它们将仅被用来对付无护航的轰炸机编队,但是这种情况会越来越少见。瓦尔特·格拉布曼在战后的一份报告中指出机组的士气依然高昂,这主要建立在双发战斗机的强大火力和每架飞机搭载两名机组的这一心理优势上。

第7战斗机师的JG 5第1大队现在已经可以投入战斗,它从黑措根奥拉赫(Herzogenaurach)起飞。大队是JG 5"北冰洋"联队的一部分,在挪威成立,但是在加入帝国防空军前已经转移到巴尔干。大队奉命在

▲ JG 54第9中队长威廉·席林中尉的Bf 109G-6"黄色1号",1944年2月摄于路德维希斯卢斯特空军基地。这架飞机在1944年2月20日被击落,席林中尉负伤

中午出动 24 架 Bf 109G 攻击从奥格斯堡撤退的轰炸机。他们攻击了在 6000 米高的最后一个撤退中的轰炸机编队，但是不久就遭到 P 47 护航机的干预。大队此战有 2 名飞行员阵亡，5 人负伤。阵亡者包括大队长埃里希·格利茨（Erich Gerlitz）少校（个人战果 20 架），他被 P 47 击落，因为跳伞高度不足和降落伞无法打开而摔死。一共有 5 架 Bf 109 被击落，还有另外十架受损。

帝国航空队在 16 日进行了另一次组织调整。第 30 战斗机师这个专门成立以指挥"野猪"单发夜间战斗机的特别司令部被解散。"野猪"部队已经无法维持它们早期的成功率，1943 至 1944 年冬季的损失非常高昂。它们现在加入了昼间战斗机作战序列，成为恶劣天气作战专家。这个增援获得了欢迎。许多"野猪"飞行员追随着他们的指挥官哈约·赫尔曼少校从轰炸机部队调来，全部都拥有比常规昼间战斗机飞行员更好的仪表飞行水平。赫尔曼作为希特勒的宠儿必须要继续出现在公众的视野中，于是他立刻获得了另一个高级指挥职务，取代了在第 1 战斗机师的吕佐上校，这位广受尊敬的战斗机指挥官被打发作为高级指挥后备，等待下一个可以施展其才能的职位。

第 15 航空队在 3 月 17 日飞临帝国上空，这是自 2 月 25 日以来的第一次。约 192 架轰炸机穿过厚密的云层向维也纳投弹。德国守军无法做出回应。匈牙利空军出动 16 架 Bf 109 和 11 架 Me 210 在巴拉顿湖上空拦截一个无护航的 B 24 编队。一个 Bf 109 小队与敌机接触，第一场得到记载的匈牙利与第 15 航空队之间的战斗结果是仅声称击伤 2 架解放者轰炸机，被击落 2 架战斗机，另有 2 架战斗机重创报废。

第 8 航空队在 18 日出动它的 3 个轰炸机师共去德国中南部地区，轰炸慕尼黑、腓特烈港和上普法芬霍芬（Oberpfaffenhofen）的航空目标。第 15 航空队则要攻击意大利北部乌迪内斯的一个机场，这勾引上了东部边区战斗机指挥部的绝大部分战斗机，使它们无法再参加对第 8 航空队的拦截。第 1 战斗机军的防御战略有些不寻常。第 1 战斗机师的战斗机完全没有出动，第 2 和第 3 战斗机师的飞机则没有试图攻击来袭的轰炸机，却飞向南方补充燃料后攻击撤退中的轰炸机。第 7 战斗机师的指挥员们很明显被击败了，出动的 353 架次战斗机中只有 152 次与敌机接触。美军报告在面对严密的护航时绝大部分攻击都是半心半意的。第 2 轰炸机师的第 14 联队明显进行了一个错误的转向，在无护航的情况下紧张的飞行中。JG 11 编队（由联队部和第 3 大队组成）很快到场，它的小队们向倒霉的 B 24 发起迎面攻击，然后转弯，从后方攻击同一个联队，再转弯，重复这一过程。一些第 55 战斗机大队的 P 38 赶来，但是 Bf 109 和 Fw 190 通过呆在与它们相对的轰炸机另一面而避免与之交火。JG 11 的飞行员们带着声称击落 19 架 B 24 的战果返回埃本海姆，自身没有伤亡或飞机受损，仅第 3 大队长哈克尔一人就击落了 3 架轰炸机。

▲ 美军希望 P 38 能够解决远程护航的问题，但是运抵欧洲的这批飞机的引擎在高空可靠性不佳，图为第 55 战斗机大队的 P 38H，正在为一次护航行动做准备

在斯特拉斯堡上空，对第14联队的攻击由 JG 2 第 2、3 大队接过。里希特霍芬联队飞行员们取得了近一段时间以来对抗重型轰炸机的最佳战绩，声称击落 7 架 B 24、4 架 B 17 和 2 架 P 51，损失 2 架战斗机。而在两天前表现不佳的 JG 26 今天再次"发挥失常"，飞行员 2 死 1 伤的代价只换下了第 100 轰炸机大队的 1 架 B 17。

返回英格兰的第 8 航空队比出发时少了 43 架轰炸机，还有 4 架降落后报废。第 14 联队总共损失了 22 架飞机：8 架来自第 44 轰炸机大队，14 架来自第 392 轰炸机大队。16 架登记为失踪的飞机实际上飞到了瑞士，在那里有 3 架被瑞士守军击落，另外 13 架进行迫降，它们的机组被拘禁。这次大规模"叛逃"很好的指出了美军轰炸机机组面对的压力之大。他们被告知德国空军已经被消灭了，但是轮换回国所需执行的任务数量却增加了，他们自己的战斗机看起来比以前更少了，或者至少他们根本看不见。从作战中幸存下来的几率看起来依然很低。不过这天对于 JG 27 而言却是个炼狱日，出动的 19 架 Bf 109 全部被击落或者严重受损，4 名飞行员当场身亡！这在帝国防空战中还是第一次出现这样的全军覆没的情况的，显然他们在和闪电的交锋中失败了，只有 3 架闪电战斗机被他们击落，这个曾经以战斗机狗斗见长而驰名北非的精锐部队如今已经日薄西山。

天气状况同时允许两个美国战略航空队对帝国发动攻击的日子是很少见的。3 月 19 日轮到了第 15 航空队。在前往奥地利的路上，它的小规模轰炸机部队遭到了来自北意大利战斗机指挥部一个意大利和两个德国战斗机大队的攻击，然后又遇到了刚得到加强的东部边区战斗机指挥部。JG 27 联队司令部和第 1、3、4 大队的 87 架 Bf 109 在它们的联队长古斯塔夫·罗德尔中校的率领下拦截了一个共计 92 架 B 24 的编队。JG 27 第 3 和第 4 大队都是首次参加帝国防空战，它们的飞行员充满斗志的从各个方向攻击无护航的 B 24（除了从正面，这从来不是一个在 JG 27 受欢迎的位置）。联队在 B 24 机枪手的火力下损失 6 名飞行员和 10 架 Bf 109，但是声称击落 27 架 B 24，21 个战果最终得到确认。美军因各种原因共损失 6 架 B 17 和 12 架 B 24，其中 8 架来自第 454 轰炸机大队。这已经够糟的了，可以被归结于缺乏护航机。第 15 航空队的 1 个 P 47 和 3 个 P 38 大队不足以在轰炸机分散攻击多个目标时提供足够保护。第 15 航空队的指挥官们向美国战略航空队司令部和华盛顿方面请求得到一些 P 51 大队，但是他们的需求总是被放在第 8 航空队之下。

第 15 航空队直到 4 月 2 日才重返帝国上空。第 8 航空队的状况更好一些，它在 3 月 20 日至 29 日间执行了 5 次前往德国的作战任务。只有一次在空中遇到顽强抵抗。帝国防空军的战斗机在大部分日子里都因为基地上空低压的云层而无法出动。仪表飞行教官和野猪飞行员被派往帝国航空队的昼间战斗机基地，为那里的飞行员开设仪表飞行速成班，

▲ 为了加快将 P 51B 用于远程护航的进度，第 8 航空队从第 9 航空队借来了第 354 战斗机大队，图中这架 P 51B 隶属第 354 战斗机大队第 353 中队

但是他们的能力始终未能达到可以穿过云层完成编队起飞的水平。

20 日出动的 445 架轰炸机中有近 300 架因为天气和轰炸瞄准设备故障而放弃了行动，有 7 架轰炸机和 8 架战斗机没有返航，JG 26 只出动了一小队 Bf 109，2 名飞行员阵亡，没能取得任何战果。从美军的宣称战果也能看出德军的抵抗之微弱，所有护航单位和轰炸机部队只上报了 7 架战果。

23 日对布伦瑞克和明斯特的一次空袭遇到了顽强抵抗。强劲的顺风使得第 3 轰炸机师比它的护航机早半个钟头抵达汇合点，于是该师不得不在无护航机的情况下完成前往布伦瑞克的整个行动。这给了第 1 战斗机军完成有效拦截的机会。第 1、2、3 战斗机师的 9 个战斗机大队出动并被派往布伦瑞克地区。德机很好的利用了云层和凝结尾流，第 3 轰炸机师的第一个和最后一个联队遭到了持续 15 分钟的一波又一波攻击，JG 11 第 1 大队重复了他们 5 天前的辉煌，在很短的时间内以零损失击落 7 架轰炸机，这伙儿美军总计损失达 16-1 架 B 17。B 17 指挥官求救的呼喊首先得到了第 354 战斗机大队野马的回应，他们击落 5 架战斗机，其中就包括 JG 3 联队长沃尔夫·迪特里希·维尔克上校的座机。因具有贵族气质的举止而获得"侯爵"这一昵称的维尔克就这样战死，他以 162 次空战胜利的战绩获得双剑橡叶骑士十字勋章，而且在战争爆发前就已经是一位广受尊敬的战斗机指挥官。上校死的不算太冤，击落他的是两名第 4 战斗机大队第 336 中队的王牌：金泰尔（Gentile）少校（22 架个人战果）和戈弗雷（Godfrey）少校（17 架个人战果）。

JG 3 第 2、4 大队和第 1 突击中队被引导向西方迎击正在轰炸明斯特的第 1 轰炸机师。它们集中攻击飞行在较高位置的第 92 轰炸机大队。该师损失的 6 架 B 17 中有 5 架来自第 92 大队。JG 3 的大队使用密集编队迎面攻击，由冯·考纳茨基指挥的 9 架突击中队 Fw 190 则从后方攻击同一个大队。威利·马克西莫维茨（Willi Maximowitz）中士被 1 架第 55 战斗机大队的 P 38 追赶着穿入轰炸机群之中，决定撞击 1 架 B 17。他抬起自己的右翼，并用左翼削去了他的目标的一截左侧水平安定面。马克西莫维茨随后跳伞逃生，没有遇到什么麻烦。他获得了一个撞击击坠战果，可以在方向舵上画一个骷髅图标以示庆祝，但是那架 B 17 实际上没有太大困难的返回了英格兰。在离开轰炸机后，突击中队与第 4 战斗机大队的野马狭路相逢，后者未能与第 3 轰炸机师会合，此时正在德国中北部地区游荡。突击中队在野马战斗机的攻击下损失了

▲ JG3 联队长维尔克的葬礼，由一辆拖车牵引着灵柩

▲ 维尔克葬礼上到场的亲属及同僚，他的死在当时给整个帝国防空军带来了巨大的士气打击

三架 Fw 190 及其飞行员。第 4 大队继续前进并完成了一次非常成功的作战，声称击落 13 架单发战斗机，自身没有损失。当天第 8 航空队共损失 28-1 架轰炸机和 4-1 架战斗机，帝国防空军损失 31 架战斗机，6 人阵亡，12 人失踪，6 人负伤。

美军在 23 日没有发现双发战斗机，它们已经退出了欧洲北部战场。ZG 26 在月底转移到东普鲁士的柯尼斯堡。用 ZG 26 第 3 大队战争日志中的话来说，它现在的任务是"与渗入到柏林以东且没有战斗机护航的敌机编队作战"。

3 月 31 日发生了两个重要的指挥调整，双方各一个。联合轰炸攻势正式宣告停止，第 8 航空队离开美国战略航空部队，改由盟军远征军最高司令部指挥以备战登陆行动。但是艾森豪威尔、斯帕茨和杜利特都互相尊重对方的判断和能力，斯帕茨告诉艾克（艾森豪威尔的昵称）他希望第 8 航空队继续实施战略轰炸直到特别需要用于战术行动为止，艾森豪威尔给予了许可。

戈林也在这天的晚上九点发布一道命令，包括东部边区战斗机指挥部在内的第 7 战斗机师将从属于第 1 战斗机军。施密德的愿望实现了。帝国防空的作战指挥权现在集中在一个司令部内，那就是他的司令部。他将这次重组的生效日期记在 4 月 1 日，因此他在战后为美国陆航编写的史书中总结三月的战斗时没有提到这一点。

1. 美军对抗帝国的行动以护航力量强劲增长为特征。

2. 美军在伟大的一周期间的损失对美军空战活动没有任何影响。

3. 美军航空部队夺取了除远东地区外整个帝国上空的制空权。

4. 对柏林和慕尼黑的轰炸意味着德国航空力量的完全崩溃。

5. 无法辨认出美军的系统作战计划。对飞机工厂的成功攻击没有继续下去。

6. 美军在英格兰和意大利的部队之间没有进行密切合作的迹象，美国陆航（昼）和皇家空军（夜）对同一座城市的攻击没有继续下去。

7. 来自英格兰的 15 次和来自意大利的三次大规模空袭中，只有三次的天气情况允许进行目视轰炸，三次可以进行有限的目视轰炸，四次可以进行仪表轰炸。

8. 对占领区机场的少数攻击是效果低下的。

9. 美军的航线和攻击战术简单而直接，没有给德国防空造成特别的问题。

10. 美军的护航机得到组织，可以给整条航线提供持续保护。

11. 第 1 战斗机军的实力没有提升的可能。由于二月的成功空袭，战斗机的生产远落后于计划。

12. 帝国防空军昼间战斗机单位的突击力量还没有被消灭。只要天气允许在一个地区集中部署全部可用兵力组成密集战斗编队，就可以取得击落敌机并使己方损失轻微的胜利——例如，3 月 6 日和 8 日在柏林上空。

13. 第 7 战斗机师和东部边区战斗机指挥部的部队甚至比第 1 战斗机军还要虚弱。

14. 拥有 1000-1200 架战斗机的话，帝国防空军将可以扭转局势。

15. 实力对比（第 8 航空队与第 1 战斗机军）为 7.5 架美军重型轰炸机：4 架美军战斗机：1 架德国空军战斗机。

16. 加兰德将军执行了几次防空作战，逐渐确信美军掌握了制空权，并试图加速生产更高级的飞机（Me 262 和 Me 163）。

昼间战斗机防空组织，1944 年 4 月

司令部	指挥官	司令部地址
帝国航空队	施通普夫大将	柏林万湖
第 1 战斗机军	施密德中将	布伦瑞克
第 1 战斗机师	赫尔曼上校	杜贝利茨
东普鲁士战斗机指挥部	诺德曼上校	诺伊豪森
西里西亚战斗机指挥部	威特上校	考泽尔
第 2 战斗机师	伊贝尔少将	施塔德
丹麦战斗机战区	沙尔克上校	格罗夫
第 3 战斗机师	格拉布曼上校	代伦
莱茵河中部战斗机战区指挥部	特吕本巴赫上校	达姆施塔特
第 7 战斗机师	胡斯少将	施莱斯海姆
东部边区战斗机指挥部	汉德里克上校	维也纳
匈牙利战斗机战区指挥部	纽曼中校	布达佩斯
第 3 航空队	施佩勒元帅	巴黎
第 2 战斗机军	容克少将	尚蒂伊
第 4 战斗机师	维克上校	梅斯
第 4 战斗机指挥部	冯·布洛上校	布里亚
第 5 战斗机师	亨切尔少将	茹伊昂若萨
第 5 战斗机指挥部	戈洛布上校	贝尔奈
布里塔尼战斗机指挥部	米克斯上校	雷恩
法国南部战斗机指挥部	沃比拉奇上校	艾克斯

17. 在三月，第 1 战斗机军的日均作战兵力为：300 架单发战斗机、60 架双发战斗机和 50 架可用于昼间的夜间战斗机。

18. 第 1 战斗机军在三月出动架次数为 2226，损失 240 架飞机，即 10.9%。

19. 第 8 航空队在三月对帝国出动架次数 16612，被战斗机击落 302 架，即 1.8%。

上表显示出改组后的帝国和西欧占领区昼间战斗机防御系统。战斗机战区指挥部拥有的部队比常规战斗机指挥部要少，有时只有一个中队。第 1、2、3 战斗机指挥部这时已经解散了，它们的职务现在已经交给了它们的上级战斗机师。最后一次重要调整将发生在 6 月 15 日，东部边区战斗机指挥部离开第 7 战斗机师，成为第 8 战斗机师。

来自 3 个野猪联队（JG 300、JG 301 和 JG 302）的 7 个战斗机大队顺利的加入到昼间作战序列之中。按照一名野猪联队老飞行员威利·雷施克（Willi Reschke）的说法，此举"将拥有夜间和编队飞行经验的轰炸机飞行员与年轻并富有攻击性的战斗机飞行员（此时绝大多数都接受了一些恶劣天气飞行训练）结合在一起，产生了很好的结果，他们可以相互学习。"

第 1 突击中队在四月接收了新飞机，通称"撞击兽"或"攻城锤"的 Fw 190A-8/R2 加强了装甲防护和火力，专门用来攻击轰炸机编队。撞击兽比标准的 Fw 190A-8 重了 180 公斤，用加厚的装甲板和钢化玻璃为飞行员座舱提供了重点保护。外侧机翼上的 20 毫米机炮被发射高爆弹药的 30 毫米 MK 108 机炮取代。每门机炮仅能携带 55 发炮弹，可以持续射击 5 秒钟。中队的标准近距离后方攻击战术可以最大的发挥这些武器的破坏力。按照一份德国人的报告，20 毫米的机炮开火后通常只有 2% 的炮弹能命中敌机，这就意味着至少要持续射击 23 秒时间才能对四发重型轰炸机构成有效伤害，而 MK 103 只需要 3 发炮弹命中敌机就能结果对方。

整个三月间帝国防空军（帝国航空队与第 3 航空队）损失了 229 名飞行员（失踪或阵亡），103 人受伤，总计损失了飞行员力量的 22%。JG 26 作战阵亡了 20 名飞行员，以及因事故身亡 7 人，阵亡者包括 2 名中队长，全联队编制上的 208 架飞机实际只有 73 架飞机（57 架可用），账面上的 175 名飞行员也只有 76 名可以执行任务。JG 11 也在 29 日承受了一次巨大的打击：联队长格拉夫中校的战机被野马击落，联队长本人身负重伤再也没有回到西线。作为对照，在这个月的 31 天里共有 349 架四发重轰从美军的编制表上消失了，损失依然不小，伟大的一周的作用显然被严重高估了。

4 月 2 日，第 15 航空队轰炸了在奥地利斯泰尔的 2 个重要目标：1 个滚珠轴承厂和 1 个飞机装配厂。第 15 航空队依然只有 3 个 P 38 大队和 1 个 P 47 大队用于护航，但是这次将它们用于支援作战的突破阶段。此举无疑拯救了大量轰炸机，因为北意大利战斗机指挥部和第 7 战斗机师很早就出动了全部兵力作为回应，还得到了来自奥索波（Osoppo）的跟随机援助。驻扎在意大利北部的 1 个意大利和 2 个德国 Bf 109 大队攻击了轰炸机群并声称击落 11 架轰炸机，但是它们随后就被 P 38 和 P 47 赶走。第 7 战斗机师向第 3 战斗机师求援，得以用 9 个战斗机大队和 3 个驱逐机大队组成 3 个战斗编队，它们将分别在轰炸前、轰炸时和轰炸后发起攻击。Bf 110 完成了在帝国防空军的又一次成功作战，这样的胜利已经剩下没几次了，62 架起飞，全部与敌机接触，使用火箭弹从后方攻击了 B 17 和 B 24 编队。双发战斗机共声称击落 5 架 B 17，3 架 B 24 和 1 架 P 38，损失 8 架飞机，绝大部分被第 14 战斗机大队的 P 38 击落。312 架单发战斗机也主要从后方发起攻击——这是第 7 战斗机师喜欢的模式——声称击落 11 架 B 17 和 31 架 B 24（并没有全部得到确认），还在无可避免的格斗中声称击落 3 架 P 38 和 1 架 P 47，损失约 7 架 Bf 109，JG 27 第 1 中队中队长雷默尔上尉亡，这位早在 42 年 9 月就担任第 1 中队长的王牌在中队里享有极高的声望，44 年 6 月 9 日他以 27 架个人战果（包括 9 架重轰战绩）被追授骑士十字勋章。美军的实际损失为 8 架 B 17 和 20 架 B 24，而且 P 38 和 P 47 很明显全部返回了意大利。

第 15 航空队在 3 日将注意力转移到 1 个新目标：匈牙利首都布达佩斯。东部边区战斗机指挥部的3个JG 27大队执行了一次拦截，然而第7战斗机师的飞机无法在没有充足预警时间的情况下抵达一个那么遥远的目标。JG 27编队声称击落4架B 17，1架B 24和1架P-38，自身没有损失。驻扎在首都附近的2个匈牙利Bf 109G中队和1个Me 210夜间战斗机中队奉命起飞。匈牙利飞行员取得了一些成功，声称击落4架B 17和1架B 24，损失一名飞行员，但是很明显帝国航空队将不得不进一步拉长它的防线来保护这又一个目标。第15航空队损失4架B 17和1架B 24，它的P 38护航机声称击落3架单发和4架双发战斗机。JG 27第3大队在下一周就从奥地利转移到布达佩斯南部的一个机场。

下一次对帝国的大规模空袭在8日到来，第8航空队出动它的3个轰炸机师轰炸德国北部机场和布伦瑞克周边的航空工业目标。施密特对在轰炸机群前方进行扫荡的美军战斗机没有兴趣——德军估计这些飞机有600架——而是派出第1、2、3战斗机师的战斗编队集中在布伦瑞克附近的指定地区，后来还得到了第7战斗机师大队的增援，打算攻击在目标地区和撤退途中的轰炸机。只有第2轰炸机师深入到布伦瑞克这么远的地方，它的B 24遭受了250架Bf 109和Fw 190的专心攻击，它们的实力足以盖过护航机部队。

3个德军战斗编队都差不多在同时发现了B 24，它们的指挥官选择了轰炸机群的不同部分发起攻击。主要由JG 1的Fw 190组成的第3战斗机师编队和主要由JG 11第1、3大队和联队部的Fw 190组成的第2战斗机师编队完成了成功的迎面攻击。当时作为JG 11第2中队长的弗里茨·恩高回忆他的编队由大队长赫米兴上尉指挥，他为自己的大队设计了一个特别的双箭头阵型。第1中队、大队司令部小队和第3中队的战斗机组成一个V形，赫米兴本人位于尖头处。恩高的第2中队也组成一个V形，跟在后面作为后卫，但是希望他们也要跟着其他人穿入轰炸机群中，因此被迫飞在一个较低的"非常容易遭受攻击"的位置上，这样能够保证他们的火力不会击中前方的V形编队。赫米兴率领编队以常规方式接近，在轰炸机的身边与它们平行飞行并远离进行高空掩护的P 51，这些护航机是不会俯冲穿过轰炸机追击他们的。当来到轰炸机足够远的前方后，赫米兴调转编队并率领它从正面穿入轰炸机群中。他命令他的大队穿过第一个美军编队，然后向右转并大角度爬升，打算重组并发起第二轮攻击。但是此举给了等在一旁的第357战斗机大队P 51机会，Fw 190遭到了来自各个方向的攻击，6架被击落。橡叶骑士十字勋章获得者，第1中队长约瑟夫·泽维尔内曼（Josef Zwernemann）上尉（在超过600次作战行动中击落126架敌机）击落了1架P 51，但他自己也被击落。他成功跳出飞机，但是大队的数名飞行员随后看到1架涂有红黄两色机鼻标识的P 51射杀了仍挂在降落伞下的泽维尔内曼（这种现象在美国陆航护航部队中并不少见，至少有6到7名骑士十字勋章以上荣誉获得者在本土防空期间死于跳伞后的恶意射杀。引用一位曾经在美军陆航第357战斗机中队服役过的飞行员的话来说："如果这是一场全面战争所要求我们必须做的，愿德国的神灵们饶恕我们。"）。JG 11的战斗编队取得了4架轰炸机和6架野马的战果，代价则是20架飞机的损毁，13名飞行员身亡3人负伤，阵亡者中还有两位骨干指挥官：第7中队长克利安中尉（个人战果20架）和第8中队长马克上尉（个人战果12架）。JG

1的编队攻击实力也不俗，根据第2大队的作战日志记录："12时50分，紧急出动了全部36架可行动的Fw 190飞往帕德伯恩加入第1,3大队的编队，在布劳施魏格（Braunschweig）和马格德堡（Magdeburg）之间发现了一个由300架B 17和B 24组成的大编队，有大约30—40架雷电和野马为其护航，指挥官试图用密集的进攻队形攻击解放者轰炸机群，但敌人的护航战斗机很快就赶来打散了进攻编队，结果就是所有的战斗机群被迫分散为一系列的小组和零散战斗机各自为战。"时任第6中队长的埃德尔则回忆道："在13时50分时我们和敌军展开了一场激烈的对抗战，我们试图从下方攻击一个由50架解放者轰炸机组成的编队，我找到时机攻击了2架位于编队之外的B 24并成功击中其中1架的机身和右机翼，这架轰炸机立马坠了下去，机头落地摔得粉碎，飞机直直地插进了泥土里，坠毁地位于萨尔茨维德尔（Salzwedel）西南。"在这场混乱不堪的交战中德军确认击落了9架B 24和雷电、野马各1架，代价倒也不小，9架战斗机被击落，飞行员2死2伤。

B 24轰炸机师的原定航线是先来到布伦瑞克北方，然后转向东南方，再转向西北方，最后从东方接近城市。领头的第14联队在德国战斗机出现前就提前进行转向，跟在后面的3个联队则保持原定航线不变。第14联队完全错过了布伦瑞克，它的指挥官现在开始为他的无护航轰炸机们寻找一个合适的攻击机会，此联队没有得到护航的状况很快就被一架Me 410跟随机上报。第1战斗机师的编队立刻前去进行一次密集编队迎面攻击。JG 3的Bf 109大队第一个攻击了美军轰炸机，接下来是14架第1突击中队的Fw 190，它的指挥官没有试图实施常规的突击攻击，而是抓住机会从右方发起攻击。11架B 24掉离编队打头的第44轰炸机大队，不是当即坠毁就是在返航途中坠落，这是大队在战争期间的最大单日损失。Bf 109和Fw 190随后试图躲避快速出现在视野中的P 51。

对向荷兰撤退的第2轰炸机师的攻击继续进行，但是随着护航机在它周围的集中而越来越少。第4战斗机师出动69架JG 26第1,3大队的战斗机飞向东北方芬洛地区攻击轰炸机，第3大队首先与B 24遭遇并发起了一次攻击，击伤1架B 24,后它们绝大部分都卷入到与护航机的战斗中，有2架护航战机被他们击落。第1大队抵达稍晚，作为第1大队最有攻击性同时也是联队最优秀年轻飞行员之一的JG 26第2中队长威利厄斯中尉带队发起了一次大胆的迎头攻击，亲自击落了1架第44轰炸机大队落单的B 24，但是自己也被第361战斗机大队的一个P 47小队击落身亡。威利厄斯以48架战果，371次作战出击被追授骑士十字勋章，他的遗体和他的Fw 190A-8（联队损失的第1架此型新式战机）在1967年以前一直埋在荷兰的一块圩田内。第2中队在和护航机的交手中还损失了另外一名骨干飞行员：候补军士埃米尔·巴本茨（Emil Babenz），一位拥有24架战果，335次作战出击经历的老手。这两人的死是不可弥补的损失。

当天双方都损失惨重。第2轰炸机师损失30-2架B 24，绝大部分被战斗机击落。B 17则只损失了4架，没有一架损失于战斗机之手。美军战斗机的损失比往常要高，达到23-2架，这归结于越来越强的机场高炮防御和在第2轰炸机师附近的激烈战斗。关于德军损失的资料存在矛盾，但是至少有40名帝国防空军飞行员阵亡，损失约70架战斗机。

▲ 1944年4月9日的空战后，JG 1第1中队的一架Fw 190A8迫降在丹麦境内

虽然第1、2轰炸机师的所有B 17都在8日攻击了机场，但是它们造成的破坏却在第1战斗机军作战日志上受到贬低，它将在机场上被击毁的72架飞机和击伤的45架飞机主要归结于美军战斗机的扫射，使四条跑道因为残骸堵塞而无法使用。

第8航空队在第二天出动全部轰炸机师去轰炸位于波兰和东普鲁士的航空工业目标。这些远程作战原来是专门由第3轰炸机师负责的，因为它从一开始就装备拥有远程作战油箱的B 17。但是现在所有的轰炸机都达到了所需的航程，它们飞越北海和丹麦，然后转向东南方的目标。帝国防空军相当好的面对了此次挑战，第1、2战斗机师能够在敌机入侵阶段发起攻击。撤退的线路穿过德国中北部地区，但是得到了14个美国陆航大队和数个皇家空军野马中队的保护，因此撤退过程没有受到阻碍。第8航空队损失32架轰炸机，另外10架前往瑞典避难。美军护航机损失10-4架。帝国防空军损失24架战斗机，12人阵亡，5人负伤。

对东普鲁士的攻击护航力量薄弱，这对于位于柯尼斯堡基地的ZG 26来说应该是一个证明自己的好机会。ZG 26第2大队确实发起了一次攻击，损失2架Me 410的同时声称击落3架B 17。ZG 26第1大队无法参战，第3大队则执行了一次完全稀里糊涂的作战。根据它的作战日志，大队在前一天晚上接到通知，要它在所有的飞机上安装火箭弹发射管以准备执行对地攻击作战。第二天早晨它得到10分钟的时间用来卸下发射管以执行帝国防空战。18架出动的Bf 110被引导着经过来袭的轰炸机，却没有得到攻击的命令。它们在附近转悠直到油量不足，然后奉命降落在一个机场上，结果那个机场上没有它们的引擎所需的B4燃料，在当天的剩余时间里无法作战。日志作者拒绝对此发表任何评论。

防御的主力还是单发战斗机部队，JG 1的第1、2大队从基尔附近的机场起飞，随后他们在7000米的高空攻击了一个由150-180架轰炸机的机群，虽然有多达47架雷电盘旋在四周为轰炸机群护航，但德军的首轮密集阵型进攻仍然取得了成功，5架四发轰炸机被击落，1架被击伤。当德军试图重新组队再次发起攻击时，雷电及时地从德军上方展开了俯冲攻击，紧接着就是一系列混乱的战斗机狗斗。同样的情况还发生在JG 11身上，他们在美军护航战斗机抵达前成功以编队形式击落了7架轰炸机，但在护航机抵达后局势完全逆转，6架Fw 190被击落，5名飞行员阵亡，2架Fw 190被击伤，飞行员带伤将飞机开回了基地。晚些时候JG 1第3大队还参与了对返航轰炸机群的进攻，击落1架空

▲ 1944年4月16日，JG 1第1大队长埃米尔·鲁道夫·施努尔上尉在德特莫尔德进行紧急降落时负重伤，图为他那架在降落中严重受损的Fw 190A-7

中堡垒，付出一名飞行员阵亡的代价。

4月11日，第8航空队策划了一场对德国中部和南部6个分散的航空目标的空袭，想要测试一下它的统治力，有857架轰炸机被派了出去。第1战斗机军再次证明它有能力面对挑战。第8航空队罕见的赞扬了德国空军的表现："这是敌军完成的最严格而协同出色的防御战之一，以在斯德丁地区对大量昼间双发战斗机和在汉诺威－奥舍斯莱本地区对单发战斗机的熟练部署显得尤为突出。"64架轰炸机未能返回英格兰，其中九架降落在瑞典，还损失了16架护航机。

第3轰炸机师单独采用越过北海和丹麦的北部航线，第1和第2师则使用被帝国防空军飞行员称为"轰炸机高速公路"的常用路线，从英格兰往正东方向穿越须德海，然后到奥斯纳布鲁克、汉诺威和布伦瑞克，非常靠近第1、2、3战斗机师的绝大部分基地。一些联队往南绕开柏林，然后继续向东轰炸科特布斯和索劳（Sorau）。第1战斗机军召集了18个战斗机大队、2个驱逐机大队和2个夜间战斗机大队，共出动432架次，对抗917架轰炸机（828完成有效作战）和819架护航机。

将轰炸机部队分成这么多个编队使各处的护航机掩护力度都降低了。安德森和杜利特可能相信他们出动的先遣战斗机可以干扰德国战斗机的起飞和集结，但是这没有做到。梅塞施密特和福克-伍尔夫很早就起飞，前往集结点并在被护航机发现前飞向不同的轰炸机编队。第3战斗机师的编队（JG 1第1，2大队）在利伯斯平格（Lippspringe）上空组队并等待三个第7战斗机师大队的到来，但是后者未能与第3战斗机师的地面指挥员取得联系，不得不依靠帝国战斗机无线电系统提供的信息执行作战。其中两个大队JG 27第2大队和JG 53第2大队跟随第3战斗机师一起作战，但是JG 3第3大队遇到了一批B 24轰炸机并独自发起了一次攻击。第3战斗机师的编队随后与第1战斗机师的战斗机（JG 3）会合，抓住护航支援的一个缺口飞向来袭的第1轰炸机师。在第357战斗机大

▲ 1944 年 4 月 29 日，第 452 轰炸机大队的一架 B 17 飞行在柏林上空

队的 P 51 赶到前，每个大队都完成了一次迎面攻击。领飞的第 40 联队损失了 12 架 B 17，绝大部分（至少 10 架）都损失于此时，JG 1 第 3 大队的 21 架 Bf 109 还单独执行了对护航战斗机牵制攻击的任务，但是没有取得战果，JG 1 今天的表现一般：总共有 4 架轰炸机和 3 架战斗机入账，损失却不小，14 架飞机毁伤，阵亡飞行员 5 人，3 人负伤，恶性的空中射杀事件发生了——曼可夫斯基中士被轰炸机自卫火力击落跳伞时遭到美军战斗机的来回射击，在空中被打死。

轰炸完科特布斯和索劳后第 1 轰炸机师没有经由"轰炸机高速公路"撤退，而是转向正北方来到沿海地区，跟着第 3 轰炸机师向西穿越波罗的海、丹麦和北海。第 4 战斗机大队陪伴着它们从目标一直全程飞到基尔，期间还击败了由 ZG 26 的 Bf 110 和 Me 410 发起的唯一一次攻击企图。第 1 轰炸机师当天的全部损失为 19-3 架轰炸机。

第 2 战斗机师的编队由 JG 11 的 Fw 190 和 JG 302 的 Bf 109 组成，它们也没有遇到什么麻烦就完成了起飞并被指引向第 2 轰炸机师。在奥斯纳布鲁克附近与敌机接触后，编队指挥官安东·哈克尔少校率队向处于轰炸机群二号位置的第 14 联队发起一次迎面攻击成功击落 3 架 B 24，然后德机就被赶来的 P 47 和 P 51 打散了，德军付出的代价依旧惨重：4 名飞行员阵亡，1 人负伤，全部来自第 3 大队。第 1 突击中队同时从后方对 1 个 B 24 联队发起攻击。中队像往常一样和 JG 3 第 4 大队一起从萨尔茨韦德尔起飞，但是没有与第 1 战斗机师编队会合，而是选择跟随哈克尔的部队。它们持续 1 分钟的突击攻击迫使 5 架 B 24 脱离编队，接下来的攻击又声称击落另外 2 架轰炸机和 1 架 P 47，中队随后返回萨尔茨韦德尔准备下一次出击。美军机组亲眼看见 2 架 B 24 爆炸并"发出明亮的白光"，他们认为这是德军新型火箭弹的所为，但更可能是 30 毫米机炮射击造成的结果。B 24 在奥斯纳布鲁克和贝恩堡的目标区域上空遭受了最后一批敌军战斗机的攻击。它们沿着"轰炸机高速公路"返回英格兰的途中没有再遇到麻烦。第 2 轰炸机师的全部损失为 12-1 架轰炸机。

无护航的第 3 轰炸机师采用北方航线，在丹麦海岸遇到第一批德国战斗机，JG 11 驻扎在丹麦的 2 个中队出现并击落 1 架第 96 轰炸机大队的 B 17。下一次攻击在波罗的海

▲ 1944 年 5 月 4 日，JG 26 第 7 中队的 Fw 190A- 7 编队翱翔在天际，最靠近镜头的这架飞机由中队长沃尔德玛·雷德纳中尉驾驶，方向舵上记载了 21 次空战胜利

上空来临，2 个 ZG 26 大队等在那里。ZG 26 第 2 大队的 Me 410 使用火箭弹从后方发起攻击，ZG 26 第 3 大队的 Bf 110 不再携带火箭弹参与帝国防空战，它们使用机炮完成 4 次迎面攻击。驱逐机在耗尽弹药后返回柯尼斯堡，报告摧毁 16 架 B 17，仅第 96 大队就在波罗的海损失了 9 架飞机，大队还有 1 架飞机逃往了瑞典。

由于恶劣的天气，第 3 轰炸机师无法抵达分配给它的在波森附近的目标，于是开始在斯德丁和罗斯托克寻找合适的目标。与第 1 和第 2 轰炸机师交战后的战斗机降落并以最快速度完成补给，随后被派往北方攻击依然没有得到保护的第 3 师。来自 7 个大队的超过 50 架 Bf 109 和 Fw 190 在罗斯托克地区找到了这些 B 17。它们极具攻击性的迎面攻击击落了大量飞行堡垒，8 架 B 17 成功逃到了瑞典。第 3 师损失了此战出动的 302 架 B 17 中的 33-1 架。二次出战的 JG 11 的第 1、3 大队表现突出，他们攻击了第 13 和第 35 联队的 B 17 编队，声称击落了其中的 8 架轰炸机，自己仅被击落了 1 架 Bf 109，幸运的是飞行员毫发未损，另外还有 3 架战机被击伤。

来自柯尼斯堡的驱逐机在它们的第二次作战中用完了运气。它们遭遇的是得到了护航的第 1 师而不是无护航的第 3 师，因此受到了第 4 战斗机大队野马的鞭挞。ZG 26 在这天损失了 8 架 Me 410 和 3 架 Bf 110，16 名机组阵亡，3 人负伤，绝大部分都损失于第二次作战中。

施密德和他的手下都认为在 11 日取得了一次伟大的胜利，虽然防御战和往常一样都未能阻止任何轰炸机编队完成对目标的轰炸。当天德军损失了 57 架战斗机，38 人阵亡，15 人负伤。JG 3 第 4 大队的表现鹤立鸡群，

它的飞行员们声称在第一次作战中击落 16 架 B 17 和 1 架 P 38，在第二次作战中击落 8 架 B 17，仅损失 2 架 Bf 109。戈林和加兰德都注意到了这一点，大队在不远的将来会得到更多的机会来展现其勇武。

美国陆航在 12 日再次尝试了一次少见的联合作战。第 15 航空队对维也纳地区的飞机工业目标进行了一次成功的空袭，德军的抵抗依旧激烈，JG 27 宣称击落了 2 架护航机和 16 架轰炸机并取得了 1 个轰炸机重创记录，死伤飞行员 3 人，最终有 8 架以上的轰炸机损失得到了美军的确认，第 8 航空队的轰炸机则起飞前往施韦因富特，但是因为天气原因提前返航。第 8 航空队的战斗机继续扫荡和攻击机场，但是第 1 战斗机军的作战日志声称这些都被德军防御部队成功击退，而第 2 战斗机军也取得了一个小胜利，他们派出了 JG 26 的 3 个大队和 JG 2 的 2 个中队组成了数个攻击波，由马托尼中尉领着 JG 26 第 2 大队在卢森堡上空对 B 24 机群发起了一次漂亮的攻击，在护航雷电赶来前已经有 5 架 B 24 栽了下去，还有 1 架 B 24 被重创掉队后未能返航，在之后和雷电的混战中则有 3 名 JG 26 飞行员和一名 JG 2 飞行员阵亡。当天德军最大的损失还在于 JG 26 第 3 大队长米特乌施少校因为跑道上的弹坑而在着陆时发生事故，少校受伤并在医院中躺了 3 周之久。第 15 航空队的攻击就是另一回事了。它仅损失了 11 架轰炸机，第 7 战斗机师出动的 190 架战斗机却损失了 17 架，主要是第 15 航空队的 4 个战斗机大队造成的，它们的护航效率正在明显提升中。

在 13 日的另一次联合作战得以按照计划执行。第 15 航空队重回布达佩斯，结果与 3 日大不相同，18 架轰炸机未能返回。第 7 战

斗机师的 JG 3 第 3 大队，东部边区战斗机指挥部的 2 个 JG 27 大队和匈牙利战斗机战区指挥部的所有作战单位（JG 27 第 3 大队，3 个匈牙利 Bf 109G 中队和 2 个匈牙利 Me 210 中队）进行了拦截。2 个 Me 210 中队有 13 架飞机损失于护航机之手。这种飞机立刻撤出了昼间战斗机作战序列，机组开始训练从事对地攻击。JG 27 在这天依旧是拦截的核心力量，他们至少击落了 5 架轰炸机，没有飞行员伤亡。

第 8 航空队在 13 日的目标是美军机组极为熟悉而痛恨的施韦因富特、上普法芬霍芬和奥格斯堡。作战报告声称第 1 和第 3 轰炸机师遭遇了自 1 月 11 日以来最凶猛的一次拦截机攻势，但是却没有留下更多细节。第 8 航空队（共出动）损失 38-3 架轰炸机（其中 13 架被瑞士扣留）和 9-2 架战斗机，德军在抵抗第 8 航空队的战斗中损失 34 架战斗机。

加兰德在 15 日访问位于萨尔茨韦德尔的 JG 3 第 4 大队并宣布作为对其自去年秋天从意大利返回后的优异表现的承认，它将成为第一个采用"突击"战术的大队。大队立即更名为 JG 3 第 4（突击）大队，而且将很快撤出战斗，飞行员接受转飞 Fw 190 的训练。飞行员可以选择转移到其他作战单位，但是无一人选择离开。撞击的誓言在此时出现，绝大部分飞行员都在上面签字，虽然至少有一人拒绝，但他依然作为大队的一员，而且显然没有受到与其他签字飞行员不同的对待。

希特勒已经变得确信本土防空的重要性，在 19 日与他的战斗机生产司令部和托特组织会面，下令提升战斗机产量并分散建造新的工厂，如果可能的话建在地下。希特勒想要看到帝国防空军拥有 2000 架可以出战的战斗机。会谈中没有提到任何关于扩充训练机构

▲ H2S 最终被更为先进的 H2X 机载雷达所取代，这两架 B 17G 是来自第 96 轰炸机大队的领航机，已经装上了 H2X 雷达设备

的内容，虽然战斗机的数量在 1944 年底满足了希特勒的愿望，却没有足够的合格飞行员来驾驶它们。

特别战斗机联队（JG zbV）司令部在四月中旬终于在卡塞尔成立。这是一个负责指挥第 7 战斗机师战斗编队的司令部，下属兵力包括驻扎在德国西南部的 5 个孤立战斗机大队：JG 3 第 3 大队，JG 5 第 1 大队，JG 27 第 2 大队，JG 53 第 2 大队和 JG 54 第 3 大队。首任联队长是原 JG 53 第 2 大队长格尔哈德·米哈尔斯基少校。

另外一个有点重要的组织变动是京特·施佩希特少校离开 JG 11 第 2 大队，来到 JG 11 司令部接受作为一名联队长的训练。接替他的人是来自东线 JG 52 的顶尖空战王牌京特·拉尔少校（个人战果 275 架，双剑橡叶骑士十字勋章获得者）。JG 11 第 2 大队依然在埃施博恩（Eschborn）重建，这样拉尔就获得了和他的新下属一起熟悉帝国本土作战情况的机会。不过对于这个联队而言苦难还有的是，4 月 15 日在一场反盟军战斗机扫荡战的作战中第 3 大队大队长哈克尔受伤离任，因为惨重的损失第 3 大队也不得以被调到后

方进行了长达半个多月的休整补充。

由于盟军远征军最高司令部没有提出任何新的作战计划，斯帕茨继续命令第 8 航空队攻击帝国境内的目标以保持对德国空军战斗机部队的压力。在首次空袭柏林时创立的模式得到延续：战斗编队可以打击轰炸机群中任何一个没有得到护航的部分，也可以凭借数量优势压倒局部处于劣势的护航机。但是帝国航空队的战斗机部队规模迟迟无法扩充，第 8 航空队则不仅继续增加新的 P 38 和 P 51 大队，还以每月两个大队的速度将它的 P 47 换为 P 51。野马将很快统治这片天空。

在 22 日对哈姆的一次空袭就遵循了这一模式，在完成指挥 JG 1 第 2 大队的拦截作战并降落后，海因茨·巴尔少校和他的僚机立刻起飞追逐 1 架冒烟的 B 24（属于第 458 轰炸机大队）。这个战果很轻松就取得了，因为轰炸机的机枪手已经跳伞离开飞机，巴尔随后带着这第 200 次空战胜利返回基地接受战友们的祝贺，JG 1 第 1、2 大队在今天的表现不错，有 4 架 B 17、1 架 B 24 和 3 架雷电进账，失去 8 架 Fw 190 战机，还有 4 架受损，飞行员 2 死 3 伤，不过第 3 大队的运气非常糟糕，它被迫陷入了和野马战斗机的格斗，出动的 25 架 Bf 109 中有多达 12 架战机被击落，3 架被击伤，飞行员的伤亡特别惨重，7 人丧生，2 人负伤，仅仅由身经百战的第 8 中队长格里斯拉夫斯基上尉宣称击落 1 架野马战斗机。晚些时候出击的 JG 26 分别将第 445 和第 392 轰炸机大队各一架重伤的 B 24 轰炸机击落，不过代价是联队在这天损失了第 4 中队长内尔上尉（一位非常稳重老练的指挥官，在 111 次作战任务中击落了 12 架敌机，包括 7 架重轰战果）

德国守军当天的另一个亮点发生在空袭结束以后。KG 51 第 2 大队使用 Ju 88 专门从事对英格兰的夜间袭击。它拥有一个中队的 Me 410 抵御皇家空军夜间战斗机。美军轰炸机在 22 日的起飞时间很晚，德国空军指挥官很清楚位置最靠后的第 2 轰炸机师在天黑前无法返回英格兰。有人批准迪特里希·普特法尔肯（Dietrich Puttfarken）上尉（骑士十字勋章获得者，执行过 269 次作战出击任务，击落 5 架敌机）和他的 Me 410 中队跟随这些 B 24 返回它们的基地并在它们降落时发起攻击。这是一次经典的"侵入"作战，自 1941 年开始就在希特勒和戈林的命令下停止使用，因为在敌国上空击落的轰炸机本国人民看不见。普特法尔肯和他的手下们很好的完成了他们并不熟悉的任务，好到无法获知美军的实际损失数字。一个资料估计被击落或在降落后被摧毁的 B 24 有 14 架。地面上的人员损失（其中很多归咎于"友军火力"）很明显永远无法弄清了。只有 2 架 Me 410 未能返回，其中一架由普特法尔肯驾驶，他的踪迹至今无人知晓。第 8 航空队很好的吸取了教训，再也没有安排过一次时间很晚的作战。德国空军则重回它以往的作战模式，再也没有跟随美军轰炸机返回到英格兰。

第 15 航空队在 23 日倾巢而出，434 架轰炸机飞往位于奥地利的 4 个航空目标，12 架轰炸机没能返航。第 7 战斗机师也以出动所有可用战斗机作为回应，随后又请求西里西亚战斗机指挥部出动 SG 152（一个对地攻击机训练部队）的 Fw 190。美军记录显示仅损失 11 架轰炸机，这归功于有效的护航，第 31 战斗机大队还为地中海战区带来了新型的 P 51 战机。这个大队自从在 1942 年 11 月登陆西北非时就一直在第 12 航空队驾驶短航程的喷火。它在这天声称击落 15 架德意战斗机，损失4架野马。

第7战斗机师也从一次增援中收益——第3航空队第4战斗机师的JG 26第3大队在4月14日奉命来到德国南部以加强对慕尼黑的防御，对抗美军可能在4月20日希特勒生日时对这个纳粹党发源地发起的大规模空袭。这次空袭没有发生，但是JG 26第3大队却留了下来并从纽必堡（Neubiberg）出动了30架Bf 109。这个JG 26大队非常熟悉野马战机，在23日声称击落2架P 51、1架B 24和2架B 17，损失1架Bf 109及其飞行员。一同参战的还有JG 3第3大队的Bf 109，他们没有取得值得一提的战果，反而损失了1架飞机。至于帝国南大门的"头号门将"JG 27，他们这次出动了80架Bf 109（来自除第2大队外的全队），宣称击落了4架轰炸机和2架战斗机，代价也格外惨重：5名飞行员阵亡，1人受伤。

第8航空队在24日空袭慕尼黑和腓特烈港地区的航空目标，它出动的754架重型轰炸机得到了22个战斗机大队的保护。目标地区的抵抗惊人地强烈（部分原因是JG 26第3大队的意外出现），40架轰炸机和17架战斗机未能返回英格兰。13架B 17和一架B 24的机组选择飞到瑞士被拘留。

斯塔格尔上尉率领JG 26第3大队从纽必堡起飞并朝乌尔姆（Ulm）方向爬升，他们在那里遇到了从沃里斯霍芬（Wörishofen）赶来的JG 3第3大队。斯塔格尔指挥这个联合编队飞向第7战斗机师指挥员报告的位置，这位地面指挥员是女性，对于JG 26的飞行员们来说十分新奇，因为施佩勒元帅很少容忍第3航空队内出现女性服役人员，而且也不会允许她们呆在如此责任重大的岗位上。德机发现B 17编队得到了大批P 51的护航，

斯塔格尔带着Bf 109借助阳光的掩护躲在高空，等待护航机的离开。它们没有离开，但是B 17编队很快就分散开来，斯塔格尔看到有2个联队处于无护航机掩护的状态。这2个联队包含108架飞行堡垒，正在飞往上普法芬霍芬。德国战斗机的位置极佳，斯塔格尔立刻率领他的30架Bf 109从12点钟高位发起一次教科书式的攻击。斯塔格尔自己的座机是1架在机鼻安装1门MK 108机炮的Bf 109G-6/U4，他将它发挥出了很好的效果，击落3架B 17并迫使另外2架脱离编队，这2架轰炸机被大队的2名年轻飞行员解决。德国战斗机反复攻击，直到在弹药耗尽后才撤出战斗。大队的最终战绩是17架B 17，并没有全部得到确认。他们最初的迎面攻击成功打破了美军战斗盒子，这样分散开的B 17就成为了相当容易的目标。JG 3第3大队也声称击落9架B 17。第1轰炸机师的全部27架飞机损失中有26架属于攻击上普法芬霍芬的部队。

轰炸机飞行员们疯狂的呼救很快就召来了第355战斗机大队P 51的救援。JG 26第3大队的飞行员击落2架野马，然后仅以1架飞机的损失完成作战。JG 3第3大队没有那么走运，声称击落第355大队的1架战斗机，

▲ JG 3第7中队的3架Bf 109G-6，1944年初摄于被大雪覆盖的巴特沃里斯霍芬机场

但是有 3 名飞行员阵亡和 2 人负伤, 第 355 大队当天声称击落的 20 架战斗机中有 7 架属于此大队。不过 JG 26 第 3 大队的出色表现并没有掩盖住第 2 大队的拙劣表现, 第 2 大队在 11 时起飞由雷德纳中尉领队加入到 JG 2 的 2 个战斗编队中参与拦截作战, 此后根据英军的无线电监听显示德军编队中不断传来"接近、小心"等呼喊声, 德军把躲避护航战斗机当作了主要任务, 他们没有和轰炸机编队发生任何接触, 自然也没有任何战损, 显然是勇气的欠缺和指挥官的懦弱所致。

第 7 战斗机师的另一个骨干部队 JG 27 同样也大举出击, 12 时 30 分第 1 大队的 19 架 Bf 109 率先升空, 很快他们又得到了第 4 大队 16 架 Bf 109 的增援以组成一个强有力的作战编队, 在慕尼黑上空他们和有野马护航的 B 17 机群相遇, 第 1 大队没有取得任何战果, 第 4 大队则击落了 2 架 B 17 和 3 架野马, 损失 8 架飞机, 5 名飞行员阵亡, 1 人负伤。

JG 3 第 4 大队在第 7 战斗机师的战斗机之后数分钟找到上普法芬霍芬分队, 然后进行大角度俯冲迎面攻击以躲避此时在场的护航机。多轮射击后共声称击落 7 架 B 17, 损失 3 架 Bf 109 和 2 名飞行员。

JG 1 联队在这天的拦截战中占了绝大多数的出击数, 她的 3 个大队全部在 11 时 30—40 分之间起飞, 虽然数量庞大, 但收效甚微, 根据联队的作战报告, 全联队只击落了 2 架 B-17 和 1 架雷电, 各有 2 架 Fw 190 被击落击伤, 造成 2 名飞行员受伤。而同样作为帝国防空战防御主力的 JG 11 联队因为仅剩第 1 大队留在一线作战, 所以他们凑上了联队司令部, 第 1 大队和第 10 中队组成一个作战编队参战, 结果很遗憾地是过早被护航机打散, 击落 2 架野马的同时己方 6 名飞行员身亡, 1

▲海因茨·巴尔少校取得 200 次空战胜利的 Fw 190A-7 垂尾方向舵

人负伤, 虽然又勉强派出了少数部队在当天第二次出击, 但出击只取得了 1 架 P 47 的战果。处于同样悲惨境地的还有 11 时 57 分起飞的 JG 27 第 2 大队, 这个羸弱的部队只能凑齐 8 架 Bf 109 参与作战, 而且在出发后 15 分钟就有 1 架飞机因发动机故障被迫返航, 剩余的 7 架战机在 12 时 45 分到 13 时 15 分的半小时中和美军轰炸机群在斯图加特上空展开交锋, 没有取得任何战果却损失了 4 架飞机和 3 名飞行员。帝国航空队以极大的代价取得了这天的胜利, 损失 60 架战斗机, 39 名飞行员阵亡, 12 人负伤。

29 日在欧洲大陆上空的浓厚云层使得安德森少将采用了一个无意中便于德国防空军作战的计划。柏林中央被选作为整个航空队的目标。由于缺乏领航机(当天理论上共有 814 架战斗机参与护航作战), 属于 3 个轰炸机师的 12 个联队的 679 架轰炸机组成一列纵队执行此次作战, 轰炸机编队要在柏林上空穿行 38 分钟之久。施密德的战斗机从地面起飞集结后不可能找不到这么一个庞大的编队, 他的跟随机和有经验的地面指挥员们可以锁定护航部队的薄弱点并指引战斗编队向

▲ 一架 JG2 第 5 中队的 Bf 109G-6 正被推到起飞跑道上，这架战机安装了"加兰德装甲"（一种安置于驾驶舱以保护飞行员的装甲）。1943 年 10 月 20 日该机被击落，飞行员身亡

这里进攻，战斗进行地非常激烈。JG 11 第 1,2 大队在 10 时 15 分起飞，半个多小时后和一大群 B 24 轰炸机遭遇，德军抢在美军护航机抵达前发起了攻击，宣称击落了多达 12 架 B 24，不过当美军战斗机来到时情况顿时逆转，德军的抵抗也格外激烈，宣称击落 2 架闪电和 6 架野马，不过自己却损失了 5 名飞行员，这其中包括第 6 中队长特洛科尔少尉，第 5 中队长诺克中尉也再次身负重伤。不过他们第二次的出动却幸运得多，在尼恩堡附近他们发现了第 2 轰炸机师一队无护航的 B 24 并毫不犹豫地展开了进攻，己方毫无损失，宣称击落 5 架轰炸机！着实让不久前刚刚被打得土头土脸的联队士气大振。

在巴尔少校的指挥下他们以 2 名飞行员的代价击落了 5 架轰炸机和 2 架雷电！第 1 大队也有着很不错的表现，以 1 架飞机损失和 1 名飞行员受伤的代价击落了 3 架空中堡垒和 2 架解放者轰炸机。JG 26 在这天则作为次要力量参与，仅出动了第 2 大队，雷德纳和佛格特军士长各击落 1 架空中堡垒，没有蒙受损失。总共有 271 架 Bf 109 和 Fw 190 与敌机接触。3 个德国北部战斗机师的战斗编队均完成了有效攻击，护航机耗费大量时间沿着轰炸机编队来回搜寻难以捉摸的德国战斗机。共损失 63-2 架轰炸机和 13-1 架护航机，第 1 战斗机军仅损失 21 架战斗机，12 人阵亡，5 人负伤。第 8 航空队的总结报告再一次向对手表示赞赏，它是这样陈述的："敌人的计划成功了。他在运用他那支约 400 架飞机组成的部队时展现出了极高的技巧。他在确保取得巨大数量优势和快速发现战斗机护航弱点或漏洞前不会发起攻击。他的努力以相对较低的代价取得了高额回报。"

随着 4 月的结束，美国战略航空部队对德国空军的这场战争使双方均损失惨重。第 8 航空队经历了整场战争中轰炸机损失数量最多的一个月（总计损失了 409 架轰炸机），约占总兵力的 25%。美国人知道他们已经赢得了在生产上的战争，并且自信可以赢得这场消耗战的胜利，无论要付出多少鲜血为代价。德国的处境则在约瑟夫·施密德的战后著作中得到最好总结，它指出在四月：

1. 美军在帝国上空的制空权得到巩固。战斗机开始扫射德国境内的机场，然而重型轰炸机则很少攻击机场。

2. 美军战斗机摧毁了在地面上的数百架飞机，还有同样数量的飞机受损。

3. 德国空军的打击力量在这些对机场的攻击中仅受到轻微削弱。

4. 美军战斗机的自由活动给帝国防空军造成了严重的后果：单飞的战斗机无法逃脱，集结和降落活动受到妨碍。

5. 美军战斗机从死板的护航任务中解脱出来，现在扮演适合它们的自由猎杀角色。

6. 护航机有时会使得重型轰炸机毫无防护，允许德机实施大规模突然袭击。

7. 美军的攻击重点回到了飞机工业。在良好天气条件下的攻击造成了严重破坏。将帝国防空军加强到拥有 2000 架战斗机的计划成为不可能。

8. 在英格兰的重型轰炸机开始攻击德国西北部的交通目标。

9. 驻英国和意大利的部队仅在 3 天达成联合作战。

10. 从意大利发起的作战延伸到奥地利、匈牙利、南斯拉夫和罗马尼亚——占除了对法国外所有重型轰炸机出动架次数的 1/3——导致帝国防空军兵力的分散。

11. 只有 2 天需要进行仪表轰炸，其他全部是目视轰炸。

12. 4 月 1 日，第 1 战斗机军取得了对帝国更大范围内的指挥权，包括奥地利和匈牙利，下属第 1、2、3 和 7 战斗机师（包括东部边区战斗机指挥部）。

13. 帝国航空队的重组在 44 年 3 月 31 日 2100 时正式生效。

14. 第 2 战斗机军的战斗机仅被用于对抗越过比利时西南部和法国的空袭。它们将不再长途奔袭到帝国上空。

15. 新指挥系统的优点：

a. 负责整个帝国防空军的唯一指挥司令部；

b. 指挥战斗机在帝国上空作战的同时提供关于空中形势的统一解析；

c. 在空中集结部队的可能性更大。

16. 第 1 战斗机军的总指挥官（施密德）无法从空军最高司令部（戈林）那里获得将所有昼间战斗机集中在一个地区的许可。戈林以经济和内政方面的理由要求帝国的所有部分都能得到保护。

17. 这样第 1 战斗机军可以动用的昼间战斗机如下：

1 个战斗机联队，1 个驱逐机联队：汉诺威 & 柏林之间的地区（JG 3，ZG 26）

1 个战斗机联队：德国北部（JG 11）

2 个战斗机大队：法兰克福地区（JG 1）

2 个战斗机大队：巴伐利亚（JG 53 第 3 大队，JG 54 第 3 大队）

1 个战斗机联队，1 个驱逐机联队：维也纳地区（JG 27，ZG 76）

18. 基地的分散使得很少能够在空中达成临界数量。

19. 良好的天气使得四月相比起三月取得了更为有利的力量平衡：

三月的架次比：总计 美国陆航 / 帝国防空军 = 7.5:1；美国陆航战斗机 / 帝国防空军 = 3.5:1

四月的架次比：总计 美国陆航 / 帝国防空军 = 4.5:1；美国陆航战斗机 / 帝国防空军

= 2.2:1

20. 对抗来自意大利的空袭作战受到了南部观测和测绘系统的不完善以及与在意大利第2航空队的糟糕联络的阻碍。拦截经常组织得很差并且时间很晚。东部边区战斗机指挥部精力充沛并有主见的汉德里克上校改善了那里的局势。至四月底已经建立了一个切实可行的警告和指挥系统。

21. 美军的自由猎杀妨碍了德机的集结，它们不得不寻找远离美军可能作战范围的地区。这样用于作战的时间受到了限制。

22. 美军的自由猎杀使得帝国防空军的机组人员更为紧张。经验不足的飞行员们在意识到自己因为天气或飞机损伤而被迫单飞时的危险性后患上了"战斗机恐惧症"。这导致了过早的跳伞弃机。

23. 驱逐机不再被部署在美军战斗机活动的地区。

24. 帝国防空军的昼间战斗机作战兵力因为要在D日前积攒预备部队而降低。

25. 在四月，第1战斗机军的日均作战兵力为：400架单发战斗机，100架双发战斗机。

▲ 1944年4月24日取得第200次空战胜利后凯旋而归的巴尔

26. 第1战斗机军在四月出动架次数为4522，损失395架飞机，即8.8%。

27. 第8航空队在四月对帝国出动架次数20337，被战斗机击落514架，即2.5%。

1944年4月是德国空军的又一个噩梦月，帝国航空队损失了38%的飞行员，第3航空队则损失了24%的飞行员，整个帝国空军共损失了489名战斗机飞行员，而当月仅有396名菜鸟被仓促训练完成勉强可以参战，JG 26损在战斗中阵亡了16名飞行员，还因事故损失了另6人，这其中包括了两位中队长，而所有伤员也只有3人在当月返回了部队。不过此时德国空军的重轰猎杀效率也发展到了一个顶峰，平均每一百次攻击击落17.7架敌机，而这个数值在42年仅仅是2.3，在43年中旬稍加上升到了3.6，在43年下半年也不过是5，即便如此，这样高的猎杀成功率要来对抗实力急速增长的第8航空队而言也是杯水车薪。

直射行动也是首次明确将德国的油料化学工业列为重点打击对象的计划，14座德国境内的合成燃料工厂被重点轰炸，13座精炼化工厂同样受到了空袭，它们减产了近80%，在直射行动中德国的油料减产量总计降低了将近60%！油料短缺从此开始彻底成

▲ 1944年4月10日，格拉布曼上校（中）视察JG 1的基地，身旁陪同人员是联队长奥绍上校（右）和第2大队长巴尔少校（左），背景中的那架Fw 190A-5是格拉布曼的个人专用机

▲ JG 26 第 9 中队的肯普夫少尉在他的 Bf 109G-6 内准备执行一次作战任务，1944 年 4 月底摄于法国南锡

为了整个"大德意志帝国"军队的致命伤。

在评价 1944 年前四个月的战斗结果时，我们要再次回到战斗机司令部的主会议室。1944 年 4 月 27 日，在对战斗机司令部的努力表示感谢的同时，加兰德也总结并指明了德国的防空局势。在这段简短的报告中，加兰德极为清楚的指明了德国空军在 1944 年 4 月所面临的重大问题。主要包括数量和技术上的劣势，飞行员训练的危机，以及熟练飞行员的流失。战斗机总监向他那些沉默的听众们清楚的说明了这些全部问题。然而加兰德也为他们指出了一线希望：节约使用资源的战略，逐步将先进的设计整合进生产计划中以重夺德国空军的战斗优势。许多历史学家令人信服的指出这些只不过是徒劳的幻想，实际上"争夺制空权的战斗已经失败了，因为生产之战早在 1940、1941 和 1942 年就已经失败，而不是在 1944 年。"

其他一些德国空军的将军们承认了加兰德所不愿承认的这一点。1945 年战争结束后不久，其中的一人指出："战斗机部队在帝国领土上空的战争失败的原因是它的内力已经耗尽了。实际上它在决定性的战斗开始前就已经耗尽。它从未能足够强大到可以执行希望它完成的那么多作战任务。"而且不得不提及的是，在承担帝国防空的昼间战斗机部队中，最高峰时期也不过是平均 160 名地勤人员服务于一名飞行员，这个比例远低于同期的英美航空兵们，同时德国空军还严重缺少有经验的技师和特勤人员，这也在极大程度上影响了战斗机部队的作战状态。

德国空军的空中战争到 1944 年 4 月确实已经失败了。但是它将还要继续奋战另一个可怕的年头。而英国首相丘吉尔在北非阿拉曼战役胜利后的一句名言也许更适合作为截止此时所有帝国防空战斗的总结："这并不是一个结束，这甚至不是一个结束的开始，但也许这是一个开始的结束。"

附录1
二战德军战斗机飞行员的补充与训练

当第二次世界大战开始时,第三帝国空军拥有着数量相当可观且训练有素的各类飞机飞行员以及遍布各地区城市的50所航空学校,飞行员们战斗素质过硬又极富战斗力。虽然这支军队在经历了波兰、斯堪的纳维亚、法国和低地国家之战后饱受损失,在不列颠空战中铩羽而归,但是其战力仍旧十分可观,至少执行一般的战斗任务是不成问题的。在第一年的对苏战争中情况却大有变化:在这次相当不明智的侵略中,飞行员的补充似乎已经跟不上他们在前线的消耗了——尤其是战斗机飞行员的缺乏——他们的前线的损失速度已经达到了一个相当危险的程度了(巴巴罗萨行动开始后的半年内就有2200名飞行人员伤亡),特别是那些有着西线战役经验的老鸟们,这毫无疑问会导致空军战斗力的不断下降。也导致了德国空军最高统帅部对于战斗机飞行员训练的重视达到了一个前所未有的高度。在当时一名战斗机或者俯冲轰炸机飞行员的训练时间约为13个月,包括150—200小时的飞行时间,一名侦察机或是轰炸机飞行员则有20个月的训练时间,其中包括220—270小时的飞行时间。

虽然如此,但是直到1942年,还有不少空军将领对于因大量培养战斗机飞行员而产生的各方面需求量增进的不满与抑制(根据1939年夏帝国航空部的命令,每所A2级航校拥有42架教练机,每所B1级航校拥有21架教练机,每所B2级航校则拥有30教练机,生产、维护、保养这些飞机将占用相当多的资源);好景不长,战斗机部队对于飞行员的需求很快就压倒了一切。一名飞行员要先在飞行员补充营受接受最基本的军事训练以及经过严格的体检等检测评估项目,随后有潜力的军士学员会升入A／B级航空学校,而军官候选人则会额外地参加空军军事学校(Luftkriegschule)进行战术、航空理论、军事领导等的相关训练,其余被淘汰的飞行员将会被转至地勤或伞兵部队继续服役。

在获得了飞行员证章后,选择加入战斗机部队的学员们会加入战斗机训练中队,通过飞行各种各样的老旧各国战斗机来进行初期训练——其中既有Ar 68、He 51、早期的Bf 109和法国D.520这样的经典型号,也有其

▲ Ar-96 教练机

▲ BF109B 双座教练机

▲ 正在飞行员补充营里练习使用毛瑟 98K 步枪的新兵们

◀ 获颁钻石饰的诺沃特尼，随后他就会被调往西线任教

他缴获的杂牌飞机。接下来学员们还要在战斗机学校 JFS 中继续训练。最后，学员们被调往一线在各战斗机联队的战斗补充中队或者补充大队来进行一些较为安全的实战飞行科目的驾驶训练。这个训练的目的是让学员们在正式前往前线作战之前就能获得一些准实战经验。但是，有一点需要注意的是，由于此训练单位是处于前线的空军官员的指挥下，而后者常常迫于上级要求尽快提供新飞行员的压力而缩短学员们在这一阶段的学习。

起初这套训练制度运行得十分平稳，但随着战争的高强度消耗，飞行员老鸟的大量损失，这套系统中至关重要的一环开始脱节了——资深飞行教官的数量不够了，这进一步使得本来就已经被压缩的训练时间进一步被压缩以至于部分补充大队部队的解散，并重新依据各战区分布，新建立了东线，南线，西线这 3 个战斗机补充大队。总之就是一句话：前线战斗机飞行员的巨大损失造成了巨大的人员短缺，使得对于飞行员的需求剧增，导致新飞行员的训练小时数减少，进一步削弱了空军战斗机部队的战斗力使得形成了一个可怖的恶性循环。以至于 1943 年春天所有的战斗机初级教导队以及相当一部分的战斗机学校都被合并改编为战斗机联队（JG 101-JG 109 战斗机联队）且从各战线抽调部分精英飞行员前来任教（大名鼎鼎的诺沃特尼就曾在 44 年春担任驻法国南部的 JG 101 联队联队长同时兼任第 1 战斗机学校的校长）以尽快培养飞行员甚至让飞行员在训练期间就直接作为作战力量投入实战。1944 年上半年期间德国空军昼间战斗机部队在面对训练有素的美军护航战机飞行员时遭受了惨重损失，美军的 P 51 野马战斗机全面优于当时德军最好的现役战斗机，在此期间德国空军本土防空部队共有约 2000 名飞行员阵亡、失踪或受伤，如此巨大的损失使得德国空军不得不再次拼命压缩训练周期，加快培训速度，遭受相同命运的还有 2 个重型战斗机（原驱逐机）飞行训练学校——它们也改编为准作战部队以加速训练梅塞施密特 Bf 110 的战斗机飞行员了。

▲ Fw44C 飞行员们在展开多机联合编队训练，摄于 40 年 8 月的波洛姆堡

◀ 曾任训练总监的科赫航空兵上将

还有一点，就是英国皇家空军经常在夜间对德国本土的轰炸也迫使帝国空军不得不对此作出应对；其中训练更多夜间战斗机飞行员和生产更多的夜间战斗机是毋庸置疑必须得到实施的两点。由于夜间战斗机飞行员的职责是在夜间战斗，这意味着相比他们那些在白天战斗的战友们，他们的训练要更加辛苦与耗费时间——因为夜间的气候条件不稳定，变化多端，极大限制了训练时间和训练效果。当然，更加重要的是，夜间能见度太低！最早的夜间战斗机飞行员训练学校建立于1941年，到了第二年，更多的学员组成的夜间战斗机部队已经在德国南部组建了，如火如荼地训练着它们各自的夜间战斗机学员。在1943年春季陆陆续续地有更多夜间战斗机联队被组建起来了。同时，也有越来越多的盟军与苏军战机在德国的战斗机飞行员的教导部队中找到了它们最后的归宿。

战斗机飞行员的评估和选择

飞行员的选拔要求候选人要在此前的飞行员补充营中完成为期6个月的基础训练，其中包括传统的身体素质体能训练和关于队列、行军、各种武器、基本军事法规等诸多必要的培训。设置如此复杂而繁多的训练的目的，就是为了选择出来那些心智、体质均过硬的候选人——毕竟无论在当时还是在现在，飞机相对于其他载具来说，都是更加昂贵且复杂的、也是更容易遭遇事故的，这必然要求其驾驶员也有着很强的个人能力及较高的素质。之后被挑选出来的飞行员们会得到一个申请前往飞行训练中心继续他们的培训的机会——在这个过程中，上级一般是不会拒绝他们的申请的。在申请通过后的两个月里面，他们就会开始在飞行训练中心里接受上天前的最后评估和测试。之后，他们前往各个初级教导队接受一些更加实际的入门训练。自从1941年开始，这套繁琐的程序就因为实际作战的需要开始简化了：候补飞行员们不必要求申请就直接进入为期2个月的评估阶段，而不再做耽搁以使得学员们能够更快地形成战斗力。甚至于在这2个月中还会混入一系列以前不曾加入过的体检，以便更高效率地利用时间，缩短训练周期——但是，事实上，短短2个月的航空学校生涯是不够的；在1943年因为日益严峻的战争形势（仅仅当年5—7月间，战斗机部队在西线的损失比例就达到了14.29%，12.71%，34.81%。在东线的损失比例也高达17.98%，10.88%，37.04%），这原来持续2个月的课

▲ 布尔克133双翼教练机

程被延长到了 3 至 4 个月——即便如此，飞行员的总培训时间还是减少了很多。

机组成员选拔

完成了基本训练和飞行训练中心评估的被选拔者进入下一阶段的测试：主要是严格的体能测试，诸如加压氧气舱和离心机测试等等甚至更复杂的测试程序连带许多繁琐的理论课程。曾经的飞行学员霍尔特弗莱特（Holtfreter）回忆道："当时有很多教室，里面的人都在学习。如果你在（课堂）里面表现得不够好，你很有可能会被赶出教室并受到严厉的惩戒。我当时已经有自己的滑翔机飞行执照了，但是还要努力考取一个飞行执照。"那些能够连滚带爬完成这些课程的学员将会被迅速送往 A/B 级航空学校来正式完成他们所有的基础飞行训练完成训练后飞行员将被被分配到合适的机种单位去继续他们的专业飞行训练。

基本飞行训练

在第一轮的淘汰中生存下来的学员们这才终于真正地开始他们实际的飞行训练，主要是在克莱姆 35，沃尔夫 44 和布克尔 131 轻型飞机上开始受训。一般学员们会和他们的教官一同进行大约 60 圈的环绕飞行来让他学习并且熟悉飞机操作，之后便是学员个人的独立飞行了——如果在和教官共同飞行了 80 圈以后仍然不具备独自飞行能力的驾驶员毫无疑问地会被返回初级教导队重新学习。霍尔特弗莱特自己的第一次独立飞行是在上西里西亚的格罗斯斯泰因完成的；他在几十年以后回忆起这段经历时还是激动不已："我当时成功地独立飞行了 5 分钟，我那时候能毫发无损地返回地面真是谢天谢地了！"

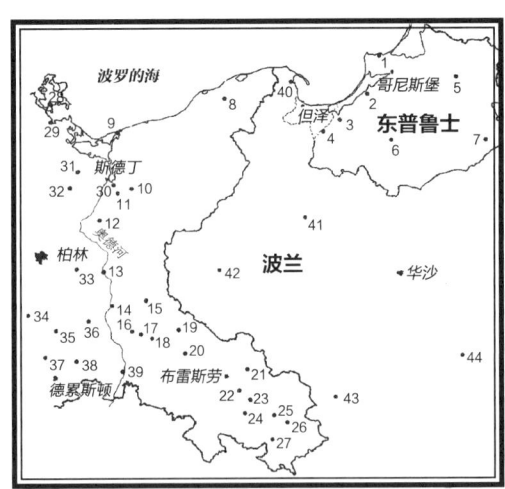

▲ 遍布整个德国东部及东普鲁士的空军飞行训练基地

在航空学校的受教中，学员们主要致力于通过 4 个级别的飞机驾驶执照的考核：A1、A2、B1、B2。A 级项目主要是对空气动力学，航空工程，基本导航，气象，飞行规程和莫斯电码进行系统学习，同时驾驶的飞机升格为阿拉道 66 和 76，哥达 145 以及较重的容克 W 33，W 44 或是沃尔夫 58 了，而 B 级项目则更注重飞行员的实际飞行驾驶能力，他们将会在过时的战斗机诸如亨克尔 51 以及性能更高的诸如阿拉道 65 和 Hs 123 上受训，这意味着那些完成了在这两级学校学习任务的飞行员学员将是具备单双座飞机驾驶能力以及较多的导航理论与实际知识的。他们在飞机上的飞行小时数一般会达到 100 至 150 小时。自从 1940 年以后，为了更快速地培养空军飞行员，A2 执照的考核被取消了，不过增加了 A1 类执照的训练时间和训练项目作为弥补；这当然是不情愿之举动，毕竟前线的需求大过一切啊。此外，飞行训练的内容也更加针对实际作战。类似的训练制度改革，抛开对于军队作战素质的影响不谈，最直接的结果就是造成了训练的事故伤亡率增

▲ 42年2月在巴黎上空进行编队训练的 Ar 96

▲ JG103 联队使用的捷克造 B534 战斗机。帝国空军的训练部队乃是一支不折不扣的万国飞机大杂烩部队

▲ 布尔克181 教练机

加——新采用的训练机为了更加贴近现役的战机，功率更大、速度更快，超出了某些在训练中执行独自飞行任务的"菜鸟"学员的操纵能力——虽然富有经验的教官凭借着他们对于手下学员能力的准确判断有效地防止了不少数量的事故的发生，在事故率最高的1943年，训练用机的损失率还是达到了百分之23.5（事故通常发生在降落过程中）。

凡是成功搞定了基础飞行的学员均会接受更高级的导航与飞行理论的培训，座位他们在B2执照中学习过的相应知识的延伸，甚至会接触到K1执照。在学员们大概达到了200个小时的飞行时间后，他们就会被细化去学习各自专属机种的驾驶了，至于机种的分配，很大程度上会依赖于他们之前在训练中的各个项目的成绩。至于具体的机种的学习有具体的专业学校负责。

战斗机学校

在专门的战斗机学校中，学员们一般要进行一个长达1年又1个月的训练，这段时间内其飞行小时数一般会累计达到200小时之多。战争中后期，部分表现突出的学员在他们取得了 A／B 级飞行执照后就直接转入了战斗机学校学习。在学习中他们要特别学习编队飞行和空中射击——这部分训练会持续3—4个月，飞行超过50个小时。战争状态下平均一个月飞行12—16小时，是和平时期训练强度的4倍。如果战斗机学校人员已经满额了，那么新来的学员会前往战斗机飞行员预备役教育学校（Jagdfliegervorschule）暂时训练下，后者一般只能提供15小时的实际飞行训练。完成了战斗机飞行学校的预飞行员们会前往处于一线的战斗机补充部队（见附录）正式开始他们的战斗机飞行员服役生涯。

驾驶单座战斗机的飞行员和驾驶双座至三座重型战斗机的飞行员在专业飞行训练的

▲ 繁忙的空军训练场，图中所示飞机为 Fw-56

过程中并不在相同的学校学习，而是被分开的，因为后者还要进行 C 类别执照的考取——包括在 Ju 52 双发运输机上的一系列仪表设备使用培训以掌握盲飞的驾驶技能，这会额外花费他们 2—6 个月、50—70 小时的实际飞行训练；他们在此时还会见到他们以后一起搭档的空勤机组人员，并且在一起磨合大约 20 个月，飞行 220—270 个小时。

射击训练

在学员们的飞行学习已经基本完成的时候，他们就要开始学习战斗机驾驶员所必备的另外一项技能了：空中射击。之前那个倒霉孩子霍尔特弗莱特

▲ 曾任训练总监的科赫航空兵上将

回忆他当年的射击训练是这样的：地面上树立着一些木靶，学员的任务就是驾着飞机去射击那些靶子。我当时打中了 50 发中 4 发，还算不错。不过总体来说飞行员的射击成绩普遍不理想，这段射击训练对于他们的射击技术的提高也不是很大。但是，话虽如此，这绝对不意味着一个战斗机飞行员训练的失败——因为真正的射击训练只有在实战中才能进行，而造成这些新飞行员死亡的往往不是交战中敌人的子弹而是自己在起飞与降落时候发生的事故。

战斗机学校的训练环境

宿舍：学员们的住宿条件还是不错的，9 人间，恒温 18 摄氏度。每个人 1 个立柜和 1 张床靠墙排开，宿舍正中有 2 张大桌子和相应数量的椅子，但是，不允许学员在宿舍内收听收音机和新闻广播等，学校会定期为大家分发空军的雄鹰杂志或是帝国新闻周刊作为读书解闷。在他们不训练的时候，是可以短暂的离开军士基地的。大多数人会选择三人一伙五人一帮地去周围的城镇吃点精致的菜肴或者喝些许酒、咖啡来缓解下多日的疲劳。不过在治安不稳定的占领区的学校通常对外出活动有严格的限制，学员外出需要报学校校部请假。在军营，军纪还是很严格的，秉承传统的普鲁士精神，学员和教官之间都有较强的上下级观念，在营地里也不允许学员们四处拉帮结派。但是一般情况下教官们比较鼓励学员间形成比较亲密无间的战友情谊和强烈的骑士精神逸事，毕竟在战场上没有人是喜欢孤军奋战的，尤其作为战斗机飞行员而言，编队行动，僚机长机的配合都是需要紧密的战友情的。

在战争开始的时候，帝国空军部队用有 1505 架轰炸机，1325 架战斗机，620 架侦察机，205 架水上飞机，405 架运输机，另有 1500 名候补飞行员处在训练中，总计可调动飞行员人数为 15000 人。

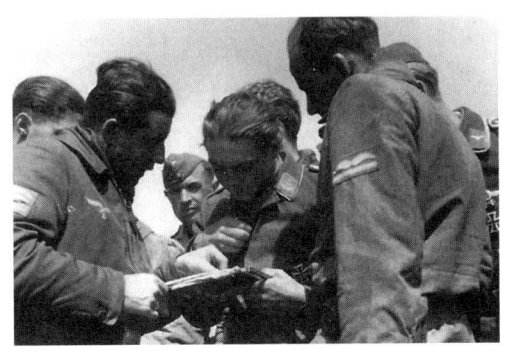

▲ 在基地接受任务安排的菜鸟飞行员们。佩戴着一级铁十字勋章的两位飞行员应该是这个小队的骨干成员了

人员数量	1942 年	1943 年
轰炸机部队	1962	3231
昼间战斗机部队	1662	3276
夜间战斗机部队	239	1358
对地攻击机部队	537	1264
侦察机部队	192	464

由于前文提到的纳粹空军高层没有能够正确地认识到开战后飞行员可能会遇到的短缺，导致1943年的德国空军已经无力进攻了而被迫采取防守态势。绝大多数空军的指挥官们意识到了情况发生的变化并且决定在日常的作战中采取新的战术、编制，同时调整后方的飞机生产与制造还有飞行员的训练体制；然而元首仍然固执地不肯接受这一现状。他责成时任训练总监的克莱佩将军加快飞行员训练速度，终于在1943年10月开始有训练用的 Fw 109 和 Bf 109 被送到了学员和他们的教官手中，这也是第一次正式为训练单位大规模列装现役战斗机进行训练使用。

在1943—1944年度，纳粹空军达到了它规模数量上的顶峰：有2089000人在其中服役，然而在表面的繁荣下却存在着巨大的隐患：补给的短缺和长期规划的不足——后者是时任战斗机总监的加兰德中将所强烈批评的。学校和战斗部队之间缺乏交流和配合导致学员们的课程与训练目标与前线实战所需大有不同，以至于分配到部队的新丁不得不在到达单位后再进行补课；另外就是在当时已经老生常谈的问题——新飞行员的训练时间依旧严重不足。在此情况下昼间战斗机部队倒是成功地争夺到了JG 300、JG 301这两个前夜战联队的支援，而这两个联队很快也发挥出了相当不俗的战斗力

倒是在一定程度上略微缓和了一下44年上半年的战斗机危机。

大战打到1944年时，有的飞行大队中只有个别几个指挥官有着6个月以上的一线服役时间，他们手下的飞行员普遍只有8到30天的服役时间。同时这些新服役的飞行员接受的训练质量已经糟糕到了极点（1944年初，德国战斗机飞行员在加入作战部队前只有160飞行小时的训练时间，还不到皇家空军和美国陆航战斗机飞行员飞行训练时数的一半），而他们的飞机因为大量地勤人员被调离编入新成立的空军野战部队而缺少良好的维护。这也是无论是当年2月的"伟大一周"还是6月的诺曼底登陆，帝国空军战斗机部队都显得无比的无力与虚弱的关键原因。当年晚春时期随着B级飞行训练学校被解散，空军

◀ 曾历任 JG 106 和 JG 102 联队第1大队大队长的布霍尔茨少校，他是一名极有经验的前线王牌，拥有超过30架战果（其中18架在东线），41年8月12日获颁骑士十字勋章。他本人所创下的第一次空战胜利击落敌机的数量至今无人超越，40年5月17日，他在他的第一次空战胜利中击落4架英军的布伦海姆轰炸机和2架法国的寇蒂斯俯冲轰炸机！

▲ 一架隶属于JG105的法制D.520因事故坠毁，飞行员当场身亡。对于年轻的战斗机候补飞行员而言，训练生涯也是充满了风险的

▲ 一架训练中发生事故坠毁的Fw-56教练机，因为事发时高度太低无法跳伞，飞行员随机坠地后当场身亡

的训练标准进一步下滑。现在德军战斗机飞行员在被派往执行战斗任务前只有112小时飞行时间：在A级飞行学校的2小时滑翔机飞行训练及50小时在初级教练机上的动力飞行；在战斗机专业学校的40小时以及战斗机补充大队的20飞行小时时间。

另外，德国人还实施了被称为"灰猎犬"（Windhund programme）的计划：为前轰炸机飞行员和重型战斗机（驱逐机）提供20个飞行小时的单发战斗机飞行速成训练后将他们编入战斗机部队（诸如JG 4、JG 6联队），结果这些人在面对敌军战机时几无还手之力，这两个联队虽然各自都装备了足足两个大队的Fw 190战斗机，不过无论是战损比还是联队的王牌数量都极为令人失望。

1944年9月，德国空军飞行训练机构又遭受了致命一击：由于盟军战略空袭导致德国合成燃料工业整体崩溃，航空燃料的产量已无法满足德国空军的需求，其飞行活动不得不受到限制。如此极端情况下，一直在空军系统中位于末端的飞行训练学校不可能运作的长久了。首先是大量A级飞行训练及许多专业机种训练学校被关闭，而在最后一批训练学员通过训练后战斗机训练学校也被关闭解散，其所属飞行教官被派往前线作战。到1945年2月，无论从哪点上看，德国空军飞行员训练机构已不复存在。

祸不单行，盟军轰炸机对德国23家飞机制造厂及其零配件生产厂和3家发动机制造厂的打击使得帝国空军的形势雪上加霜。此时，给这些盟军轰炸机护航的都已经是那些长程能往返的盟军新式的野马战斗机了，这也令德军大为吃惊。因为就在刚刚过去的那个冬天，帝国空军最高统帅部还信誓旦旦地声称这种远程护航战斗机在技术上根本不可能实现！这一系列突如其来的打击使得德国空军本来就已经十分混乱的生产训练系统混乱到了一个无可附加的地步。盟军的战略轰炸可以覆盖德意志土地每一个角落这一事实也沉重地打击了帝国空军的士气与斗志。油料和训练的不足也使得就连德军的飞机场上也不能称之为一处安全的地方了，一切都在暗示着德意志帝国的末日即将到来。

▲ 飞行员在他们的教具前留影

▲ 赫赫有名的一战王牌奥斯特坎普在训练场的留影

值得讽刺的是，即便如此，1945年德国空军仍然拥有26441名飞行军官和632486名能够成为机组人员的军士。这些部队的战斗素质却早已经不能和那些1940—1942年的空军前辈们相提并论了。

空军元帅米尔希在回忆录中曾感叹到："德国空军的训练计划，连带空军本身，都是被油料短缺锁扼杀的。"但是不要忘记，自从1939年9月起，到1944年的最后一天，有9521名学员在训练中死亡，5933人受伤；更有81403名飞行员为了他们的国家或牺牲或受伤在那广袤的蓝天之下。

步入战场的最后一道门）——战斗机补充大队：

在二战爆发前的德国，有志成为战斗机飞行员的学员将从飞行员航空学校（FFS）转入战斗机学校（JFS），在那里他们将接受战斗训练。之后他们被直接分配到各个战斗机联队，但是首先需要在其训练中队（Schulstaffeln）服役一段时间。

然而战争爆发后，为了让前线各空军联队更有效的战斗，德国取消了之前的规定。在1940年2月，各支战斗机联队下属的训练中队被集结起来组建成一个独立的部队，定名为梅泽堡战斗机补充大队（Ergänzungsjagdgruppe Merseburg，简称Erg. JG r. Merseburg），具体如下：

旧称	驻地	大队下辖
		梅泽堡战斗机补充大队司令部（新建）
第1战斗机补充中队	杜贝利茨	梅泽堡战斗机补充大队第1中队
第2战斗机补充中队	梅泽堡	梅泽堡战斗机补充大队第2中队
第3战斗机补充中队	黑措根奥拉赫	梅泽堡战斗机补充大队第3中队
第4战斗机补充中队	菲尔斯滕费尔德布鲁克	梅泽堡战斗机补充大队第4中队

可是问题依然存在。一个单独的大队缺乏足够的灵活性，而且由于其位置远离前线，队内的菜鸟们无法学习到最新的作战技巧。之后，由于在1940年夏季的不列颠空战中遭到了严重的损失，战斗机飞行员的需求量激增。因此在同年10月，梅泽堡战斗机补充大队被解散，旗下的几个中队被扩充至大队规模后分配给了各个战斗机联队。这样的大队由一个司令部，一个第1作战训练中队（1.Einsatzstaffel）和一个稍大的第2训练中队（2.Schulstaffel）组成，第2训练中队拥有更多的补充飞机和作战人员。教官和补充飞机由所属各联队提供，但是大队的直接指挥权却握在几位航空兵上将的手中。在1941年6月苏德战争爆发时，所有被投入东线的战斗机联队（JG 3、JG 27、JG 51、JG 52、JG 53、JG 54和JG 77）均派出了其作战训练中队（Einsatzstaffel）加入战斗。

▲ 即将毕业的学员合影

▲ 新加入的候补飞行员们在宣誓效忠元首

▲ 一名参加过一战并在战争中受过伤的飞行教官

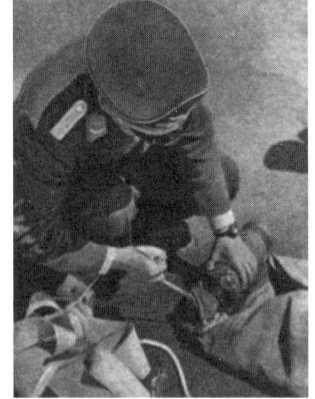

◀ 教官正在动手演示给学员看如何为救生艇快速充气

▲ 闲暇时摆弄航空教具的学员们

▼ 在法国缴获的北美航空公司的 NA 57 飞机,也被饥不择食的空军训练部队拿来使用

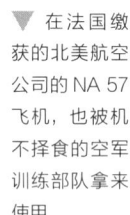

▲ 在教官帮助下登上 Ar 66 飞机的学员

▲ 一个战斗机学校的飞行员毕业合影

按照规定，训练中队（Schulstaffel）的任务是进一步训练那些从战斗机学校毕业的学员，他们将从身经百战的教官那里获得必要的战斗经验。顺利完成学习的飞行员会被分配到作战训练中队（Einsatzstaffel），在这里他们将被投入相对平静的前线地段获得实际作战经验。有时作战训练中队也会被用于保护重要的军事设施。然而在实际情况下，前线各作战单位对于飞行员的需求量是十分巨大的。被分配到一个战斗机联队的飞行员通常只会在训练中队内呆上数周的时间，作战训练中队实际上承担了绝大部分的训练任务。训练的内容包括低空飞行和在空战中以双机和四机编队发起攻击。用机载武器对地攻击和编队飞行战术技巧同样是他们练习的内容。理论方面的教学则由飞机识别和空战战术两大块组成。

使用经验丰富的飞行员作为教官的好处是新手们可以从前辈那里直接获得珍贵的前线经验。然而其弊端也很明显，那些在前线奋战的部队也十分依赖于熟练的空战老手。从长远来看，此举加重了各个空军联队的负担，反过来也对新飞行员产生了不利影响。

像之前提到的那样，所有的补充大队（以下简称 Erg.Gr）有时也会被用于海岸和地区防卫工作，具体如下：

Erg.Gr.JG 2	英吉利海峡沿岸防御工作，后来调整为比斯开湾沿岸防御工作
Erg.Gr.JG 3	抵御英国空军对荷兰及丹麦沿岸的入侵行动
Erg.Gr.JG 26	比利时沿岸防御工作
Erg.Gr.JG 27	保卫维也纳地区的民用和军用设施，1941 年夏末调整为保卫德国北部和丹麦北海沿岸地区
Erg.Gr.JG 51	1941 年初开始，负责抵御英国空军对驻比斯开湾德国 U 艇基地的攻击
Erg.Gr.JG 52	苏德战争初期随 JG 51 一起保卫东普鲁士空域，后来被用于保卫东弗利斯兰群岛及荷兰沿岸
Erg.Gr.JG 53	法国沿岸防御工作，部署在英吉利海峡和比斯开湾之间
Erg.Gr.JG 54	1941 年 1 至 2 月间，负责抵御英国空军海岸司令部对驻比斯开湾德国 U 艇基地的攻击 苏德战争初期加入对波罗的海国家的占领工作
Erg.Gr.JG 77	1941 年负责保卫维也纳地区，1941—1942 年调整为保卫普罗耶什蒂油田

随着补充大队数量的增长，新的问题出现了。整个系统的上层机构变得越来越臃肿，对它的控制极不不便。此外，不同大队和中队的训练方法也很不相同。最终，这些独立的部队被再次重组为3个主要的战斗机补充大队：东部，南部和西部。在这次改组后，部署在南线作战的战斗机联队将从南部战斗机补充大队（Erg.JG r. Süd）接收新飞行员，东线和西线同理。这三个战斗机补充大队的实力相当强大，加起来大致等同于5个满编的战斗机大队。重组后剩下来的一部分则主要被用来组建 JG 1 的第3、4大队，它们驻扎在荷兰以强化西线的战斗机力量。

（1935年）德国飞行员等级鉴定：

A1：允许飞行员驾驶1架重量为500千克以内的单发单座或双座飞机。要求拥有10小时飞行经验；1个特技回环和3次正确降落；以及完成1个2000米高度的300千米往返巡航。

A2：允许驾驶1架质量为1000千克以内的单发单座或三座飞机。

B1：允许驾驶重量在2500千克以内单发单座或三座飞机。要求完成300米高度级别600千米的往返巡航；拥有50小时飞行经验；3次精确降落，两次夜间降落和一次至少办小时的夜航

B2：允许驾驶质量在2500千克以内的单发四座至六座飞机。要求完成4500米高度6000千米的往返巡航；拥有50小时飞行经验；3次精确夜晚降落 C1，C2 执照为大型远程飞机飞行员所

C1：允许驾驶质量超过2500千克的六座单发飞机。

航校教练机简介

Ar 68: 重 720 千克，最大速度 160 千米每小时
K l35: 重 750 千克，最大速度 210 千米每小时
Bü 131: 重 680 千克，最大速度 183 千米每小时
Bü 133: 重 585 千克，最大速度 220 千米每小时
Bü 181: 重 750 千克，最大速度 215 千米每小时
Fw 44; 重 870 千克，最大速度 185 千米每小时
Ar 66; 重 1330 千克，最大速度 210 千米每小时
Ar 76; 重 2125 千克，最大速度 349 千米每小时
Ar 96; 重 1695 千克，最大速度 330 千米每小时
Fw 58; 重 996 千克，最大速度 278 千米每小时
Go 145; 重 1380 千克，最大速度 212 千米每小时
He 42; 重 2420 千克，最大速度 200 千米每小时

战斗机学校教练机介绍

Ar 68; 重 2020 千克，最大速度 335 千米每小时，机头装两挺 7.92 毫米 MG 17 机枪
He 51; 重 1900 千克，最大速度 330 千米每小时，机头装两挺 7.92 毫米 MG 17 机枪
D.520; 重 2783 千克，最大速度 535 千米每小时，机头装 1 门 20 毫米机炮，机翼装 4 挺 7.5 毫米机枪
MS 230Et; 重 1150 千克，最大速度 205 千米每小时

C2：允许驾驶质量超过2500千克的在六座多发飞机。

1944年时等级标准有所改动，A1级允许飞行员驾驶质量为500千克以内的单座飞机，A2级允许飞行员驾驶质量为500—1000千克的单座至三座飞机，B1级允许飞行员驾驶质量为1000—2000千克的单座至四座飞机，B2级允许飞行员驾驶质量为2500—5000千克的单座至八座飞机，C1与C2级合并为C级，允许飞行员驾驶质量超过5000千克的任意座型飞机。

附录 2
本土防空战中的高射炮塔简史

在皇家空军空袭了柏林后，虽然损失不大，但是首次感受到空袭威胁后，除了对英国实施报复性轰炸之外，希特勒立即命令在帝国首都柏林、U潜艇造船厂汉堡和古都维也纳建造具有防空功能的要塞炮塔——这就是所谓的"高射炮塔"。（德语：Flakturm，英文：Flak Tower）

高射炮塔的建造方案是以德国建筑界权威—埃尔马。维德曼博士在战前的设想为基础改进的。依据其设想，在德国南部重镇慕尼黑的火车站附近建造8座高30米的防空塔，以便应付未来战争中，敌国对德国重要目标的空袭。

不过，当时第三帝国的官僚们还未充分认识到轰炸机的真正威胁，这一计划没有被批准。后人在其构想上加以改进，从而演变成后来的高射炮塔。

从其发挥的功能来分类的话，实际建造的高射炮塔分为两种：G塔和L塔

G塔（Geschützturm=炮塔或者战斗塔、射击塔），一般为长70米，宽70米，高35米，属于大型塔。其顶部通常装备了4门128mm高射炮8门，以及37mm机关炮和作为防御用的20mm机关枪若干。人员方面通常为驻扎6名军官和160名士兵。

G塔内部布局通常为：

1层为市民用防空掩体，配备了单独的电源和供水设施；

2层作为美术馆和博物馆收藏品的临时保管所；

3层可作为临时医院，设置近100个床位和2个手术室，配备有8名医生、20名护士和30名助手；

4层及5层通常是士兵居住区以及军队司令部、无线部门、盖世太保支部等设施，方便他们随时登上塔顶，参加防空战斗。

为了躲避空袭，柏林14座博物馆里的重要收藏品被统一放到高射炮塔中保存。其中有特洛伊战争时的财宝、德皇威廉二世收藏的世界各国硬币、公元前14世纪的埃及王妃胸像等。这些收藏品在1945年3月22日被

▲ 正在施工中的高射炮塔，因其极高的保密性，这种照片在当时都只能是偷偷拍摄的

重新安置到一座矿山隧道中。

高射炮塔外墙的厚度达到了2.5米以上，并被施以灰色+绿色的混合迷彩。在内部构造上，除去地下室以外，通常为5层。每层之间有螺旋形楼梯连接，最上层和顶部之间则使用自动升降装置。自动升降装置一共有2台，除了军用和搬运货物以外，还可用于运送伤兵。

在主要武器选择上，最初战斗塔的重型高射炮决定使用105毫米单管Flak 38L53高炮。但在空军的另一款重型高炮-128毫米的Flak 40在1941年成功研制出了双联装型后，战斗塔即换装了这种更为恐怖的防空大杀器，128毫米高射炮从装填、调整角度、转位、升降全部由电力辅助完成。理论射速达到每分钟20—24发。战斗全重约为37吨。最大射高14800米，标准射程2.095公里。炮身的右侧为方向机，左侧是高低机。全部由电动机驱动。火炮装填同样使用电力辅助。在射击时，一个三轴陀螺仪和电动机会使火炮精确协调。火炮会遵循特定的发射过程，用16枚炮弹的弹片在两分钟内组成边长约240米的"弹幕"。在战争中，双联装型号共生产了34门。基本上全部安装在了高射炮塔上。它们构成了高炮塔最恐怖的打击火力，在盟军1943年空袭

汉堡的蛾摩拉行动中，汉堡圣灵广场高射炮塔上的Flak 40高炮共击伤四十多架敌机，击落12架。从空袭开始到行动结束，塔上的炮兵们共射出了9192枚炮弹。而从1942年10月31日至1945年3月31日，圣灵广场高射炮塔炮组共击落了70多架敌机。

L塔（Leitturm=指挥塔），长宽高分别为50、25、40（米），相对属于小型塔。主要装备雷达、听声器、探照灯以及各种射击瞄准计算仪器等，同时配备自卫防御用的20mm机关枪。人员配置基本同上，士兵数略少于G塔。

在实战中，一般由L塔和G塔共同组成一个作战单元，由L塔负责提供关于敌军的信息数据（如敌军来袭方向，飞行高度，机群大致数量等），G塔则根据这些数据信息对敌军进行炮击。（即1座G塔+1座L塔=1座高射炮塔）

另外，除了防空任务之外，由于高射炮塔属于钢筋混凝土结构，外壁厚度达到了2.5米以上，顶部厚度通常为3米以上，异常坚固，足以抵挡一般的空袭，因此其内部通常作为一般市民避难场所或者其他公共设施的临时场所。

当然，这些高射炮塔存在的第一目的还是对空防御。按照设计者的构想，即便无法击落来袭敌机，高射炮塔本身对敌机来说就是个威胁存在，一定程度上可以阻止空袭。按照计划，第一期工程是在柏林建设3座（最初计划6座）、汉堡设置1座；第二期在汉堡的威廉斯堡（Wilhelmsburg）以及维也纳的阿伦堡公园（Arenberg Park）各建造1座。第三期则是在维也纳继续建造两座。

这样，前后三期工程一共建造了8座高射炮塔。具体如下：

▲ 战后被拆除所有武器的汉堡高射炮塔，即将被拆除。此时曾经威风凛凛的战斗塔更像是一栋普普通通的烂尾大楼

第一期工程：

高射炮塔1号，柏林动物园（Berlin Zoo）

高射炮塔2号，柏林－弗里德里希海因（Friedrichshain, Berlin）

高射炮塔3号，柏林－胡姆波尔德海因（Humboldthain, Berlin）

高射炮塔4号，汉堡－圣灵广场（Heiligengeistfeld, Hamburg）

第二期工程：

高射炮塔5号，汉堡－威廉斯堡（Wilhelmsburg, Hamburg）

高射炮塔8号，维也纳－阿伦堡公园（Arenberg Park, Vienna）

第三期工程：

高射炮塔6号，维也纳－施蒂福特凯瑟那（Stiftskaserne, Vienna）

高射炮塔7号，维也纳－奥加敦公园（Augarten, Vienna）

1941年4月，最早开建的柏林动物园高射炮塔正式进入战斗状态。德国空军第一防空师（1st Anti-Aircraft Division，负责柏林防空）的艾里希 克雷斯曼少将（Erich Kreßmann）率部进驻，并把其指挥部设置在其指挥塔内。

▲ 现存阿伯丁战车博物馆内的Flak 40双联装128毫米重型高射炮，是德军本土防空部队最有效的大杀器

▲ 保存至今的高射炮塔指挥塔

指挥塔的各种雷达设备的运用，主要由驻守在塔内的第123防空营负责。一旦发现敌机接近，马上发布以下警报："请注意！请注意！这里是第一防空师……发现敌轰炸机编队，正在从A经B向C飞来……各单位请做好相关准备！"这成了那个年代所有柏林居民所刻骨铭心一生的声音。

虽然高射炮塔在建造时属于秘密进行的，即便是施工人员也没有多少人知道详细内幕，但是如此巨大的塔本身就很显眼，想要完全掩饰其存在是不可能的。在1941年底美国参战之前，美国驻柏林大使馆官员曾对柏林的高射炮塔外部进行了详细摄影，并把相关情报传给了英国。值得一提的是，这些高射炮塔拥有自己单独的蓄水槽和发电装置，同时还配备了大型烤面包设施。理论上，即便德国投降了，柏林的高射炮塔也可以再坚持1年左右，但在真实的历史上，所有高射炮塔都随着城市守军的投降而放弃了抵抗。

▲ 德军高炮部队在 1942 年 7 月到 12 月的本土防空作战中击落了 193 架皇家空军战机，而战斗机部队仅击落了 169 架。如此辉煌的战绩以至于意大利军人都前来讨教经验。图为一名意大利空军中尉和一名上尉在与德国同行们交流经验

▲ 高射炮塔上最初安置的 105 毫米高射炮

▲ 高射炮塔上的 4 联装 20 毫米机关炮，主要负责攻击那些俯冲下来对地面进行扫射的护航战斗机

▲ 练习操纵 Flak 40 重型高射炮的上等兵，这种高精尖的大杀器在操作上明显比 88 炮和 105 毫米高炮复杂

▲ 150毫米大型探照灯，它们被广泛安置于高射炮塔上用于锁定敌机

▲ 冰天雪地中学习快速射击的高射炮兵们，"打得炮弹越多顶上越安全"是高炮部队信奉的一条重要的信言，对于重型高炮而言，在手动操纵下能保持12-15发每分钟的射速就已经是当之无愧的优秀炮组了

▲ 本土防空战中的铁路机动高炮兵，四联装20机关炮炮组一般为三人，包括两名射手和一名炮长

▲ 安置在楼顶的20毫米机关炮，主要目的同样是为了攻击突然俯冲下来扫射的护航战斗机或者蚊子攻击机

▲ 新的一支高炮部队成立了！也许照片拍摄的年代尚早，在成立仪式上还能组织乐队进行庆祝奏乐

▶ 正从炮弹运输升降机中拿取炮弹的士兵

▲ 由列车机动作战的 128 毫米重型高炮，铁路高炮营也是本土防空战中的重要防空力量，与战斗机部队一样，他们也会根据情报在不同防区内快速调动

▲ 时过境迁，如今埋没在荒草土堆中的高射炮塔残骸

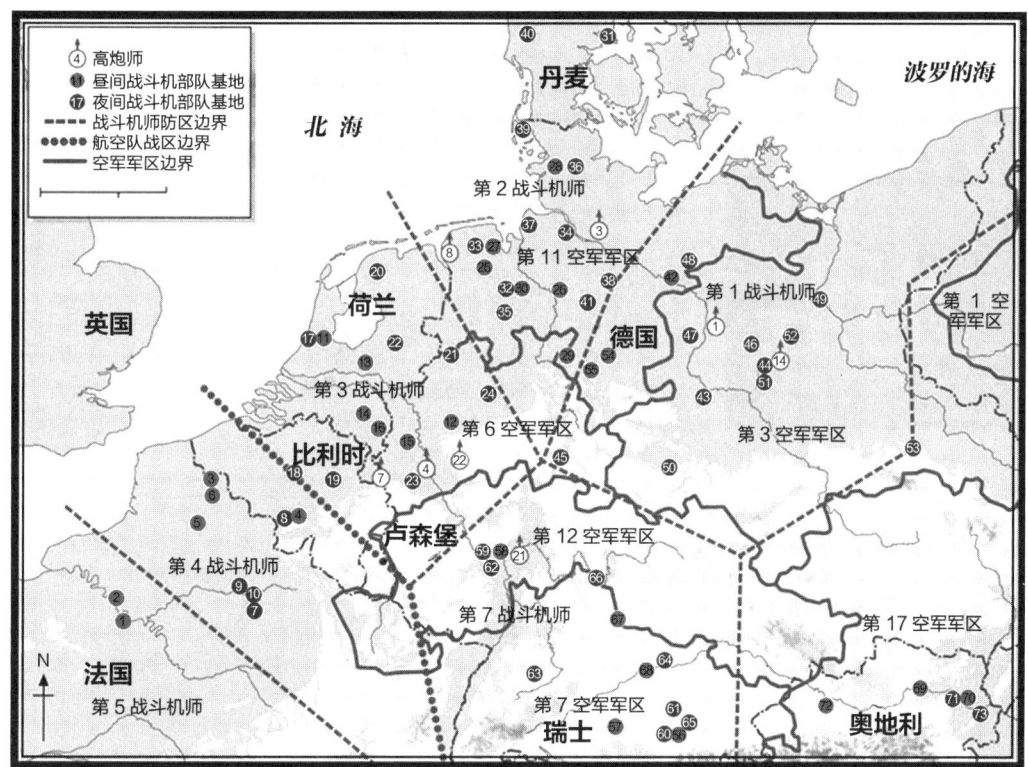

▲ 帝国防空，1944 年 2 月中旬

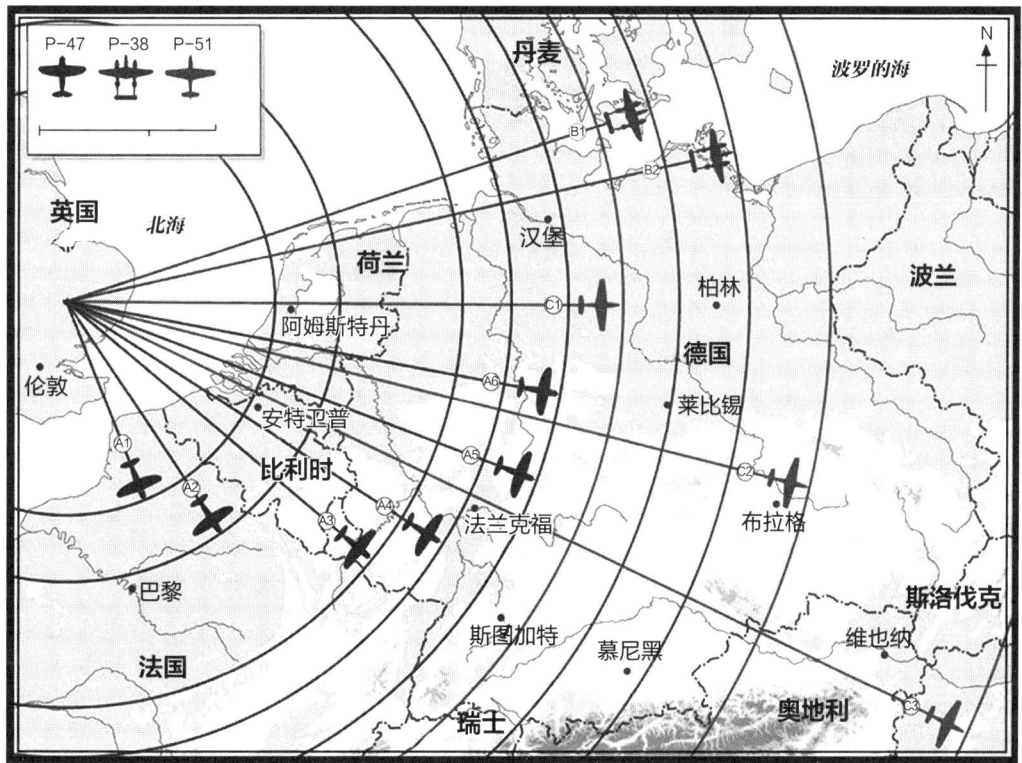

▲ 盟军护航战斗机的航程

Defeat into Victory
反败为胜:斯利姆元帅印缅地区对日作战回忆录(1942—1945)

姆威廉·约瑟夫·斯利姆(William Joseph Slim)著

○ 探秘英军视角下的中国远征军
○ 印缅抗战经典著作,首推中译本,余戈、萨苏作序推荐
○ 斯利姆被赞誉为"不仅是一个专业的士兵,也是一个专业的作家"

1942年3月,日军占领仰光,盟军节节败退。斯利姆抵达缅甸时,面对的便是如此灾难性的开局。他率领被打垮的英军,进行了一场鲜为人知的、如噩梦般的大撤退,一直从缅甸撤到印度。糟糕的环境、残酷的敌人、低落的士气,局势对盟军非常不利!

逆境之中,斯利姆头脑清醒,在几乎没有任何欧洲支援的情况下,恢复了军队的战斗力和士气,并联合中国远征军与美国军队发起绝地反击。从若开到英帕尔,从伊洛瓦底江到密铁拉,再到夺取仰光,一系列精彩的反攻战无不彰显了他超凡的指挥才能,以及英、中、美、缅、印五国人民联手抗日的不屈精神和顽强意志。

The Roots of Blitzkrieg
两次世界大战之间的德军

詹姆士·S. 科鲁姆(James S. Corum)著

○ 塞克特集团如何突破《凡尔赛和约》的封锁?
○ 魏玛共和国如何重建、改革、发展国防军?
○ 第三帝国军事崛起的坚实基础从何而来?

作者以魏玛国防军总司令汉斯·冯·塞克特领导的时代为重心,描述了一战后德国在战略战术、武器研发、编制、训练中为本国未来战争打下坚实基础的关键性变革。除此之外,一批富有远见的德军军官也在此过程中发挥了重要作用,如装甲战术家恩斯特·沃尔克海姆和空中战术家赫尔穆特·威尔伯格。最后,得益于这些实干家和他们付出的努力,魏玛国防军重获新生,并由此发展出了在后来辉煌一时的"闪击战"理论。

The Fast Carriers
航母崛起:争夺海空霸权

克拉克·G. 雷诺兹(Clark G.Reynolds)著

○ 美国海军学院资助研究项目,海军参谋人员的重要参考书
○ 一个波澜壮阔的腹黑故事,一部战列舰没落、航空兵崛起的太平洋战争史
○ 笑看"航母派"外驱东瀛强虏、暴揍联合舰队,内斗"战列舰派"、勇夺海军大印

这是一部美国航母部队的发展史、一部海军航空兵的抗争史、一部飞行海军视角下的太平洋战争史。本书以太平洋上的一场场海空大战、航母对决为线索,把美国快速航母部队的一点一滴串连起来,讲述了一段扣人心弦的故事:对外,他们狠揍日本海军,终于把舰队开到敌人家门口,打赢了这场押上国运的大仗;对内,他们把"战列舰派"按在地上摩擦,不仅驱使昔日的"海上霸主"给航母当小弟,而且在海军领导层实现了整体夺权。